RÉUSSITE CONCOURS FONCTION PUBLIQUE

Sapeur-pompier professionnel/ Caporal

Concours externe, sapeurs-pompiers volontaires (SPV)

Joël François
Officier supérieur de sapeur-pompier

Alan Jouaud
Officier supérieur de sapeur-pompier

Anne Ducastel
Formatrice au CNFPT

Denise Laurent
Professeure de mathématiques

Thierry Marquetty
Professeur de français

Michel Philbert
Professeur de mathématiques

FOUCHER

ISBN 978-2-216-14996-4

SOMMAIRE

Partie 1
LE CONCOURS ET LE MÉTIER

Partie 2
LES ÉPREUVES DE PRÉ-ADMISSIBILITÉ

Partie 3
L'ÉPREUVE D'ADMISSIBILITÉ

Partie 4
L'ÉPREUVE D'ADMISSION

Partie 5
LES CONNAISSANCES INDISPENSABLES

MÉMO DU CANDIDAT

Partie 1

LE CONCOURS ET LE MÉTIER

1. S'inscrire au concours
2. Le métier et la carrière
3. L'environnement professionnel
4. Les services d'incendie et de secours
5. Le droit de la fonction publique

✓ **FAITES LE POINT !**

1 S'INSCRIRE AU CONCOURS

Les concours pour devenir sapeur-pompier professionnel au grade de caporal se déroulent en plusieurs étapes différentes selon que vous le préparez en tant que candidat externe ou interne, c'est-à-dire si vous êtes déjà sapeur-pompier (volontaire, à la BSPP ou au BMPM).

1 Les épreuves des concours de sapeur-pompier au grade de caporal

Les deux concours comprennent des épreuves de pré-admissibilité, d'admissibilité et une épreuve orale d'admission. Les épreuves physiques et sportives d'admissibilité sont communes aux deux concours.

	1er concours (« vrais » externes)	2e concours (sapeurs-pompiers volontaires)
Épreuves de pré-admissibilité	- Une **dictée** (30 min ; coefficient 1 ; note sur 20) - Deux problèmes de **mathématiques** (1 heure ; coefficient 1 ; note sur 20)[1]	Épreuve unique comprenant une **dictée** et des questions à réponses ouvertes et courtes (QROC) portant sur les unités de valeur relatives à la formation des sapeurs volontaires de 2e classe (1 heure)[2]
Épreuves d'admissibilité	Épreuves physiques et sportives : - natation - épreuve d'endurance cardio-respiratoire - épreuve de souplesse - 3 épreuves d'endurance musculaire	
Épreuve d'admission	**Entretien avec le jury** (exposé de motivation), sans préparation (15 min ; coefficient 4)	

[1] Toute note inférieure à 5 sur 20 à l'une de ces épreuves ou toute note moyenne inférieure à 10 sur 20 est éliminatoire et n'autorise pas la participation à l'épreuve d'admissibilité.
[2] Épreuve éliminatoire : note minimale : 12/20.

2 Le programme de l'épreuve de QROC (concours réservé aux SPV)

- Les questions portent sur les unités de valeurs de la formation initiale des sapeurs-pompiers volontaires (SPV) de 2e classe dans les trois domaines d'intervention :

– lutte contre l'incendie ;

– secours à personne ;

– protection des biens et de l'environnement.

- Le détail des thèmes est le suivant (article 2 de l'arrêté du 7 mai 2012) :

– protection des personnes et des biens, interventions diverses : généralités sur les opérations diverses ; opérations d'épuisement ; diverses espèces d'animaux, leur comportement et le danger qu'ils présentent ; risques animaliers : matériels et techniques adaptés ; dégagement de personne d'une cabine d'ascenseur ; fuite de gaz ; autres interventions ;

– lutte contre les incendies : généralités sur la lutte contre les incendies ; généralités sur le matériel et les engins de lutte contre les incendies ; reconnaissance ; sauvetage ; besoins en eau et établissements de tuyaux ; techniques d'attaques et d'extinctions des feux ; protection des biens, déblai et surveillance ;

– techniques opérationnelles : équipement vestimentaire de protection individuelle ; appareil respiratoire isolant ; lot de sauvetage et de protection contre les chutes ; échelles, pompes et amorceurs ; éléments de construction, topographie et prévision ; transmissions ; techniques, manœuvres et matériels communs à divers types d'opérations ; règles de sécurité ;

– secours à personnes : secours à personne en France ; le matériel de secours à personne ; la sécurité en opération de secours à personne ; hygiène et asepsie ; les détresses vitales ; les bilans ; les malaises et la maladie ; les accidents de la peau ; les traumatismes des os et des articulations ; les relevages ; les brancardages et le transport ; les atteintes liées aux circonstances ; les affections spécifiques ; les souffrances psychiques et les comportements inhabituels ; les situations avec de nombreuses victimes ; les secours sur accident de la route.

À SAVOIR

Les thèmes institutions politiques et administratives de la France, services d'incendie et de secours et droit de la fonction publique sont abordés dans les fiches 3 à 5 de cette partie.
Les thèmes professionnels sont traités dans la partie 5 de l'ouvrage.

3 L'ouverture du concours et l'inscription

- Les textes réglementaires obligent les services départementaux organisateurs à publier, 3 mois avant la date de la première épreuve, un arrêté d'ouverture précisant :
  - les dates des épreuves ;
  - le nombre de places offertes sur la liste d'aptitude ;
  - la date de fermeture des inscriptions.
- Le nombre de places offertes peut être modifié jusqu'au jour de la première épreuve du concours. Certains départements utilisent cette possibilité pour accroître au dernier moment le nombre de places. Les candidats peuvent demander lors de la première épreuve le nombre définitif de places offertes au concours.
- La publication de l'arrêté d'ouverture marque le début des inscriptions. Les candidats doivent retirer un dossier, le compléter et le renvoyer avant la date limite d'inscription.
  Cette étape est extrêmement importante car :
  - les dossiers incomplets ou erronés sont rejetés sans que les candidats en soient informés ;
  - les convocations aux épreuves et les résultats sont envoyés à l'adresse indiquée sur le dossier.
- Après le contrôle des dossiers d'inscription, les services départementaux arrêtent, 1 mois avant la date de la première épreuve, la liste des candidats autorisés à participer aux épreuves. Chaque candidat est convoqué individuellement par écrit.

4 Le déroulement du concours

A| Le jour des épreuves

Les candidats doivent se présenter avec une pièce d'identité et leur convocation : l'absence de l'une de ces deux pièces ou un retard à l'heure de présentation entraîne l'exclusion du concours. Comme les épreuves se déroulent sur plusieurs jours, les candidats doivent s'organiser pour respecter cet impératif à chaque épreuve.

Compte tenu du nombre important de candidats, le jury se constitue en groupes d'examinateurs en vue de la surveillance et de la correction des épreuves.

B| À l'issue des épreuves de pré-admissibilité

Seuls les candidats déclarés aptes aux épreuves de pré-admissibilité sont autorisés à participer aux épreuves écrites d'admissibilité.

C| À l'issue des épreuves d'admissibilité

Le jury établit la liste des candidats admis à se présenter aux épreuves d'admission (candidats dont les notes respectent les critères de sélection). Ces critères sont :

- l'absence de note éliminatoire ;
- et, dans l'hypothèse où le jury le décide, une note moyenne supérieure ou égale à la note fixée par le jury pour avoir accès aux épreuves d'admission.

Chaque candidat admissible reçoit une nouvelle convocation. Les autres candidats sont informés individuellement de leur échec et de leurs notes.

D| Après les épreuves d'admission

- Le jury arrête, au regard des notes des épreuves d'admissibilité et d'admission, la liste des candidats admis, dans la limite des places offertes au concours. Cette liste d'aptitude est établie dans l'ordre alphabétique.
- **Les lauréats sont informés par écrit de leur réussite sans communication de leurs notes.**
- La date de publication constitue le début du délai de validité de la liste, qui est de 4 ans. Ce délai n'est pas automatique :
  - **à l'issue de la 2e année**, les personnes inscrites qui n'ont pas obtenu un emploi doivent demander une réinscription pour une année supplémentaire ;
  - **à l'issue de la 3e année**, une démarche identique doit être entreprise.
- Le décompte de cette période de 4 ans est suspendu, le cas échéant, en cas de congés parentaux ou de maternité.

5 Les jurys

Le jury des épreuves physiques et sportives est distinct du jury des épreuves écrites et orales, en raison de la nature particulière de ces épreuves. Les deux jurys sont nommés par arrêté du président de l'établissement public ouvrant le concours.

A| Le jury des épreuves écrites et orales

Il comprend six membres titulaires, répartis en trois collèges égaux, représentant les personnalités qualifiées, les élus locaux et les sapeurs-pompiers professionnels :

- un président officier de sapeurs-pompiers professionnels extérieur à l'établissement public organisateur du concours, nommé sur proposition du chef d'état-major de la zone de défense et de sécurité civile territorialement compétent ;

- un représentant du Centre national de la fonction publique territoriale (CNFPT) nommé sur proposition de son président ou du délégué régional ou interdépartemental concerné ;
- deux élus locaux dont au plus un membre du conseil d'administration d'un service départemental d'incendie et de secours ;
- deux sapeurs-pompiers professionnels non officiers désignés par tirage au sort parmi les membres de la commission administrative paritaire compétente du cadre d'emplois des sapeurs-pompiers professionnels de catégorie C.

B| Le jury des épreuves physiques et sportives

- Il est composé d'au moins trois membres comprenant soit trois éducateurs sportifs de sapeurs-pompiers, dont un détenant au moins le grade de commandant de sapeurs-pompiers, président, soit deux éducateurs sportifs et un professeur d'éducation physique et sportive, président.
- En cas d'absence ou d'empêchement du président, son remplaçant préside le jury jusqu'à la délibération finale.
- En cas de partage égal des voix, la voix du président est prépondérante.
- Des membres suppléants du jury sont désignés, selon la même composition, afin d'y siéger en cas d'empêchement ou d'absence des membres titulaires constaté avant le début des épreuves.
- En fonction de la nature particulière des épreuves, des correcteurs et des examinateurs spécialisés peuvent être nommés par arrêté du président de l'établissement public ouvrant le concours. Ils ne sont pas membres du jury mais peuvent participer aux délibérations avec voix consultative.
- Le jury peut, compte tenu notamment du nombre de candidats, se constituer en groupes d'examinateurs auxquels sont associés des examinateurs adjoints, en vue de la correction des épreuves orales. Ces groupes comportent au minimum trois membres représentant chacun, dans la mesure du possible, un des collèges. Aucune modification de la composition du jury et de la liste des examinateurs ne peut être apportée après le début de la première épreuve.

C| La notation

- Il est attribué à chaque épreuve une note de 0 à 20, à l'exception des épreuves physiques et sportives.
- Chaque note est multipliée par le coefficient correspondant à l'épreuve. Seuls sont autorisés à se présenter aux épreuves d'admission les candidats déclarés admissibles par le jury.

- Toute note inférieure à 5 sur 20 à l'une des épreuves entraîne l'élimination du candidat, sous réserve de règles particulières relatives aux épreuves physiques et sportives.
- Nul ne peut être déclaré admis s'il n'obtient au moins 10 sur 20 de moyenne à l'ensemble des épreuves, sans note éliminatoire.
- Toutes les épreuves écrites sont anonymes et corrigées par deux correcteurs.
- Enfin, le jury est souverain. Il arrête la note minimale permettant aux candidats d'être admissibles. Il est compétent pour prononcer l'annulation d'une épreuve. Il n'est pas tenu de pourvoir toutes les places offertes au concours.

2 LE MÉTIER ET LA CARRIÈRE

Les sapeurs-pompiers assurent l'un des services publics les plus appréciés de la population. En 2016, ils ont réalisé 4,45 millions d'interventions, soit une intervention toutes les 7 secondes. Un Français sur cinq a bénéficié de leurs services.

Initialement dédié à la lutte contre les feux, le métier de sapeur-pompier a profondément évolué. Le feu représente seulement 10 % des missions alors que le secours aux personnes constitue près de 80 % de l'activité. Parallèlement, d'autres missions ont accru le champ de compétence des sapeurs-pompiers : prévention des incendies et des risques de la vie courante, protection de l'environnement et des biens, pandémie, risque d'attentat, etc.

1 Les statuts et les missions

- Longtemps gérés par les communes, les sapeurs-pompiers et leurs moyens d'action (véhicules, casernes et matériels) sont organisés, depuis la loi de 1996, dans une entité départementale unique : le **service départemental d'incendie et de secours (SDIS)**, commandé par le directeur départemental des services d'incendie et de secours (DDSIS), officier supérieur de sapeurs-pompiers professionnels. Ce service est le seul compétent pour recruter et gérer les sapeurs-pompiers qui se composent :
  - des **sapeurs-pompiers professionnels (SPP)**, fonctionnaires territoriaux dont l'activité de sapeur-pompier est la profession exclusive ;
  - des **sapeurs-pompiers volontaires (SPV)**, citoyens qui souhaitent, en plus de leur activité principale (étudiant, salarié, profession libérale, etc.), participer aux missions de secours. Pour cela, ils souscrivent un engagement auprès d'un SDIS.
- Toutefois, dans les petites communes peuvent subsister des centres de première intervention (CPI) gérés par une commune (ou un groupement de communes), sous la responsabilité du maire (ou du président de l'EPCI) qui assure notamment le recrutement des sapeurs-pompiers volontaires communaux, placés sous l'autorité opérationnelle du DDSIS.

- L'organisation départementale prévaut partout en France sauf :
  - à Paris et dans les départements de la petite couronne – Hauts-de-Seine (92), Seine-Saint-Denis (93), Val-de-Marne (94) – où les secours sont assurés par la Brigade de sapeurs-pompiers de Paris (BSPP), unité militaire de l'Armée de terre ;
  - à Marseille et dans quelques communes limitrophes où les secours sont assurés par le Bataillon de marins-pompiers de Marseille (BMPM), unité de la Marine nationale.
- Les sapeurs-pompiers professionnels, civils en uniforme, relèvent de la fonction publique territoriale. Au sein de celle-ci, ils bénéficient d'un statut dérogatoire leur assurant des dispositions particulières (régime de travail, régime indemnitaire, etc.). Relevant de la tutelle du ministère de l'Intérieur (Direction générale de la sécurité civile et de la gestion des crises, DGSCGC), les sapeurs-pompiers agissent, en matière opérationnelle, sous l'autorité d'un élu titulaire du pouvoir de police (maire ou préfet.)

2 Le recrutement

- Le présent ouvrage s'adresse aux candidats aux concours de caporal de sapeur-pompier professionnel.
- Néanmoins et depuis le 1er mai 2013, le **recrutement direct au grade de sapeur-pompier sans concours**, et donc sans nécessité d'inscription sur une liste d'aptitude, est possible pour des SPV, dans la limite d'un pour deux candidats aux concours.
- Pour être **recrutés au grade de sapeur-pompier sans concours**, les candidats doivent postuler auprès du SDIS de leur choix, en adressant une lettre de candidature accompagnée d'un *curriculum vitae* (CV).
- Les **candidats à un poste de caporal** doivent attester, suite à leur réussite aux concours, d'une copie de l'attestation d'inscription en cours de validité sur une liste d'aptitude.
- En ce qui concerne les **caporaux**, les listes d'aptitude ont une durée de validité de 4 ans qui n'est cependant pas automatique. Celles-ci sont valables sur l'ensemble du territoire national, quel que soit le département au titre duquel elles sont établies. Mais l'inscription sur une liste d'aptitude ne donne pas accès directement à un emploi de sapeur-pompier.
- Enfin, dans l'hypothèse où le SDIS sollicité dispose de postes à pourvoir dûment publiés, les postulants seront recrutés après un entretien au terme d'une visite médicale strictement encadrée par des textes. Certains services départementaux, recevant de nombreuses candidatures, organisent, lors du recrutement, des épreuves physiques de sélection.

1re étape	2e étape	3e étape	4e étape	5e étape
Concours SPP de caporal de sapeur-pompier professionnel	Liste d'aptitude (4 ans maxi)	Lettre de candidature + CV + attestation d'inscription	Entretien individuel + visite médicale de recrutement	Recrutement en qualité de caporal de sapeur-pompier stagiaire

- Les candidats recrutés sont nommés **caporaux stagiaires**, pour une durée de 1 an, par le président du conseil d'administration du SDIS.

3 La formation initiale

- Dès le recrutement, les stagiaires suivent une **formation initiale d'intégration et de professionnalisation** dans une école départementale de sapeurs-pompiers. La durée, l'organisation et le contenu de cette formation sont définis par arrêté conjoint du ministre de l'Intérieur et du ministre chargé de la Fonction publique.
- Les stagiaires ne peuvent pas se voir confier de missions à caractère opérationnel avant d'avoir validé la totalité des unités de valeur de cette formation. Toutefois, ils peuvent, compte tenu de leurs qualifications antérieures, être autorisés à participer à des missions opérationnelles et être dispensés de suivre les formations correspondant à des compétences déjà acquises.
- Une commission instituée par arrêté du ministre de l'Intérieur examine le contenu des qualifications acquises par les agents avant leur nomination et émet un avis sur les dispenses partielles ou totales de la formation prévues ci-dessus – qualité de SPV, de sapeur-pompier de la BSPP ou de marin-pompier du BMPM, de militaire des formations militaires de la sécurité civile (UIISC), de sapeur-pompier auxiliaire ou de volontaire civil de sécurité civile.
- À l'issue de la formation initiale, les sapeurs-pompiers s'engagent à servir, à compter de la date de leur titularisation, dans le service départemental qui a pris en charge leur formation, pendant une période égale à trois fois la durée de leur formation à l'école départementale de sapeurs-pompiers. Cependant, ils peuvent être nommés dans un autre service départemental, sous réserve que le nouvel employeur verse au service départemental qui a pris en charge la rémunération les frais de formation et une indemnité correspondant au prorata du temps de service restant à effectuer.

4 La titularisation

- La titularisation des caporaux stagiaires intervient à la fin de la période de 1 an de stage par décision du président du conseil d'administration du SDIS. Pour l'obtenir, les sapeurs-pompiers doivent avoir satisfait aux épreuves de contrôle des connaissances sanctionnant la formation initiale, c'est-à-dire les unités de valeur de l'emploi d'équipier.
- De plus, le rapport du directeur de l'école dans laquelle le stagiaire a accompli sa formation initiale et celui du chef de service auprès duquel le stage d'application s'est déroulé doivent comporter un avis favorable.
- Lorsque la titularisation n'est pas prononcée, le stagiaire est licencié. Toutefois, s'il avait, avant, la qualité de fonctionnaire, il est réintégré dans son corps d'origine.
- À titre exceptionnel, le président du conseil d'administration du SDIS peut, après avis du directeur de l'école dans laquelle le stagiaire a accompli sa formation initiale, décider que la période de stage est prolongée d'une durée maximale de 1 an. À l'issue, l'intéressé est titularisé ou licencié.

5 Le déroulement de carrière

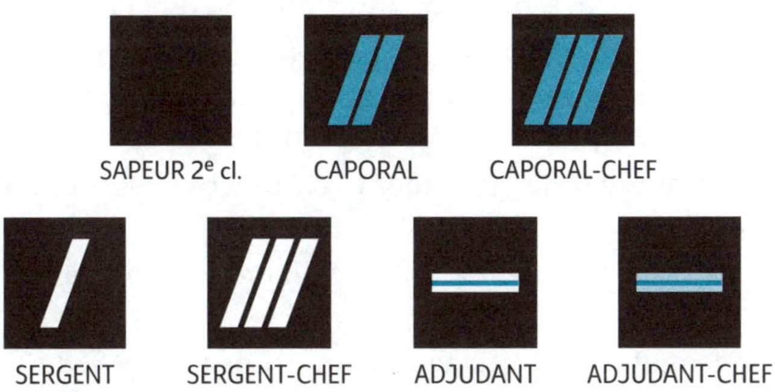

- Le déroulement de carrière s'effectue en combinant l'acquisition d'unités de valeur (qualifications techniques obtenues après formation) et d'ancienneté dans le grade.
- Après 2 ans de services effectifs au moins dans leur grade et sous réserve d'avoir acquis les unités de valeur d'équipier, les caporaux peuvent occuper la fonction de chef d'équipe.
- Après 5 ans de services effectifs au moins dans leur grade, les caporaux peuvent être nommés au grade de caporal-chef au choix par voie d'inscription sur un tableau annuel d'avancement établi après avis de la CAP.
- À l'issue d'un concours interne, les caporaux et caporaux-chefs totalisant 4 ans de services effectifs de sapeur-pompier professionnel peuvent accéder au cadre d'emplois des sous-officiers et être nommés sergents. Ceux-ci reçoivent ensuite la formation de chef d'agrès d'engin à une équipe.

- Après 4 ans de services effectifs au moins dans leur grade et sous réserve d'avoir acquis les unités de valeur de chef d'agrès tout engin, les sergents peuvent être nommés adjudant au choix par voie d'inscription sur un tableau annuel d'avancement établi après avis de la CAP.
- Les grades de sapeur, caporal, caporal-chef, sergent et adjudant sont ceux de la catégorie C de la filière sapeurs-pompiers. Sergents et adjudants relèvent du cadre d'emplois des sous-officiers et, après 3 ans de services effectifs au moins dans leur grade, ils reçoivent respectivement l'appellation de sergent-chef et adjudant-chef.
- La carrière des sous-officiers peut se poursuivre dans les cadres d'emplois des officiers en accédant aux grades de lieutenant de 2e, 1re classe et hors-classe. L'accès à ces grades se fait par concours externe, interne ou par examen professionnel soumis à des conditions d'ancienneté, d'unités de valeur et d'âge.

6 Le salaire

- Les sapeurs-pompiers qui avaient auparavant la qualité de fonctionnaire ou d'agent non titulaire de la fonction publique sont reclassés et perçoivent le traitement indiciaire correspondant à leur situation antérieure si ce traitement est supérieur à celui correspondant au 1er échelon du grade de caporal.
- Pour les autres, la rémunération est calculée sur la base de l'indice afférent au 1er échelon du grade de caporal. En plus de ce traitement indiciaire brut (TIB), les sapeurs-pompiers professionnels peuvent percevoir :
  - le supplément familial de traitement (en fonction du nombre d'enfants à charge) ;
  - l'indemnité de résidence (de 0 à 3 % du TIB en fonction de la zone d'exercice des fonctions) ;
  - un régime indemnitaire spécifique : indemnité de feu (19 % du TIB), indemnité de logement (réservée aux agents non logés par le service), indemnité de responsabilité (variable en fonction du grade et de l'emploi), indemnité de spécialité (variable en fonction de la spécialité et de son niveau), indemnité horaire pour travaux supplémentaires ou indemnité forfaitaire pour travaux supplémentaires ou indemnité d'administration et de technicité.
- Les taux applicables aux différentes indemnités allouées aux sapeurs-pompiers professionnels, dont les modalités et limites sont définies par des textes réglementaires ministériels, sont pour la plupart arrêtés au niveau départemental par le conseil d'administration du SDIS.
- Certains SDIS offrent la possibilité de disposer d'un logement de service.

IMPORTANT

Vous trouverez les textes de référence pour les cadres d'emplois de la catégorie C des sapeurs-pompiers (décrets n° 2012-520 et 2012-521 du 20 avril 2012) sur le site www.legifrance.gouv.fr.

3 L'ENVIRONNEMENT PROFESSIONNEL

Que vous prépariez le concours externe ou interne, cette fiche est essentielle à votre culture de sapeur-pompier en tant que futur fonctionnaire :

- candidat externe, découvrez le monde professionnel où vous voulez travailler, le minimum à savoir sur la fonction publique et les institutions, cela vous servira à l'oral du concours ;
- candidat interne, cette fiche ainsi que les deux suivantes correspondent exactement à l'intitulé « Culture administrative » du programme de votre épreuve de questions à réponses courtes (unité de valeur de formation de culture administrative CAD1 de la formation initiale réglementaire des SPV).

1 L'organisation politique et administrative de la France

La France est un pays démocratique dont la Constitution a consacré la séparation des trois pouvoirs : exécutif, législatif et judiciaire.

A| Le pouvoir exécutif

- Il est chargé : de gérer la politique courante de l'État et de faire respecter l'ordre et la loi en ayant sous ses ordres les forces de police et l'administration pénitentiaire ; de conduire la politique étrangère ; de diriger la force militaire ; de représenter l'État ; de diriger les services publics ; d'éditer les règlements et de disposer de l'administration.
- Sous la Ve République française, il est partagé entre le **président de la République** (chef de l'État) et le gouvernement dirigé par le **Premier ministre**. En situation de concordance de majorité, le président de la République exerce la réalité du pouvoir exécutif alors que celui-ci revient au Premier ministre en cas de cohabitation, c'est-à-dire lorsque la majorité de l'Assemblée nationale ne coïncide pas avec celle qui a élu le président de la République.

- Le **gouvernement** est responsable devant les citoyens des actions nécessaires à la conduite de l'État. Ses membres sont désignés sous le nom de ministres ou de secrétaires d'État et placés sous l'autorité du Premier ministre qui est désigné par le président de la République au sein de la majorité parlementaire.

B| Le pouvoir législatif

- Détenu en France par **deux chambres parlementaires**, l'Assemblée nationale et le Sénat, mais également par le peuple lors de la mise en œuvre du référendum, il vote et édicte la loi. Il a un pouvoir de censure et de contrôle sur le pouvoir exécutif grâce à la motion de censure, sans toutefois pouvoir destituer le président de la République, qui peut dissoudre l'Assemblée nationale entraînant une nouvelle élection.
- La **procédure législative** est l'ensemble des actes successivement accomplis par le gouvernement, l'Assemblée nationale et le Sénat pour déterminer la loi et son entrée en vigueur. Après son dépôt auprès de l'une des deux chambres, un texte adopté par l'une d'elles doit être transmis à l'autre chambre et y être voté de manière concordante. La promulgation de l'acte par le président de la République rend le texte définitivement adopté, et exécutoire avec force de loi.
- La **hiérarchie des normes** juridiques est, de la plus forte à la plus faible : la Constitution, la loi, le décret, l'arrêté et la circulaire ministérielle. Nul, en France, n'est censé ignorer la loi.

C| Le pouvoir judiciaire

- Il a pour rôle de contrôler l'application de la loi et sanctionne son non-respect. Il est confié aux magistrats, qui se fondent sur les textes de loi pour rendre leur décision. Il y a en France **deux ordres de juridiction** :
- les **juridictions de l'ordre judiciaire** sont compétentes pour le pénal et pour régler les litiges entre particuliers. On y établit d'abord la véracité de l'incrimination supposée puis, le cas échéant, on applique la peine prévue et détermine les conséquences civiles (économiques) ;
- les **juridictions administratives** sont compétentes pour juger des litiges entre l'État, les collectivités territoriales, les établissements publics et les particuliers.
- Les décisions sont rendues par les **magistrats du siège (les juges)** et l'action publique est représentée par les **magistrats du parquet (le procureur et ses substituts**). Des recours en appel peuvent être interjetés contre la décision rendue en première instance. Le jugement en appel peut faire l'objet d'un pourvoi devant la Cour de cassation pour les juridictions judiciaires et devant le Conseil d'État pour les juridictions administratives.

D| Centralisation, décentralisation et déconcentration : l'État et les collectivités territoriales

- L'histoire constitutionnelle française évolue selon un mouvement de balancier entre la centralisation, la déconcentration et la décentralisation.
- La **centralisation** consiste à réunir tous les moyens d'action en un centre unique : l'État. Cette logique a pour avantages de consolider l'unité de la Nation, d'assurer un traitement égal et uniforme des administrés et de constituer un corps d'administrateurs d'élite imprégnés du sens du service public. Elle a cependant pour inconvénients d'entraîner un engorgement et des retards dans le traitement des affaires administratives, de produire un isolement du centre vis-à-vis de la province et de provoquer une inadaptation de l'action administrative à cause d'une méconnaissance des réalités territoriales.
- La **déconcentration** est une technique consistant pour les autorités centrales à déléguer certaines compétences administratives à des représentants locaux placés à la tête de territoires administratifs, le but étant de parvenir au maillage le plus performant.
- Contrairement à la déconcentration, la **décentralisation** consiste en un véritable transfert de compétences de l'État vers les collectivités territoriales : une autre personne publique intervient alors à la place de l'État, et ces compétences sont gérées au nom de la collectivité territoriale et pour son compte

E| Le découpage territorial

- La **région**, apparue dans les années 1950, est gérée par le conseil régional, élu pour 6 ans au suffrage universel direct.
- Le **département** (101, dont Mayotte, le dernier depuis le 31 mars 2011), créé en 1789, est géré par le conseil départemental dont les élus, conseillers départementaux élus pour 6 ans, sont renouvelés par moitié tous les 3 ans au suffrage universel direct.
- Les **conseillers régionaux et départementaux** siègent, chacun en ce qui les concerne, au conseil régional et au conseil départemental.
- La **commune** (35 476 au 1er janvier 2017), aussi créée en 1789, administrée par le conseil municipal élu pour 6 ans et présidée par le maire (élu en son sein), est la plus petite division administrative en France, seule dépositaire de l'état-civil et du cadastre.

» **Spécificité de la coopération intercommunale**

- L'**intercommunalité** permet aux communes de se regrouper au sein d'un établissement public, soit pour assurer certaines prestations (ramassage des ordures ménagères, assainissement, transports urbains, incendie et secours...), soit pour élaborer des « projets communs de développement au sein de périmètres de solidarité ». Les établissements publics de coopération intercommunale (EPCI) sont soumis à des règles communes, homogènes et comparables à celles des collectivités territoriales. Les métropoles, communautés urbaines, communautés d'agglomération, communautés de communes, syndicats d'agglomération nouvelle, syndicats de communes (syndicats à vocation unique ou multiple, SIVU ou SIVOM) et syndicats mixtes sont des EPCI. Depuis la loi de 1999, les communes ne peuvent pas adhérer à plus d'un EPCI à fiscalité propre.

- Le **pouvoir de police du maire.** Le maire est l'autorité compétente pour prendre et faire respecter les mesures nécessaires au maintien de l'ordre, de la sécurité, de la tranquillité et de la salubrité publiques sur le territoire de la commune. Il est chargé, sous le contrôle administratif du préfet du département, de la police municipale, de la police rurale ainsi que de l'exécution des actes de l'État qui y sont relatifs. Il agit, également, en qualité d'officier de police judiciaire. Il est notamment chargé « de la prévention et de la cessation des accidents par la distribution des secours nécessaires, mesures qui, en cas de danger grave et imminent, doivent être portées d'urgence à la connaissance du représentant de l'État dans le département », selon l'article L. 2212-4 du code général des collectivités territoriales (CGCT).

2 La représentation territoriale de l'État

- **Les administrations de l'État sont les services des différents ministères.** Elles sont déconcentrées à l'échelon zonal (CRS, police aux frontières, état-major interarmées), interrégional ou interdépartemental, régional et départemental. En application de la révision générale des politiques publiques (RGPP), les services déconcentrés au niveau départemental ont été regroupés en deux ou trois directions départementales interministérielles (cohésion sociale, protection des populations, des territoires, les deux dernières fusionnées pour les départements de moins de 400 000 habitants).
- **Le préfet est le seul représentant de l'État pour son territoire de compétence** ; il y est responsable de l'exécution des dépenses de l'État et de la gestion du patrimoine immobilier et des matériels de l'État.
  Le **préfet de zone de défense** (assisté d'un préfet délégué) a notamment pour missions : l'élaboration des mesures non militaires de défense et la coopération avec l'autorité militaire, la coordination des moyens de sécurité civile et l'administration d'un certain nombre de moyens de la Police nationale et des transmissions du ministère de l'Intérieur.
  Le **préfet de région** a pour mission principale l'orientation et la coordination des politiques publiques dans tous les domaines hormis celui de la sécurité.
  L'**administration préfectorale** contrôle la légalité des actes des collectivités territoriales.

3 Défense et sécurité civiles

- **Historique** : le 23 juillet 1973 est créée la Direction de la sécurité civile devenue, le 7 septembre 2011, la Direction générale de la sécurité civile et de la gestion des crises (DGSCGC). La **DGSCGC** est la structure centrale responsable de la planification, de la gestion des crises et des accidents de la vie courante, qu'ils surviennent en France ou à l'étranger. Placée sous l'autorité d'un préfet, la DGSCGC compte dans ses rangs 2 500 personnels civils et militaires, répartis dans 60 sites, dont le siège d'Asnières-sur-Seine.
- Le **centre opérationnel de gestion interministérielle des crises (COGIC)** est à la fois un organe de veille permanente mais également le cœur du suivi et de la conduite des crises relatives à tout événement susceptible d'affecter durablement la vie collective (risques naturels ou technologiques, risques sanitaires, grands événements (sommets politiques, événements sportifs)). La DGSCGC est également le gestionnaire du centre interministériel des crises (CIC) et entre en action dès lors que la gestion de la crise est déléguée par le Premier ministre au ministre de l'Intérieur. Son rôle est de rechercher la synergie opérationnelle entre la préparation et la gestion des crises.
- La **direction des sapeurs-pompiers** définit les mesures de la réglementation incendie et risques courants, les statuts, la doctrine de formation, d'emploi et d'équipement des 250 000 sapeurs-pompiers territoriaux, militaires et volontaires, et des 150 000 secouristes. Elle gère les services opérationnels nationaux qui interviennent sur le territoire français et contribuent aux actions internationales de secours, et établit la planification et la gestion des risques qui s'applique à maîtriser les quatre phases de la crise : la planification, la préparation, la réponse et le retour d'expérience.
- Les **quatre établissements de soutien opérationnel et logistique (ESOL)**, qui avaient été créés dans le but de constituer, à l'issue de la guerre, des ateliers de stockage et de révision de masques à gaz et de matériels destinés à la protection de la population, sont aujourd'hui le réservoir national de matériels de sécurité civile en soutien à l'activité des secours sur le terrain.
- Répartis dans **20 centres de déminage**, dont deux outre-mer, les démineurs de la sécurité civile sont chargés de la détection, de l'enlèvement, du désamorçage ou de la destruction des objets suspects. Ils apportent également leur concours lors des voyages officiels ou de grandes manifestations populaires et interviennent pour neutraliser et détruire les anciennes munitions des deux derniers conflits mondiaux, encore présentes dans le sol français.
- Les **formations militaires de la sécurité civile (FORMISC)**, unités de l'Armée de terre, de l'arme du Génie, sont constituées d'un état-major au sein de la DGSCGC et de trois unités d'intervention qui participent aux opérations nationales d'ampleur et à l'étranger dans les domaines des feux de forêts, les événements d'origine naturelle (séisme, cyclone, inondation, neige…) ou technologiques (pollution chimique, radiologique, accidents de transport…) et de l'aide humanitaire.

- L'**état-major interministériel de zone** coordonne les opérations et les formations sur son territoire.

4 La notion de service public : définition et grands principes constitutionnels du service public

Le service public est une activité d'intérêt général assurée par une personne publique et soumise à un régime juridique particulier.

- La **mutabilité ou adaptabilité** permet de modifier le régime de tout service public pour suivre l'évolution des besoins d'intérêt général. Cette condition justifie les mutations qui interviennent régulièrement dans les services publics, qui doivent s'adapter tant aux progrès de la technique qu'à l'évolution de la demande sociale. Cela implique qu'aucun obstacle juridique ne s'oppose aux changements à accomplir.
- La **gratuité** : si le service public est légalement obligatoire, les prestations doivent en être gratuites, financées par des impôts et taxes, sauf disposition législative contraire. Des exceptions existent encadrant la participation financière de l'usager au service (poste, transports...).
- L'**égalité** : à situation identique, les usagers doivent tous bénéficier des mêmes prestations. Tout traitement différent doit donc être justifié par une situation spéciale. Toute discrimination entre usagers est exclue, tant dans l'accès au service que dans l'usage.
- La **neutralité** : le service public doit être guidé par l'intérêt général, sans être influencé par des intérêts privés. Cette obligation s'impose à tous les agents des services publics, qui ont interdiction d'exprimer leurs opinions politiques ou religieuses dans l'exercice de leur mission.
- La **transparence**, principe introduit il y a 35 ans, lorsque le secret a été jugé incompatible avec la construction démocratique, a entraîné la levée de l'anonymat des agents publics, la liberté d'accès des citoyens aux documents administratifs et généré des normes minimales de publicité, de mise en concurrence des candidats et de transparence des décisions administratives.
- La **continuité** est le principe constitutionnel selon lequel le service public doit fonctionner de manière continue et régulière, sans autres interruptions que celles prévues par la réglementation en vigueur. Sa dernière expression en date est le service minimum.

4 LES SERVICES D'INCENDIE ET DE SECOURS

Dans chaque département, sauf Paris et sa petite couronne ainsi que Marseille, les services d'incendie et de secours sont constitués du service départemental, établissement public administratif, et, lorsqu'il en existe encore, des services communaux non « départementalisés » ne comprenant que des sapeurs-pompiers volontaires. Ces services sont chargés de la prévention, de la protection et de la lutte contre les incendies et concourent, avec les autres services et professionnels concernés (SAMU, gendarmerie, police) à la protection et à la lutte contre les autres accidents, sinistres et catastrophes, à l'évaluation et à la prévention des risques technologiques ou naturels ainsi qu'aux secours d'urgence.

1 Le cadre général

A| L'historique

- Les premières organisations de pompiers au **Moyen Âge**, formées par le clergé, les corporations et la troupe, ne faisaient que lutter contre les incendies, notamment en abattant (sapant) les habitations les plus proches du sinistre, faisant la part du feu : c'est l'origine du mot « sapeur ».
- Le décret du 29 décembre **1875** fixe les bases des corps départementaux, l'inspection départementale, le recrutement, les missions, le matériel et l'habillement.
- En **1925** ont lieu les nominations des premiers inspecteurs départementaux auprès des préfets.
- La loi du 23 février **1944** rattache les sapeurs-pompiers professionnels et volontaires au ministère de l'Intérieur.
- La **loi du 3 mai 1996** impose la réorganisation des services d'incendie et de secours au niveau départemental en 5 ans.

B| Les fondements juridiques

Ils sont à télécharger sur le site www.legifrance.gouv.fr :

- code général des collectivités territoriales ;
- code de la sécurité intérieure ;
- loi n° 83-634 du 13 juillet 1983 modifiée portant droits et obligations des fonctionnaires ;
- loi n° 84-53 du 26 janvier 1984 modifiée portant dispositions statutaires relatives à la fonction publique territoriale.

C| Les missions des services d'incendie et de secours

- Prévention et évaluation des risques de sécurité civile.
- Préparation des mesures de sauvegarde et organisation des moyens de secours.
- Protection des personnes, des biens et de l'environnement.
- Secours d'urgence aux personnes victimes d'accidents, de sinistres ou de catastrophes ainsi que leur évacuation.

D| Qui sont les sapeurs-pompiers (publics, militaires et privés) ?

- En France, la majorité des sapeurs-pompiers sont de statut public (40 000 professionnels et 200 000 volontaires) répartis dans les services d'incendie et de secours départementaux et communaux.
- Les secours dans les départements de Paris et de la petite couronne sont assurés par les militaires de la Brigade de sapeurs-pompiers de Paris (BSPP) ; et à Marseille par les militaires du Bataillon de marins-pompiers de Marseille (BMPM).
- Plusieurs **unités d'instruction et d'intervention de la sécurité civile (UIISC)** complètent le dispositif national en participant aux interventions d'ampleur avec des détachements spécialisés (NRBC, feux de forêts, sauvetage-déblaiement, etc.).
- Dans diverses entreprises, usines et musées, des agents de sécurité incendie ou sapeurs-pompiers privés assurent la prévention et les premières actions opérationnelles en cas de sinistre, dans l'attente de l'intervention des secours publics.

2 Le service départemental d'incendie et de secours (SDIS)

A| Les tutelles

- Pour le fonctionnement et l'organisation opérationnelle, le SDIS est placé sous l'autorité du maire ou du préfet agissant dans le cadre de leurs pouvoirs respectifs de police administrative. De plus, le maire et le préfet disposent des moyens du SDIS pour assurer leurs missions de prévention, notamment en ce qui concerne la réglementation applicable aux risques d'incendie et de panique dans les établissements recevant du public et les immeubles de grande hauteur.
- Pour les activités de gestion des moyens (recrutement, acquisition de matériels, etc.), le SDIS est sous l'autorité du président du conseil d'administration.

B| L'organisation opérationnelle

1| Le SDACR

Dans chaque département, un **schéma départemental d'analyse et de couverture des risques (SDACR)** dresse l'inventaire des risques de toute nature pour la sécurité des personnes et des biens ; il détermine en outre les objectifs de couverture de ces risques par les services départementaux d'incendie et de secours.

2| La hiérarchie

- Le **maire** et le **préfet** mettent en œuvre les moyens relevant des services d'incendie et de secours selon des règles prévues par un règlement opérationnel arrêté par le préfet après avis du conseil d'administration du SDIS.
- L'organisation du commandement est déterminée par le **règlement opérationnel**, qui précise notamment le classement des centres opérationnels : **centres de secours principaux (CSP)**, **centres de secours (CS)** et **centres de première intervention (CPI)**. Ce classement formalise les obligations minimales simultanées d'engagement de moyens opérationnels.
- Le **directeur départemental des services d'incendie et de secours (DDSIS)** est placé sous l'autorité du représentant de l'État dans le département et, dans le cadre de leur pouvoir de police, des maires, pour la direction opérationnelle du corps départemental des sapeurs-pompiers, la direction des actions de prévention relevant du SDIS, le contrôle et la coordination de l'ensemble des corps communaux et intercommunaux ainsi que la mise en œuvre opérationnelle de l'ensemble des moyens de secours et de lutte contre l'incendie. Il peut recevoir une délégation de signature du préfet, ainsi que ses principaux collaborateurs.

3 | Les moyens du SDIS

Pour assurer ses missions opérationnelles, le SDIS dispose des moyens techniques de gestion opérationnelle suivants :

- d'un **centre opérationnel départemental d'incendie et de secours (CODIS)** chargé de la coordination de l'activité opérationnelle au niveau du département ;
- d'un, ou, si nécessaire, de plusieurs **centres de traitement de l'alerte (CTA)**, chargé(s) de la réception, du traitement et de la réorientation éventuelle des demandes de secours. À cette fin, les CTA du SDIS sont interconnectés avec les centres de réception et de régulation des appels des unités participant au **service d'aide médicale urgente (SAMU)**, ainsi qu'avec les dispositifs de réception des appels destinés aux services de **police** et de **gendarmerie**.

C | L'organisation administrative

1 | Le conseil d'administration du SDIS

- Le **SDIS** est un **établissement public administré par un conseil d'administration** composé de représentants du département, des communes et des établissements publics de coopération intercommunale compétents en matière de secours et de lutte contre l'incendie.
- Ce conseil d'administration est présidé par le président du conseil départemental ou un des membres du conseil d'administration désigné. Le **président du conseil d'administration** est chargé de l'administration du SDIS. À ce titre, il prépare et exécute les délibérations du conseil d'administration. Il passe les marchés au nom de l'établissement, reçoit en son nom les dons, legs et subventions. Il représente l'établissement en justice et en est l'ordonnateur. Il nomme les personnels du service d'incendie et de secours.
- Assistent aux réunions du conseil d'administration, avec voix consultative, outre les élus :

- le DDSIS ;
- le médecin chef du service de santé et de secours médical des sapeurs-pompiers ;
- un sapeur-pompier professionnel officier, un sapeur-pompier professionnel non officier, un sapeur-pompier volontaire officier et un sapeur-pompier volontaire non officier, en qualité de membres élus de la commission administrative et technique des services d'incendie et de secours.

- Le DDSIS exerce les fonctions de directeur de l'établissement public pour sa gestion administrative et financière, sous l'autorité du président du conseil d'administration, qui peut lui accorder une délégation de signature, ainsi qu'à ses principaux collaborateurs.

2 | Les personnels du SDIS

- Ce sont :
  - les sapeurs-pompiers professionnels ;
  - les sapeurs-pompiers volontaires à l'exception de ceux appartenant à des centres communaux non départementalisés (s'il en reste dans le département) ;
  - les sapeurs-pompiers auxiliaires du service de sécurité civile ;
  - les personnels administratifs, techniques et spécialisés.
- Tous les sapeurs-pompiers professionnels, officiers et non officiers, ainsi que les sapeurs-pompiers volontaires sont recrutés et gérés par le SDIS.
- Le SDIS construit, acquiert ou loue les biens nécessaires à son fonctionnement (bâtiments, engins et matériels).

3 | Les autres organes de gestion du SDIS

Il existe auprès du conseil d'administration une commission administrative et technique des services d'incendie et de secours (CATSIS), consultée sur les questions d'ordre technique ou opérationnel intéressant les services d'incendie et de secours. Elle comprend des représentants des sapeurs-pompiers professionnels et volontaires. Elle est présidée par le DDSIS.

4 | Le financement du SDIS

La contribution des communes au budget du SDIS est fixée par le conseil d'administration. La contribution du département au budget du SDIS est fixée, chaque année, par une délibération du conseil départemental votée au vu du rapport sur l'évolution des ressources et des charges prévisibles du service au cours de l'année à venir, adopté par le conseil d'administration de celui-ci.

5 | Le cadre financier des opérations de secours

- Le SDIS n'est tenu de procéder qu'aux seules interventions qui se rattachent directement à ses missions de service public.
- S'il a procédé à des interventions ne se rattachant pas directement à l'exercice de ses missions, il peut demander aux personnes bénéficiaires une participation aux frais, dans les conditions déterminées par délibération du conseil d'administration (pour destruction d'un nid de guêpes par exemple).
- Les interventions effectuées par le SDIS à la demande de la régulation médicale du centre 15, lorsque celle-ci constate le défaut de disponibilité des transporteurs sanitaires privés, font l'objet d'une prise en charge financière par l'établissement de santé siège du SAMU.
- De même, les interventions effectuées par les services d'incendie et de secours sur le réseau routier et autoroutier concédé (à des sociétés d'autoroute par exemple) font l'objet d'une prise en charge par les sociétés concessionnaires d'ouvrages routiers ou autoroutiers.

5 LE DROIT DE LA FONCTION PUBLIQUE

En France, la fonction publique comprend l'ensemble des agents (environ 5 millions) occupant les emplois civils permanents de l'État, des collectivités territoriales (commune, département ou région) et des établissements publics de coopération intercommunale (EPCI) ainsi que de certains établissements publics hospitaliers.

1 Les principes fondamentaux de la fonction publique (FP)

- La FP s'organise selon le système de la **carrière**. Le fonctionnaire est placé dans un **corps** (ou un **cadre d'emplois** pour la fonction publique territoriale), c'est-à-dire un ensemble de fonctionnaires soumis au même statut particulier, divisé en grades, dans lesquels il progresse et fait carrière. Il est affecté à un des emplois correspondant au niveau du corps (grade) dans lequel il se trouve. Il peut néanmoins changer d'emploi sans subir de conséquence sur le déroulement de sa carrière. Ce système garantit davantage la stabilité de l'emploi et apporte de la continuité à l'administration malgré les changements politiques.
- Les fonctionnaires sont dans une situation **statutaire** (contrairement aux contractuels de l'administration et aux employés des entreprises publiques ou privées) : ils n'ont pas de contrat de travail car leur emploi, leur statut et l'évolution de leur carrière sont directement fixés par des dispositions législatives et règlementaires (décrets, arrêtés). Ils sont nommés et classés par acte unilatéral qui leur est notifié individuellement et ne sont pas soumis au code du travail, sauf pour certaines dispositions (non-discrimination, hygiène et sécurité).
- Il existe trois fonctions publiques : la **fonction publique d'État** (FPE : agents des ministères, de leurs services déconcentrés et des préfectures), la **fonction publique hospitalière** (FPH : agents des établissements publics sociaux, médicaux-sociaux ou de santé) et la **fonction publique territoriale** (FPT : agents des collectivités territoriales, de leurs groupements et établissements publics, dont les SDIS). Les sapeurs-pompiers relèvent de la FPT.

2 Les droits et obligations des fonctionnaires

- L'agent de la fonction publique perçoit mensuellement à service fait une **rémunération**, dont la valeur brute (avant retenues) est calculée en multipliant le nombre de points d'indice de l'échelon détenu dans le grade (selon une grille indiciaire) par la valeur du point (commune à tous les fonctionnaires), augmentée de divers compléments réglementés et un régime indemnitaire (déterminé selon divers critères).
- Il a droit à la **formation**, à un **congé annuel** et aux congés nécessités par certaines situations (maladie, maternité, formation professionnelle, bilan de compétences, formation syndicale...) et à une **retraite** ainsi qu'à une **non-discrimination** (en fonction de l'opinion, du sexe, de la santé ou de l'appartenance...).
- Il a droit à la **protection fonctionnelle** de sa hiérarchie et de sa collectivité d'emploi contre les menaces, injures ou violences du fait de son travail.
- Il a droit de conserver sa **liberté d'opinion**, son **droit syndical** et son **droit de grève** (sauf pour certains corps). En cas de grève, pour assurer la continuité du service public, il peut être réquisitionné et est alors obligé d'exécuter les missions qui lui sont confiées, faute de quoi il peut subir des sanctions pénales et disciplinaires.

3 Les obligations ou devoirs des fonctionnaires

- L'agent de la fonction publique doit **obéissance à sa hiérarchie**, sauf en cas d'ordre illégal ou contraire à l'intérêt public.
- Il ne peut avoir d'intérêt direct ou indirect avec les entreprises en relation avec son administration, de nature à compromettre son indépendance. Il a une **obligation de loyauté, de neutralité et de réserve** (il mesure ses propos et reste neutre en public) et est soumis à la **discrétion professionnelle** (il ne peut divulguer ce dont il a connaissance dans le cadre de son activité, relatif au service comme aux usagers qu'il côtoie).
- Il est tenu de répondre au public qui s'informe auprès de lui. Il ne peut cumuler des activités salariées, à l'exception de certaines activités commerciales, de formation, de production d'œuvres scientifiques, littéraires ou artistiques, à condition d'en avoir au préalable effectué la demande formelle auprès de son autorité de tutelle, laquelle peut refuser en cas d'indépendance insuffisante.

4 La carrière

- La fonction publique est structurée en **trois catégories A et A+, B et C**, en fonction du niveau hiérarchique et du niveau de diplôme exigé pour le recrutement. L'accès se fait par concours externe ou interne. Les concours internes sont réservés aux fonctionnaires ou agents publics ayant déjà une certaine ancienneté. Les diplômes exigés ne sont pas les mêmes que pour les concours externes, les épreuves étant plus professionnelles ou moins théoriques.
- Après recrutement suite à une vacance d'emploi, l'agent public est d'abord stagiaire. À l'issue du stage pendant lequel il doit avoir satisfait à certaines obligations de formation, l'agent est soit titularisé (il devient alors fonctionnaire), soit son stage est prolongé, soit il est licencié. La position normale est l'activité, mais il peut aussi être détaché, hors cadre, en disponibilité ou en congé parental.
- Il existe **trois formes d'évolution professionnelle** : l'avancement d'échelon, la promotion de grade ou de classe, le passage à un autre corps ou cadre d'emplois de niveau supérieur.
- En cas de non-respect de ses obligations, le fonctionnaire s'expose à des **sanctions disciplinaires**, délivrées de plein droit par l'autorité investie du pouvoir de nomination, réparties en quatre groupes, du simple avertissement jusqu'à la révocation. Le déclenchement de l'**action disciplinaire** est à la discrétion de l'administration, qui peut écarter temporairement l'agent du service (suspension administrative). La procédure est contradictoire, après communication du dossier et, pour les fautes graves, avis motivé du conseil de discipline paritaire compétent. La sanction motivée peut faire l'objet de recours auprès du conseil de discipline de recours voire en juridiction administrative.

5 Le statut des sapeurs-pompiers professionnels

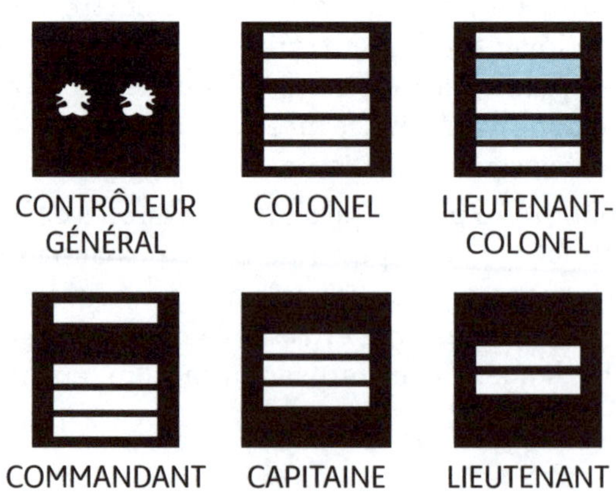

A| Les sapeurs-pompiers, une filière de la FPT

- Les catégories sont les suivantes :
  - la **catégorie C** comprend deux cadres d'emplois : les hommes du rang (grades de sapeur, caporal et caporal-chef) et les sous-officiers (grades de sergent et d'adjudant) ;
  - la **catégorie B** comprend un cadre d'emplois : lieutenant (2e, 1re classe et hors-classe) ;
  - la **catégorie A** comprend un cadre d'emplois : capitaine, commandant et lieutenant-colonel ;
  - la **catégorie A+** comprend un cadre d'emplois : colonel, colonel hors classe et contrôleur général.
- L'autorité territoriale est le président du conseil d'administration du SDIS (PCASDIS) pour la catégorie C, le préfet et le PCASDIS pour la catégorie B et le ministre de l'Intérieur (DGSCGC) et le PCASDIS pour les catégories A et A+.
- La **formation** des sapeurs-pompiers est régie par la loi du 12 juillet 1984 relative à la formation des agents de la fonction publique territoriale et l'arrêté du 21 novembre 1994 relatif à la formation des sapeurs-pompiers professionnels. Il existe différentes formations : **initiale d'application**, **continue d'adaptation à l'emploi**, **continue de maintien et de perfectionnement des acquis**, **de spécialisation**. Un plan de formation est arrêté par le SDIS. Divers organismes de formation y participent : l'école départementale, les écoles régionales et interrégionales et l'École nationale supérieure des officiers de sapeurs-pompiers.

B| Les organes paritaires de concertation

- Au niveau national, le **Centre national de la fonction publique territoriale (CNFPT)** est l'établissement public administratif qui intervient dans la gestion de la FPT : administration générale, conseil, recrutement et formation. Il donne un avis avant toute modification statutaire concernant la FPT.
- La **commission administrative paritaire (CAP)** donne un avis sur tout ce qui concerne la carrière individuelle (report de titularisation ou licenciement à la fin du stage, notation, avancement). La CAP nationale placée auprès de la DGSCGC statue pour les catégories A et A+ et B. La CAP départementale traite de la catégorie C.
- Au niveau départemental, le **comité technique paritaire (CTP)** donne un avis sur l'organisation collective du travail et le **comité d'hygiène, de sécurité et des conditions du travail (CHSCT)** sur tout ce qui concerne la santé et la sécurité des agents au travail.

C | Les notions de responsabilité pénale, civile, administrative

- Lorsqu'on engage la responsabilité de l'administration, il faut lui imputer une **faute** et l'identifier. La victime doit prouver la faute, le lien de causalité ainsi que le caractère fautif du fait générateur. Dans certains cas, la charge de la preuve est renversée : c'est à l'administration de prouver qu'elle n'a commis aucune faute.
- Si un fonctionnaire a commis une **infraction pénale**, réprimée par une loi (ex : blessure ou homicide involontaire), il peut être traduit devant un juge pénal, par une victime ou par le procureur de la République.
- On parle de **responsabilité civile** lorsque l'action en justice est exercée par une victime avec pour but d'obtenir une réparation (dommages et intérêts). Si la faute commise est détachable (sans lien) des fonctions de l'agent public, la victime engage l'action devant le juge pénal et/ou civil. Si la faute est **non détachable**, la victime doit saisir le tribunal administratif. Si un dédommagement est accordé par la victime, il est alors à la charge de l'administration de l'agent (État ou collectivité territoriale, voire SDIS). L'administration doit accorder la protection fonctionnelle à son agent (payer les avocats), mais peut ensuite engager une procédure disciplinaire à son encontre voire intenter une action récursoire contre lui devant le tribunal administratif, visant à le faire condamner à rembourser les frais imputés à l'administration (cas extrêmement rare).
- En ce qui concerne la **conduite des véhicules**, le conducteur en assume personnellement la responsabilité pénale, en toutes occasions, même en opération.
- Tout événement anormal doit impérativement être explicité rapidement, de manière fidèle et détaillée dans un **compte rendu écrit** transmis par la voie hiérarchique. C'est la meilleure façon pour un agent de défendre ses intérêts.

FAITES LE POINT !

Exercice – Testez vos connaissances !

Cochez la bonne réponse.

1. Les sapeurs-pompiers sont les seuls compétents pour :

❑ A le secours à personne
☒ B la lutte contre les incendies
❑ C la présentation du calendrier en fin d'année

2. Le numéro d'appel des sapeurs-pompiers est le :

❑ A 112
❑ B 15
☒ C 18

3. Les missions des sapeurs-pompiers sont :

❑ A toujours gratuites
☒ B parfois payantes

4. Quelles sont les missions que les sapeurs-pompiers réalisent le plus souvent ?

☒ A Le secours aux personnes
❑ B La lutte contre les incendies
❑ C La destruction des hyménoptères

5. Les sapeurs-pompiers professionnels sont :

❑ A des militaires
❑ B des fonctionnaires de l'État
☒ C des fonctionnaires des collectivités territoriales

6. Quelle différence existe-t-il entre un sapeur-pompier professionnel (SPP) et un sapeur-pompier volontaire (SPV) ?

❑ A L'uniforme
☒ B Le statut
❑ C La couleur des véhicules

7. Les sapeurs-pompiers professionnels sont recrutés par :

❑ A le préfet du département
❑ B le maire de la commune
☒ C le président d'un conseil d'administration

8. Le conseil d'administration du SDIS est composé :

❑ A de maires, de conseillers départementaux et de membres des établissements publics de coopération intercommunale
❑ B seulement de conseillers départementaux
❑ C uniquement de sapeurs-pompiers professionnels

9. Depuis quand les sapeurs-pompiers professionnels sont-ils gérés uniquement par les SDIS ?

❑ A 1989
❑ B 1996
❑ C 2002

10. Combien y a-t-il de sapeurs-pompiers volontaires en France ?

❑ A 200 000
❑ B 35 000
❑ C 100 000

11. Combien y a-t-il de sapeurs-pompiers professionnels en France ?

❑ A 150 000
❑ B 40 000
❑ C 70 000

12. Les jeunes sapeurs-pompiers (JSP) sont :

❑ A des sapeurs-pompiers professionnels recrutés depuis moins de 2 ans
❑ B des sapeurs-pompiers volontaires ayant moins de 25 ans
❑ C des jeunes âgés de 14 à 17 ans qui se sont engagés pour apprendre les techniques de base du métier de sapeur-pompier

13. En dehors du temps de travail, les sapeurs-pompiers sont autorisés à porter leur uniforme.

❑ A Vrai
❑ B Faux

14. Lorsqu'ils roulent avec le gyrophare et la sirène, les sapeurs-pompiers ont :

❑ A le droit de brûler les feux rouges et dépasser les limitations de vitesse
❑ B la priorité en toutes circonstances
❑ C l'autorisation de passer aux feux rouges sous réserve de conditions particulières

15. Le Plan rouge est un plan de secours :

❑ A rédigé sur des pages de couleur rouge
❑ B écrit avec de l'encre rouge
❑ C permettant de porter secours à de nombreuses victimes

16. Les centres de secours principaux sont :

❑ A des centres dans lesquels les chefs sont des sapeurs-pompiers volontaires
❑ B des centres importants capables de réaliser au moins quatre missions de secours en même temps
❑ C des centres de première intervention

17. Les sapeurs-pompiers peuvent travailler en équipe de garde pour des périodes de :

❑ A 8, 12 ou 24 heures
❑ B 48 heures
❑ C une semaine

18. Les sapeurs-pompiers ont :

❑ A le droit de faire grève dans les mêmes conditions que les autres fonctionnaires
❑ B le droit de faire grève sous certaines conditions
❑ C l'interdiction de faire grève

19. Le CTA est l'endroit où les sapeurs-pompiers :

❑ A réceptionnent et traitent les appels d'urgence
❑ B se reposent entre deux interventions
❑ C s'occupent des blessés intransportables

20. Le SDACR est :

❑ A le document qui recense les risques du département
❑ B le dessin qui représente, sur la carte d'état-major, l'emplacement des casernes de sapeurs-pompiers dans le département
❑ C une figure de mathématiques

21. Qui appelle-t-on pour une personne gravement malade à son domicile ?

❑ A Le Samu
❑ B Les sapeurs-pompiers
❑ C Tout dépend de la gravité

22. Qui doit-on appeler lorsqu'un enfant reste enfermé dans les toilettes sans que l'on puisse ouvrir la porte ?

❑ A Les sapeurs-pompiers
❑ B Le Samu
❑ C Un serrurier

23. Les services départementaux d'incendie et de secours (SDIS) sont financés par :

❑ A un impôt sur les produits manufacturés polluants
❑ B une contribution des communes, des communautés d'agglomération et du conseil départemental
❑ C l'État, par le biais de l'impôt sur le revenu

24. Les entreprises qui favorisent l'emploi des sapeurs-pompiers volontaires sont appelées :

❑ A employeurs responsables
❑ B employeurs partenaires
❑ C employeurs sélectifs

25. Pour éteindre un feu d'essence, il faut utiliser :

❑ A du sable
❑ B un ventilateur chargé de produit retardant
❑ C de la mousse produite par un mélange d'eau et de produit moussant

26. Face à une personne qui fait un malaise dans la rue, il faut :

❑ A ne rien faire en attendant l'arrivée de la police
❑ B appeler les pompiers
❑ C tapoter les joues de la personne en attendant qu'elle revienne à elle

27. En étant sapeur-pompier, on peut acquérir les spécialités suivantes :

❑ A plongeur
❑ B alpiniste
❑ C plombier

28. Les sapeurs-pompiers sont organisés par grades :

❑ A chef, sous-chef, exécutant
❑ B sapeur, caporal, caporal-chef, sergent, adjudant
❑ C sergent-chef, adjudant-chef, sapeur

29. Pour réaliser la prévention des incendies dans les immeubles, les sapeurs-pompiers :

❑ A participent aux commissions de sécurité qui examinent les projets de construction
❑ B contrôlent l'activité des architectes
❑ C recrutent des agents pour surveiller régulièrement les halls d'immeubles

30. Lorsqu'on est sapeur-pompier, on peut porter :

❑ A les cheveux longs sous réserve de les attacher
❑ B une boucle d'oreille et un piercing sous réserve qu'ils soient discrets
❑ C ni bijoux, ni cheveux longs

CORRIGÉS

1 B – Pour compétences partagées. Ils sont compétents pour le secours à personne avec le service d'aide médicale urgente (Samu).

2 C – Le 112 est le numéro européen d'appel d'urgence et le 15 celui du Samu.

3 B – Pour toute action ne relevant pas de leurs compétences, une contribution du bénéficiaire est demandée, par exemple pour la destruction d'un nid de guêpes.

4 A – La lutte contre les incendies ne représente que 10 % de leurs interventions.

5 C – À Paris (ainsi que dans les départements de la petite couronne) et à Marseille, ils sont militaires : Brigade des sapeurs-pompiers de Paris (BSPP) et Bataillon des marins-pompiers de Marseille (MMPM).

6 B – Le SPP est un fonctionnaire territorial ; le SPV est un citoyen qui souscrit un engagement pour 5 ans.

7 C – Le conseil d'administration du service départemental d'incendie et de secours ; le SDIS est un établissement public.

8 A

9 B – Jusqu'en 1996, les sapeurs-pompiers étaient gérés essentiellement par les communes.

10 A

11 B

12 C

13 B – Le port de l'uniforme n'est autorisé que pour les activités de service.

14 B – Le gyrophare et la sirène ne donnent pas la priorité, ils informent les automobilistes qu'ils doivent céder le passage.

15 C

16 B – Les centres de première intervention sont des petits centres dont la vocation est d'intervenir uniquement dans leur commune d'implantation.

17 A – Le statut interdit une période de travail supérieure à 24 heures consécutives.

18 A – Afin de pouvoir assurer la continuité des secours, le préfet réquisitionne les effectifs opérationnels de garde.

19 A – Centre de traitement des appels.

20 A

21 A – Les urgences médicales ne relèvent pas de la compétence des sapeurs-pompiers.

22 C – Les sapeurs-pompiers n'interviendront pas.

23 B

24 B

25 C

26 B – En composant le 18.

27 A

28 B

29 A

30 C

Partie 2
LES ÉPREUVES DE PRÉ-ADMISSIBILITÉ

Dictée
(concours externe, concours SPV)

Mathématiques
(concours externe)

QROC
(concours SPV)

Dictée

(concours externe, concours SPV)

Coefficient 1

Durée 20 min

Méthode

Méthode de l'épreuve

Entraînement

- Sujet corrigé 1 (concours externe 2013)
- Sujet corrigé 2 (concours SPV 2013)

✓ **FAITES LE POINT**

MÉTHODE DE L'ÉPREUVE

Que vous passiez le concours en externe ou en interne, vous aurez à écrire une dictée. L'exercice dure environ 30 minutes ; il est doté du coefficient 1.

L'épreuve est éliminatoire pour les SPV s'ils obtiennent une note inférieure à 12/20.

Le texte est en rapport avec le métier de sapeur-pompier.

1 Se préparer est indispensable

- N'attendez pas le dernier moment pour vous entraîner.
- Si c'est possible, faites corriger votre orthographe par des proches bienveillants dès que vous avez pris la décision de passer les concours.
- Consultez les fiches de français dans la partie 5 de cet ouvrage et mémorisez les astuces qui vous sont dispensées.

TÉMOIGNAGE

Paroles de jury

« Même pour des textes simples, les candidats font des fautes. Y compris sur le mot « sapeur-pompier ». Savoir que l'on met un tiret entre sapeur et pompier est un incontournable ! »

2 Conseils de méthode

A| Première étape : testez votre niveau

- Deux situations peuvent se présenter :
  - soit vous avez l'opportunité de prendre le texte sous la dictée d'un tiers ; cela présente l'avantage de vous mettre dans les conditions exactes du concours ;
  - soit vous travaillez seul : nous vous proposons alors des textes comportant des fautes à retrouver, ce qui vous oblige à appliquer le principe de lecture active : vous interrogez chaque mot variable (s'accorde-t-il ? Avec quoi ?).
- Quelle que soit votre situation, faites d'abord les sujets 1 et 2 de la partie entraînement, textes donnés aux concours de la dernière session du concours (Concours externe et concours SPV 2013).
- Notez votre nombre de fautes.
- Étudiez les corrigés puis entraînez-vous avec la fiche Faites le point !
- Cette première estimation vous renseigne sur l'importance du travail à fournir lors de la deuxième étape.

CONSEIL
Un concours est une compétition : travaillez donc selon le principe « qui peut le plus peut le moins ». Votre objectif est « zéro faute ».

B| Deuxième étape : révisez l'essentiel

- Chaque point d'orthographe grammaticale (accords du verbe, du nom, de l'adjectif) ou lexicale (accents, consonnes, lettres muettes...) est expliqué dans les fiches de la partie 5 de cet ouvrage.
- Repérez vos points faibles ; ne restez jamais dans l'à-peu-près.
- Ne quittez jamais une fiche sans le sentiment d'une maîtrise suffisante.
- Enfin, les points d'orthographe grammaticale, particulièrement le système verbal (conjugaison – accord des participes passés), doivent faire l'objet de toute votre attention.

TÉMOIGNAGE

Paroles de candidat

La note éliminatoire de 12/20 pour le concours pro est franchement flippante ! Alors comme je voulais vraiment réussir, je m'y suis mis 6 mois avant le concours. Tous les jours, je me suis trouvé un quart d'heure pour écrire quelque chose. Soit les idées qui me passaient par la tête, soit ce que j'avais fait dans la journée, soit je me faisais dicter un texte de 15 lignes par quelqu'un de ma famille. Puis, on a travaillé à plusieurs candidats : pendant que l'un dictait, les autres écrivaient et on se corrigeait ensemble en expliquant nos fautes et en se rappelant les règles.

C | Troisième étape : vérifiez vos acquis

- Contrôlez vos connaissances, votre niveau, en vous faisant dicter des textes simples, des extraits de textes destinés aux sapeurs-pompiers.
- Sachez, enfin, qu'une préparation efficace, celle dont les effets sont devenus constants, réclame du temps...
- N'hésitez pas à faire relire vos écrits par un proche bienveillant ; demandez-lui de vous dire combien de fautes il trouve dans vos écrits sans les préciser. Les rechercher vous-même participe d'une attitude active. Si vous ne les trouvez pas, demandez-lui de vous les montrer. Essayez de comprendre pourquoi vous avez commis la faute. Ce cheminement est constructif : à force, vous aurez toutes les chances de ne pas reproduire vos erreurs.

MÉTHODE

Voici quelques « conseils réflexes » pour éviter certaines fautes :
- pendant l'épreuve, soulignez au crayon à papier les mots dont l'orthographe vous fait hésiter : ne vous attardez pas ; il importe de rester concentré ;
- une fois l'épreuve terminée, passez à une lecture active où vous questionnez systématiquement toutes les formes variables : les noms sont-ils au singulier ou au pluriel ? Avec quel(s) nom(s) les adjectifs s'accordent-ils ? Quel est (quels sont) le(s) sujet(s) du verbe ? Etc.

Exemple

Trouvez les fautes contenues dans ce texte en appliquant la lecture active.

« Depuis qu'il était en âge de résonner, Dominique c'était toujours efforcé de prendre la vie du bon côté. Cela n'excluait pas chez lui des périodes de mauvaise humeur où de découragement ; du moins fesait-il tout pour ne pas s'y complaire.

Aussi, après une semaine à Coste-Roche se reprochait-il de ne pas être aussi heureux qu'il eut du. Heureux comme quelqu'un qui retrouve ces parents après deux ans d'absence. »

D'après Claude Michelet, *L'appel des engoulevents*.

Lecture active

Depuis qu'il était (*qui est-ce qui était ? « il », donc verbe au singulier*) en âge (*on vérifie qu'il faut un accent*) de raisonner (*homonyme de résonner ; ici il s'agit de penser*), Dominique s'était (*forme réfléchie, et non démonstratif*) toujours efforcé (*qui est le sujet ? Dominique, masculin, singulier, pas de faute*) de prendre la vie du bon côté. Cela n'excluait pas chez lui des périodes de mauvaise humeur (*humeur, féminin, donc bon accord de « mauvaise »*) ou (*est-ce un lieu ? Non, il s'agit de « ou bien »*) de découragement ; du moins faisait-il (*verbe faire à l'imparfait : à connaître*) tout pour ne pas s'y complaire (*se complaire ici, donc « y »*).

Aussi, après une semaine à Coste-Roche se reprochait-il (*accord sujet-verbe correct*) de ne pas être aussi heureux qu'il eût dû (*qu'il eût : qu'il aurait, donc subjonctif imparfait ; dû : participe passé masculin du verbe devoir, accent circonflexe. Attention, il n'y en a pas au féminin : une somme due*). Heureux comme quelqu'un qui retrouve ses (*les siens*) parents (*pluriel vérifié*) après deux ans (*pluriel vérifié*) d'absence.

CONSEIL

Ne modifiez rien, particulièrement dans les dernières minutes, qui ne soit le fruit d'une analyse : « l'intuition » de dernière minute se révèle rarement bonne…

Sujet corrigé 1

Concours externe, 2013	Coefficient 1 Durée : 20 minutes

Pour vous entraîner, nous avons volontairement introduit des fautes dans ce texte : à vous de les trouver !

1 Le sujet

Professionnel des secours, le sapeur pompier préconise et administre les premiers soins aux accidenté de la route, aux victimes de noyades, de brûlure. Il éteind les incendies de forêts ou d'immeubles, évacut les personnes en cas d'inondation, d'explosion, de tremblement de terre. Il résoud certains problèmes domestiques : animal coincé sur un toit, fuite de gaz.

Le sapeur-pompier peut se spécialiser en milieu périlleux, en spéléologie pour atteindre des endroits difficiles d'accès (puits, grotte, ravin), en plongée pour des recherches sous marines. Il peut encore intervenir lors d'un accident industriel (pollution chimique ou radioactive) ou d'une catastrophe naturelle. Pour détecté et localisé des personnes, des substances dangereuses ou interdites, il devient agent cinéphile.

Ce professionnel joue aussi un rôle préventif au seing d'une commission de sécurité, en particulier lors de la construction d'établissement recevant du public (école, hôpital, centre administratif). Sur place, il visite les lieux et contrôle les systèmes de contrôle de sécurité avant l'ouverture du bâtiment.

2 Le corrigé

Professionnel des secours, le sapeur-pompier (trait d'union) préconise et administre les premiers soins aux accidentés (au pluriel) de la route, aux victimes (puisqu'il y en a plusieurs – « aux » – marque du pluriel à « victimes ») de noyade (au singulier, chacun n'est victime que d'une seule noyade), de brûlures (le corrigé officiel indique le pluriel mais le singulier serait aussi exact : on peut être victime d'une seule brûlure). Il éteint (verbe du 3e groupe, 3e personne du singulier → terminaison en « t ») les incendies de forêt (mot composé invariable : les incendies de la forêt) ou d'immeuble (même explication), évacue (verbe du 1er groupe, 3e personne du singulier, se conjugue comme « chanter ») les personnes en cas d'inondation, d'explosion, de tremblement de terre (tout au singulier). Il résout (verbe du 3e groupe, 3e personne du singulier → terminaison en « t ») certains problèmes domestiques (il y en a plusieurs : pluriel) : animal coincé (au singulier, sinon ç'aurait été « animaux ») sur un toit (ne pas confondre avec l'homophone « toi », pronom personnel à la 2e personne du singulier), fuite (le corrigé officiel indique le singulier mais le pluriel serait aussi exact ; dans la mesure où les autres cas d'intervention sont au singulier, il est logique de le conserver) de gaz.

Le sapeur-pompier peut se spécialiser en milieu périlleux, en spéléologie pour atteindre des endroits difficiles d'accès – puits (mot invariable, « s » au singulier et au pluriel), grotte, ravin (logique du singulier partout) – en plongée (nom féminin se terminant par le son « é » → terminaison en « ée » sauf pour les mots se terminant par le son « té ») pour des recherches sous-marines (trait d'union). Il peut encore intervenir lors (invariable) d'un accident industriel (pollution chimique ou radioactive) ou (mais, ou, et, donc, or, ni, car… conjonctions de coordination : « ou » sans accent) d'une catastrophe naturelle. Pour détecter et localiser (après « pour » ou « afin de », verbe à l'infinitif) des personnes, des substances dangereuses ou interdites (bien penser à l'accord avec le nom), il devient agent cynophile (maître-chien ; ne pas confondre avec le paronyme « cinéphile », passionné de cinéma).

Ce professionnel joue (verbe du 1er groupe, 3e personne du singulier, se conjugue comme « chanter ») aussi un rôle préventif au sein (au centre de ; ne pas confondre avec « saint(e) », « seing »/sceau, ceint/entouré de…) d'une commission de sécurité, en particulier lors de la construction d'établissements (au pluriel, sinon on aurait eu « construction d'un établissement »…) recevant du public (école, hôpital, centre administratif). Sur place, il visite les lieux et contrôle les systèmes de contrôle de sécurité avant l'ouverture du bâtiment.

Sujet corrigé 2

Concours SPV, 2013	Coefficient 1 Durée : 20 min

Pour vous entraîner, nous avons volontairement introduit des fautes dans ce texte : à vous de les trouver !

1 Le sujet

Par un beau jour d'été, les sapeurs pompiers sont alerté par un feu de bateau sur un fleuve. L'embarcation, a usage d'habitation, mesure plusieurs dizaines de mètres de long. De nombreux badauds, étonnés et abasourdi, s'amasse autour du sinistre. Les flammes, qui se propagent sur plusieurs mètres de haut, et le panache de fumée sont visible de très loin.

Très rapidement, un important dispositif est déployé sur place. À l'arrivée des premiers secours, l'ensemble de l'embarcation est déjà totalement embrasé. L'extinction et la protection des embarcations voisines se réalise au moyen de plusieurs lances, dont une mousse, pour atteindre la cale par l'intermédiaire des hublots.

Trois autres lances sont mises en œuvre depuis le quai et une dernière depuis le fleuve sur un bateau de reconnaissance et de sauvetage adapté à ce type d'intervention.

2 Le corrigé

Par un beau jour d'été, les sapeurs-pompiers (trait d'union) sont alertés (accord avec sapeurs-pompiers, masculin pluriel) par un feu de bateau sur un fleuve. L'embarcation, à (préposition, on ne peut pas remplacer par « avait ») usage d'habitation, mesure plusieurs dizaines de mètres de long. De nombreux badauds, étonnés (deux « n ») et abasourdis (accord avec badauds, masculin pluriel), s'amassent (accord avec le sujet « de nombreux badauds » : 3e personne du pluriel) autour du sinistre. Les flammes, qui se propagent sur plusieurs mètres de haut, et le panache de fumée sont visibles (accord avec les sujets « flammes » et « le panache de fumée » : adjectif au pluriel « s » à visibles) de très loin.

Très rapidement, un important dispositif est déployé sur place. À l'arrivée des premiers secours, l'ensemble de l'embarcation est déjà totalement embrasée (embrasé peut s'accorder soit avec « l'embarcation », féminin singulier, soit avec « ensemble », masculin singulier). L'extinction et la protection des embarcations voisines se réalisent (sujets : « extinction » et « protection », 3e personne du pluriel) au moyen de plusieurs lances, dont une mousse, pour atteindre la cale par l'intermédiaire des hublots.

Trois autres lances sont mises en œuvre depuis le quai et une dernière depuis le fleuve sur un bateau de reconnaissance et de sauvetage adapté à ce type d'interventions (« intervention » peut être soit au singulier soit au pluriel).

FAITES LE POINT !

Exercice 1 Accord verbe-sujet(s)

Trouvez le(s) sujet(s) de chacun des verbes soulignés.

Était-ce le fait de ces couleurs tristes, était-ce la lumière du soleil couchant [...], les choses et les êtres avaient un tel air d'indifférence, d'insensibilité machinale, qu'on les aurait crus échappés d'un théâtre de marionnettes. À intervalles réguliers, le chef de gare sortait de son bureau, tournait la tête dans la direction des signaux qui s'obstinaient à ne pas annoncer l'arrivée du train. (D'après Robert Musil, *Les Désarrois de l'élève Törless.*)

Exercice 2 Confusion formes verbales

a. Complétez par « é » ou « er ».

1. Le temps est arriv... de cherch... à negoci..., car le pays est fatigu..., boulevers..., exasper....
2. Il a été retrouv... poignard..., ficel... dans sa baignoire ; déprim... par cette horrible nouvelle, il a dû rest... alit... sans parl... ni mang... pendant trois jours.

b. Complétez par « ait », « aient », « er », ou « és ».

La course cycliste s'achev... Les derniers arriv... paraiss... épuis... ; tous étaient fatigu... d'avoir tant pédal... pour gagn..., mais leurs traits tir... respir... le bonheur.

c. Complétez par « é », « er », « u », « ut », « i », « it ».

La pluie n'avait pas cess... de tomb... depuis ce matin ; lorsque le soleil appar..., il f... tout étonn... de retrouv... son jardin rafraich... et comme apais... ; il en f... la remarque à sa femme.

Exercice 3 Accords participes passés

a. Accordez, si nécessaire.

1. J'aperçus, étendu... sur un banc, une femme aux traits bouleversé... et au visage inondé... de larmes.
2. Précédé... du bruit de son souffle péniblement expiré... et que tous reconnaissaient, la veuve entra dans le salon.
3. La robe luisait aux endroits qu'avait brûlé... le fer.

4. Les ai-je entendu... chanter ces oiseaux !
5. Ces vieux saules que j'ai vu... abattre, je les ai entendu... pleurer.
6. Cet homme ne fait plus les cent kilos qu'il a pesé....
7. Le jardin est rempli... de coccinelles, j'en ai même trouvé... dans les rosiers.
8. C'est plutôt sa probité que ses talents qu'on a récompensé....
9. Bien que sa blessure soit profonde, elle ne s'est pas évanoui....
10. Les enfants se sont déguisé..., puis ils se sont fait... photographier.
11. Elles se sont salué..., se sont serré... les mains, puis se sont éloigné....

b. Écrivez et accordez le participe passé des infinitifs entre parenthèses.

1. Ses cheveux sont (teindre) ; les meubles sont (refaire) : les fleurs ont été (créer) ; les documents sont (écrire) ; les dents (extraire) ; tout lui est (devoir) ; les volets (entrouvrir) ; les engrais (épandre), la tête (ceindre).
2. Ils ont (manger), (boire), (chanter), (danser) puis ils sont (repartir).
3. Des cris ont (retentir) qui nous ont (effrayer).
4. Bien sûr, elles t'ont (emprunter) de l'argent, mais elles ne t'ont pas (mentir).
5. Les difficultés qu'ils ont (avoir) à traverser cette rivière les ont beaucoup (retarder).
6. C'est ma sœur qui a (déshabiller), (coucher), (bercer) et (endormir) ta nièce.

Exercice 4 Adjectifs qualificatifs

a. Mettez au féminin.

1. Public ; favori ; caduc ; bénin ; malin ; grec ; diluvien ; mignon ; pyrénéen.
2. Aigu ; ambigu ; contigu ; exigu ; suraigu ; fluet ; replet ; concret ; discret ; aigrelet.

b. Quel est le féminin des adjectifs correspondant aux noms et aux verbes suivants ?

Noms : main ; sang ; fièvre ; pôle ; nez ; fleuve.
Verbes : hâter ; mouvoir ; percevoir ; corrompre ; submerger.

Exercice 5 Confusion adjectif-adverbe

a. Choisissez la bonne réponse.

1. La pluie qui tombait dru ❑ drue ❑ s'arrêta net ❑ nette ❑.
2. Avec cette barbe dru ❑ drue ❑, son allure n'est pas net ❑ nette ❑.
3. Les inspecteurs ont coupé court ❑ courts ❑ aux questions, car ils ont jugé les délais trop court ❑ courts ❑.
4. Les naufragés ont tenu bon ❑ bons ❑, mais leurs tee-shirts sont tout juste bon ❑ bons ❑ pour faire des chiffons.

b. On écrit « bis » pour deux fois...

[...] pour trois fois ; [...] pour quatre fois ; [...] pour cinq fois.

Exercice 6 Homonymes

a. Mon/m'ont – ton/t'ont ?

Ils t... dit qu'ils n'aiment pas t... mari, mais d'autres m... affirmé le contraire : c'est m... problème.

b. Peu/peut/peux ? En train/entrain ?

1. Les élèves surprirent le professeur en... de manger le goûter des absents avec beaucoup d'en...
2. Je p... te dire qu'il y a p... le respect était de rigueur ici : comment cela se p...-il ?

c. Quand/quant/qu'en ?

1. J'ignore [...] il viendra ; [...] penses-tu ?
2. Je ne sais [...] dire ; il estime, [...] à lui [...] train le voyage serait moins long.

d. Les/l'es/l'est/l'ai ?

Les femmes aiment [...] chocolats ; travailleur, tu ne [...] pas assez pour réussir ; je [...] vu, [...] entendu, [...] aimé ; Est-elle arrivée ? Elle [...] et elle [...] recevra.

e. Or/hors ?

Les coureurs sont [...] d'haleine ; cette nouvelle l'a mis [...] de lui-même ; [...] il est cardiaque ! Il est [...] de portée ; [...] ce matin-là, il ne fut pas au rendez-vous.

f. Se/ce/s'/c'?

Les quatre chatons [...] tenaient blottis sous [...] carton ; [...] dont vous parlez [...] vérifie chaque jour ; tout [...] qui [...] énonce clairement [...] comprend aisément ; [...] est maintenant qu'il doit [...] affirmer.

g. On/ont ?

Lorsque les premiers grêlons [...] commencé à tomber, [...] s'est affolé ; les animaux des bois [...] raison d'être apeurés : [...] les traque. [...] les tire à vue, [...] les assassine.

h. Près de/prêt à ?

Il était [...] toucher au but, lorsque le moteur s'arrêta ; [...] tout pour séduire la belle, il décida de tuer son rival.

Exercice 7 Présent ou imparfait ?

a. Accordez les verbes entre parenthèses au présent de l'indicatif.

1. Le chauffard (enfreindre) le code et (craindre) une amende.
2. Tes paroles (marteler) à mes oreilles et je (m'apitoyer).
3. La lune (décroître) et son dernier croissant (apparaître).
4. Tu (revêtir) ton anorak lorsque tu (entendre) la météo.

5. Je prononce les « r » du fond de la gorge : je (grasseyer).
6. Tu (consentir) à parler, car tu (pressentir) le pire.
7. Si tu (combattre), c'est bien, même si tu ne (vaincre pas).
8. Le voleur (haleter) quand il (crocheter) la serrure.
9. Le gardien (s'effrayer), tire, mais le pistolet (s'enrayer).
10. Je (vouloir) bien le recevoir, mais il ne (valoir) pas cher.
11. Tu (s'enquérir) de sa santé, mais il (proférer) des menaces.
12. Tu (geindre), mais je (feindre) de ne rien entendre.

b. Conjuguez, selon le sens, au présent ou à l'imparfait de l'indicatif.

1 Un soir que nous (fuir) devant la tempête, le chenal s'éclaira.
2 Nous ne (rire) pas quand il fallait nous justifier.
3 Vous vous (se distraire) comme vous pouvez.
4 Avant tout cela, vous (rire) beaucoup.

Exercice 8 Les présents

a. Choisissez la bonne forme verbale.

(Lave – Laves)-toi les mains avant de venir à table ! (Tiens – Tien)-toi droit ! Ne (mets – met) pas les coudes sur la table. Ne (parle – parles) pas la bouche pleine. (Dit – Dis) merci. Ne (fais – fait) pas du bruit quand tu (mange – manges). (Essuie – Essuies)-toi la bouche. (Fini – Finis) ton assiette. (Met – Mets) ta serviette. (Excuse – Excuses)-toi. (Avale – Avales) avant de parler. (Plie – Plies) ta serviette. (Va – Vas) jouer dans ta chambre…

b. Présent de l'indicatif ou présent du subjonctif ?

1. Il faut que vous payez ❑ payiez ❑ vos dettes pour que nous nous sentons ❑ sentions ❑ tranquilles.
2. Le juge sursoit ❑ sursoie ❑ à l'exécution de la peine bien qu'il croit ❑ croie ❑ à la culpabilité de l'accusé.
3. Il se peut que l'arbitre exclut ❑ exclue ❑ le joueur du terrain, car il entrevoit ❑ entrevoie ❑ qu'il y a faute.
4. Je doute qu'il se meurt ❑ meure ❑, il me semble qu'il fait ❑ fasse ❑ du cinéma !

Exercice 9 Futur ou conditionnel présent ?

a. Conjuguez au futur et au conditionnel présent.

Tu (étudier) ; il (s'initier) ; tu (guerroyer) ; il (venir) ; nous (déceler) ; nous (empaqueter).

b. Choisissez la bonne réponse.

1. Je serai ❑ saurai ❑ saurais ❑ bien vous faire parler.
2. Je vous saurai ❑ serai ❑ serais ❑ reconnaissant de répondre.

3. Je vous saurais ❑ saurai ❑ serais ❑ gré de m'appeler ce soir.
4. Si je gagne au Loto, je changerai ❑ changerais ❑ de vie.
5. Si je gagnais au Loto, je changerai ❑ changerais ❑ de vie.

c. Complétez avec « ai » ou « ais ».

1. Si je trouv… une maison ouverte, je m'arrêter… volontiers. Sinon, je dormir… à la belle étoile.
2. Si tu le veux bien, je passer… te voir demain.
3. Je prendr… volontiers l'avion pour New York, mais je ne pourr… pas m'offrir un tel voyage.
4. Je fer… une chose pareille ! C'est mal me connaître.
5. Si je cour…, j'attraper… le train de 18 h 40. Mais qu'importe, je rater… la correspondance !

Exercice 10 Participe présent ou adjectif verbal ?

Choisissez la bonne réponse.

1. J'ai vu des troupeaux errant ❑ errants ❑ errent ❑ dans la prairie.
2. Négligeant ❑ Négligent ❑ les produits détergeant ❑ détergents ❑, la femme utilise des bains moussant ❑ moussants ❑.
3. C'est en provoquant ❑ provocants ❑ ma colère par ses propos provoquant ❑ provocants ❑ qu'il a perdu.
4. Il y a plusieurs logements vaquant ❑ vacants ❑.
5. C'est en étudiant ❑ étudiants ❑ étudient ❑ que vous réussirez.
6. L'oiseau voit tous les animaux comme des êtres rampent ❑ rampant ❑ rampants ❑.
7. Les eaux courant ❑ courantes ❑ courentes ❑ sont plus saines que les eaux des étangs.
8. N'excellant ❑ excellent ❑ en rien, on ne pouvait deviner qu'il fût excellant ❑ excellent ❑ en maths.

Exercice 11 Pluriel des adjectifs composés, numéraux, de couleur

a. Mettez les adjectifs au pluriel, si nécessaire.

1. Les peuples (anglo-saxon) ont constitué des États (tout-puissant).
2. Ils ont mangé des sauces (aigre-douce), bu des thés (extra-fort).
3. Les enfants (nouveau-né) ont été placés dans les couveuses éclairées par des rayons (ultra-violet).
4. Nous étions sur des chars (gallo-romain) (ultra-rapide).

b. Écrivez en toutes lettres les nombres entre parenthèses.

1. Auteur du roman (93), Victor Hugo mourut à l'âge de (83) ans.
2. Ce livre a (280) pages et je n'en suis qu'à la page (200).

3. « Nous partîmes (500), mais par un prompt renfort nous nous vîmes (3 000) en arrivant au port » (Corneille).
4. Les (1er) dimanches et les (3e) samedis de chaque mois, l'entrée du parc coûte (200) euros.
5. L'horloge sonne les (1/4) et les (1/2).
6. Elle est née en (1984).

Exercice 12 Accords pièges

Faites l'accord des mots entre parenthèses quand c'est nécessaire.

1. Cela devient des plus (intéressant – intéressants).
2. Le lever tôt n'est pas des plus (facile – faciles).
3. Ils traitèrent avec elle (d'égal à égal – égale à égale).
4. Ce sont des champions (sans égals – sans égal).
5. (Quelle – Qu'elle) belle journée.
6. Donnez-lui (quelque – quelques) argent.
7. (Quoique – Quoi que) je fasse, Élise n'est jamais contente.
8. Plusieurs langues (tels que – telles que) le français, l'anglais.
9. Ses propositions furent acceptées (tel quel – telles quelles).
10. (Tous – tout) les savants ont toujours (quelque – quelques) grain de folie.
11. (Chaque – Chaques) âge (s) a ses plaisirs.
12. Ils étaient partis sans (aucun vivre), ni (aucune harde).
13. D'après (leur) disciples, l'argent ne (leur) importait pas.
14. Les (mêmes) sourires, ses gestes (même) nous rappellent sa mère.
15. (Tout) les jours de ce mois, mes souliers (tout) neufs me firent mal.
16. (Quelque) soient les problèmes et (quelqu') en soient les causes.
17. (Quoiqu') il fasse et (quoique) l'avenir soit incertain…

CORRIGÉS

Exercice 1

Était (ce) ; était (ce) ; avaient (choses, êtres) ; aurait (on) ; sortait, tournait (chef de gare) ; s'obstinaient (signaux).

Exercice 2

a. 1. arrivé ; chercher (action ; remplacer par « prendre ») ; négocier (action) ; fatigué (état) ; bouleversé (état) ; exaspéré (état).
2. Retrouvé, poignardé, ficelé, déprimé (tous ces participes indiquent un état) ; rester (action) ; alité (état) ; parler manger (actions).
b. s'achevait (s'achève) ; arrivés ; paraissaient (paraissent) ; épuisés (état) ; fatigués (état) ; pédalé (participe passé avec auxiliaire avoir) ; gagner (après « pour ») ; tirés (état) ; respiraient (respirent).
c. cessé (participe passé avec auxiliaire avoir) ; tomber ; apparut (apparaît) ; fut (est) ; étonné (état) ; retrouver (action) ; rafraîchi (état) ; apaisé (état) ; fit (fait).

Exercice 3

a. 1. étendue (une femme) ; bouleversés (traits) ; inondé (visage) ;
2. précédée (la veuve) ; expiré (le souffle).
3. Brûlés (COD « qu' » mis pour endroits placé avant le verbe ; sujet « fer »).
4. Entendus (COD « les » mis pour oiseaux, sujet du verbe à l'infinitif « chanter »).
5. Vu (« saules » n'est pas sujet du verbe à l'infinitif ; ils n'abattent pas) ; entendus (accord car « saules » COD placé avant et sujet de « pleurent »).
6. Pesé (invariable au sens propre).
7. Rempli (sujet : le jardin) ; trouvé : (COD « en » neutre → invariable).
8. Récompensée (COD « probité », on a récompensé quoi ? sa probité).
9. Évanouie (verbe pronominal ; sujet féminin, « elle »).
10. Déguisés (COD « se » : eux-mêmes) ; fait (suivi d'un infinitif : toujours invariable).
11. Trois verbes pronominaux, employés différemment : saluées (COD « se » ; elles ont salué qui ? Elles-mêmes = se : accord avec le COD) ; serré (elles n'ont pas serré elles-mêmes) ; éloignées (COD « se » = elles-mêmes).
b. 1. Teints ; refaits ; créées ; écrits ; extraites ; dû ; entrouverts ; épandus ; ceinte.
2. Mangé, bu, chanté, dansé (pas de COD), repartis (sujet : ils).
3. Retenti (pas de COD), effrayés (COD : nous).
4. Emprunté (COD : argent, placé après), menti (pas de COD).
5. Eues (COD : qu', mis pour difficultés), retardés (COD : les).
6. Déshabillé, couché, bercé, endormi (COD : nièce, placé après).

Exercice 4

a. 1. publique ; favorite ; caduque ; bénigne ; maligne ; grecque ; diluvienne ; mignonne ; pyrénéenne.
2. aigüe ; ambigüe ; contigüe ; exigüe ; suraigüe ; fluette ; replète ; concrète ; discrète ; aigrelette.
b. manuelle ; sanglante/sanguine ; fébrile/fiévreuse ; polaire ; nasale ; fluviale.
Hâtive ; mobile/mouvante ; perceptible ; corruptible/corrompue ; submersible/ submergée.

Exercice 5

a. 1. La pluie tombait dru s'arrêta net (ce n'est pas la pluie qui est drue, mais la façon dont elle tombe ; elle s'arrête de façon nette : « dru » et « net » adverbes, donc invariables).
2. Avec cette barbe drue, son allure n'est pas nette (adjectifs : état de la barbe et de l'allure).
3. Les inspecteurs ont coupé court (adverbe : ils ont coupé de façon courte) aux questions, car ils ont jugé les délais trop courts (adjectif : attentes trop courtes).
4. Les naufragés ont tenu bon, mais leurs tee-shirts sont tout juste bons pour faire des chiffons.
b. ter ; quater ; quinquies

Exercice 6

a. t'ont (t'avaient) ; ton (le tien) ; m'ont (m'avaient) ; mon (le mien).
b. en train ; entrain ; peux ; peu (il y a peu : il y a peu de temps) ; peut.
c. quand (lorsque) ; qu'en (que penses-tu de cela) ; qu'en (que dire de cela) ; quant (en ce qui le concerne), qu'en (que en).
d. les (le, la) ; l'es (l'étais) ; l'ai ; l'ai, l'ai (l'avais) ; l'est (l'était) ; les (le, la).
e. hors ; hors ; or (cependant) ; hors ; or.
f. se ; ce ; ce ; se ; ce ; s' ; se ; c' ; s'.
g. ont (avaient) ; on (il) ; ont ; on ; on ; on.
h. près de ; prêt à.

Exercice 7

a. 1. enfreint ; craint.
2. martèlent ; apitoie.
3. décroît ; apparaît : les verbes en -aitre et -oitre conservent l'accent circonflexe sur le « i » qui précède le « t ».
4. revêts ; entends.
5. grasseye.
6. consens ; pressens.

7. combats ; vaincs.
8. halète ; crochète ;
9. s'effraie (ou s'effraye) ; s'enraye (les verbes en « ayer » peuvent conserver le « y » ou, plus moderne, changer le « y » en « i » devant un « e » muet).
10. veux ; vaut.
11. t'enquiers ; profère.
12. geins ; feins.
b. 1. fuyions (imparfait car « s'éclaira », passé simple).
2. riions (imparfait car « fallait », imparfait = passé).
3. distrayez (présent car « pouvez », présent).
4. riiez (avant, passé).

Exercice 8

a. Lave (impératif) ; tiens ; mets ; parle (impératif) ; dis ; fais ; tu manges (indicatif) ; essuie (impératif) ; finis ; mets ; excuse (impératif) ; avale ; plie (impératif) ; va (impératif).
b. 1. Il faut que vous payiez vos dettes pour que nous nous sentions tranquilles (subjonctifs : action espérée, but).
2. Le juge sursoit (indicatif : remet) à l'exécution de la peine bien qu'il croie (subjonctif : sente) à la culpabilité de l'accusé.
3. Il se peut que l'arbitre exclue (sorte) le joueur du terrain, car il entrevoit (indicatif : sent) qu'il y a faute.
4. Je doute qu'il se meure (subjonctif : vienne), il me semble qu'il fait (indicatif : prend) du cinéma !

Exercice 9

a. Tu étudieras-étudierais ; il s'initiera-s'initierait ; tu guerroieras-guerroierais ; il viendra-viendrait ; nous décèlerons-décèlerions ; nous empaquetterons-empaquetterions.
b. 1. Je saurai bien vous faire parler (verbe « savoir » au futur car il y a quasi-certitude).
2. Je vous serais (verbe « être » au conditionnel, pas de certitude, nous serions) reconnaissant de répondre.
3. Je vous saurais gré de m'appeler ce soir (verbe « savoir gré » ; le conditionnel d'atténuation est recommandé ; le futur est correct mais plus comminatoire).
4. Si je gagne au Loto, je changerai (après « si », verbe au présent donc futur) de vie.
5. Si je gagnais au Loto, je changerais (après « si », verbe au passé donc conditionnel) de vie.
c. 1. Si je trouvais une maison ouverte, je m'arrêterais volontiers (incertitude, conditionnel). Sinon, je dormirai (certitude, futur) à la belle étoile.
2. Si tu le veux bien, je passerai te voir demain.
3. Je prendrais volontiers l'avion pour New York, mais je ne pourrai pas m'offrir un tel voyage.
4. Je ferais une chose pareille ! C'est mal me connaître.

5. Si je courais, j'attraperais le train de 18 h 40. Mais qu'importe, je raterai la correspondance (certitude) !

Exercice 10

1. errant (participe présent : qui errent).
2. Négligeant (« en négligeant ») ; détergents (s'il y avait « éponges » avant, on mettrait la marque du féminin : détergentes) ; moussants (même remarque).
3. provoquant (gérondif, action ; après « en ») ; provocants (adjectif verbal).
4. vacants (vacantes au féminin).
5. étudiant (gérondif invariable, après « en »).
6. rampants (adjectif verbal).
7. courantes (adjectif verbal).
8. excellant (action de) ; excellent (adjectif verbal).

Exercice 11

a. 1. anglo-saxons ; tout-puissants.
2. aigres-douces ; extra-forts.
3. nouveau-nés (nouveau : invariable uniquement dans cette expression) ; ultra-violets.
4. gallo-romains ; ultra-rapides.
b. 1. quatre-vingt-treize ; quatre-vingt-trois.
2. deux cent quatre-vingts ; deux cent (le deux centième).
3. cinq cents ; trois mille.
4. premiers ; troisièmes ; deux cents.
5. quarts ; demies (« quart » et « demi » sont pris ici comme noms).
6. mil (ou mille) neuf cent quatre-vingt-quatre (mil uniquement pour une date).

Exercice 12

1. intéressant : l'adjectif qui suit « des plus », « des moins », « des mieux » se met au singulier lorsqu'il se rapporte à un pronom neutre (cela) ou à un verbe ; exemple suivant : se lever.
2. facile.
3. d'égal à égal (expression invariable).
4. sans égal (invariable au masculin pluriel).
5. quelle.
6. quelque (un peu – incertain).
7. quoi que (quelle que soit la chose).
8. telles que (« tel que » s'accorde avec le nom qui précède).
9. telles quelles (« tel quel » forme un tout indécomposable dont les éléments varient de la même façon).
10. tous les, quelque.

11. chaque.
12. aucuns vivres, aucunes hardes : mots toujours au pluriel.
13. leurs (ses) ; leur (pronom personnel : à eux).
14. mêmes, même.
15. tous ; tout : entièrement.
16. quels que, quelles qu' : s'écrit en deux mots lorsqu'il précède directement un verbe d'état. « Quel » s'accorde avec le sujet du verbe.
17. quoi qu'il : quelle que soit la chose ; quoique : bien que.

Mathématiques
(concours externe)

Coefficient 1

Durée 1 h

Méthode

1. Présentation de l'épreuve
2. Méthode de l'épreuve

Entraînement

- Sujet corrigé 1 (concours 2013)
- Sujet corrigé 2
- Sujet corrigé 3
- Sujet corrigé 4
- Sujet corrigé 5

✔ **FAITES LE POINT !**

1 PRÉSENTATION DE L'ÉPREUVE

L'épreuve de mathématiques est réservée aux candidats externes. Elle dure 1 heure, coefficient 1. L'usage de la calculatrice est interdit.

1 Comment se présente l'épreuve de mathématiques ?

- L'épreuve comprend **deux problèmes**.
- Le travail demandé est le plus souvent à réaliser sur le sujet lui-même qui se présente alors sous la forme d'un cahier-réponses. Les réponses sont à donner dans les espaces prévus à cet effet.

2 Sur quel programme portent les exercices ?

- L'épreuve de mathématiques porte sur le programme suivant :
  - les quatre opérations : nombres entiers, nombres décimaux, fractions, mesures de longueur, surfaces, capacités, poids, densité, règles de trois, partages proportionnels ;
  - les lignes droites, perpendiculaires, autres polygones, cercles, secteurs, segments, arc ;
  - les volumes courants : parallélépipède, prisme, cylindre, cône, sphère ;
  - les nombres complexes : le temps, les unités de temps, conversions, vitesse moyenne.
- Ces problèmes peuvent prendre l'aspect d'exercices numériques ou de géométrie (calcul d'aires, de volume, mesures de quantité, de temps, de longueur…).

- Les exercices donnés peuvent comporter **une ou des questions faisant appel au « bon sens »** et au raisonnement du candidat, la ou les réponses attendues pouvant impliquer une solution non chiffrée notée sur 2 points et une explication (sur 2 points) ne devant pas excéder cinq lignes manuscrites.

3 Comment l'épreuve est-elle notée ?

- L'épreuve de mathématiques est noté sur 20. Le barème est indiqué en face de chaque question.
- Pour avoir le maximum de points à une question, le résultat doit être exact et justifié. Souvent, la moitié des points est réservée à la justification.

IMPORTANT

Attention à la présentation, la qualité de la rédaction et de l'expression, l'orthographe.
2 points sont en effet prévus pour ces différents aspects de votre copie.

2 MÉTHODE DE L'ÉPREUVE

Il s'agit de recueillir le maximum de points, c'est-à-dire de résoudre correctement le plus grand nombre possible de questions, en tenant compte éventuellement du nombre de points de chacune si celui-ci est indiqué.

1 Avant de commencer la résolution des problèmes

- Lisez rapidement l'ensemble des énoncés, en identifiant pour chacun quelle partie du programme il met en jeu, quelle méthode de résolution il demande (raisonnement, calcul, dessin, graphique, etc.).
- Repérez alors les questions que vous saurez résoudre sans y passer trop de temps, c'est-à-dire :

– celles qui font appel à des connaissances que vous maîtrisez bien ;

– celles dont le résultat peut être obtenu par un calcul rapide et simple.

2 La résolution des problèmes

- Dans un problème, les questions sont rarement indépendantes les unes des autres, par exemple le résultat de la question a est nécessaire à la résolution de la question b.
  Ce lien entre les questions est parfois indiqué dans l'énoncé par le verbe « Déduire ».

ATTENTION
Dans ce cas, ce verbe ne signifie pas « ôter, enlever », mais « tirer une conséquence ».

- Les résultats intermédiaires sont parfois donnés dans l'énoncé pour pouvoir continuer la résolution, et ils aident alors à orienter la recherche de la solution.
- Vous devez toujours justifier vos résultats en donnant les calculs intermédiaires, l'énoncé d'une règle, d'un théorème, etc. Exprimez-vous clairement, avec des phrases courtes.
- Sauf indication contraire de l'énoncé, prenez 3,14 comme valeur de π et arrondissez les résultats 2 chiffres après la virgule.
- Pensez à accompagner chaque résultat de son unité de mesure (litres, mètres...).

MÉTHODE

- Toutes les fois où cela est possible, vérifiez la vraisemblance de vos résultats, par exemple en examinant l'ordre de grandeur, en reportant les valeurs trouvées dans l'énoncé, etc.
- Les formules d'aires et de volumes des figures géométriques ne sont pas rappelées dans le sujet. Vous devez les connaître par cœur (voir partie 5).

3 La gestion du temps pendant l'épreuve

Cet aspect du temps est essentiel car vous ne pourrez achever les deux problèmes de l'épreuve que si vous êtes rapide, et donc parfaitement entraîné.

- Répondez aux questions sur votre copie au fur et à mesure et n'attendez pas les dernières minutes pour recopier votre brouillon. Les brouillons rendus avec les copies ne seront pas pris en considération pour la correction. Utilisez le brouillon essentiellement pour effectuer lisiblement les opérations de façon à les recopier sans fautes.
- La calculatrice est interdite pendant l'épreuve. Par conséquent, vous devez connaître parfaitement les tables de multiplication et les techniques opératoires, celle de la division en particulier.
- Gardez un peu de temps à la fin pour relire votre travail.

CONSEIL

Lorsque deux méthodes de résolution sont possibles, décidez rapidement quelle est celle qui vous prendra le moins de temps. Dans les problèmes de pourcentage, l'écriture décimale d'un pourcentage est conseillée.

Exemple

Le prix d'une veste est de 78 €. La remise est de 30 %. Calculer le prix soldé.
Il est inutile ici de calculer le montant de la remise, c'est du temps perdu.
Si la remise est de 30 %, on paie 70 % du prix initial.
L'écriture décimale de 70 % est 0,7.
Le prix soldé est : $78 \times 0{,}7 = 54{,}60$ €.

Sujet corrigé 1

Concours externe, 2013

Coefficient 1

Durée : 1 h

1 Le sujet

PROBLÈME 1

» Première partie

Monsieur et madame Martin ont installé dans leur jardin un récupérateur d'eau de pluie souterraine. C'est un réservoir formé d'une partie cylindrique et d'une partie conique et dont les dimensions sont indiquées sur le schéma suivant (le schéma n'est pas représenté à l'échelle).

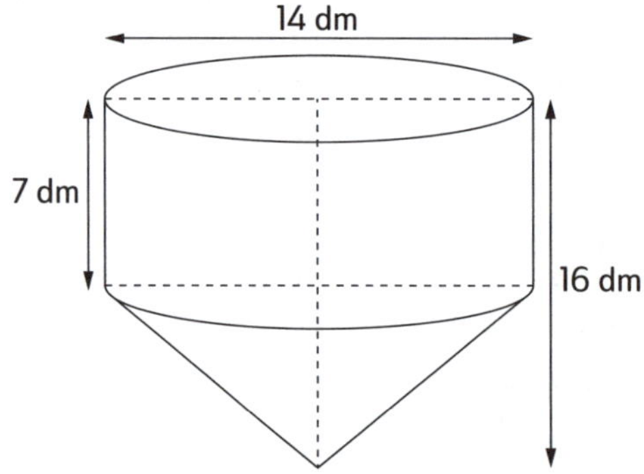

Ce schéma n'est pas représenté à l'échelle.

1. Calculer le volume de sa partie cylindrique. On arrondira au dm^3 près.

2. a. Sachant que le volume de la partie conique est d'environ 462 dm^3, quel est son volume total ?

b. Ce réservoir peut-il contenir 1 000 litres ? 2 000 litres ?

3. Si le réservoir est rempli aux deux tiers, quel est le volume d'eau dans le réservoir ?

4. La jauge du réservoir indique qu'il contient 500 litres. L'eau dépassera-t-elle la partie conique pour commencer à remplir la partie cylindrique ? Si oui, de combien de litres ?

» Deuxième partie

Monsieur et madame Martin ne récupèrent l'eau de pluie que sur un seul pan de leur toit.

1. **a.** Le pan du toit est un rectangle de largeur 6,2 mètres de largeur et de longueur 13,7 mètres. Calculer son aire. On arrondira au m^2 près.
b. Au mois de mars, il est tombé dans leur commune 80 mm de pluie. Calculer le volume d'eau récupéré.

2. **a.** On estime que la consommation journalière moyenne d'eau est de 150 litres par jour et par personne. Quelle quantité d'eau a été consommée par ce couple au mois de mars ?
b. Est-ce que l'eau récoltée au mois de mars a été suffisante pour combler la totalité de leur besoin en eau ?

PROBLÈME 2

» Première partie

Pour un entraînement, deux amis, Hugo et Jules, s'affrontent sur une course de 5 km. Les règles du jeu sont les suivantes (avec deux dés) :

- Hugo part en premier ;
- le premier dé donne le temps (en minutes) pendant lequel Hugo ou Jules court ;
- le deuxième dé donne la vitesse de course en km/h pendant le temps donné par le premier dé ;
- le vainqueur est celui qui arrive le premier au bout des 5 km.

Si nécessaire, arrondir au dixième les résultats trouvés.

1. **a.** Hugo obtient un 5 avec le premier dé et un 3 avec le second dé. Pour ce premier lancer, pendant combien de temps et à quelle vitesse va-t-il courir ?
b. Quelle distance en mètres parcourt-il ?

2. Jules obtient un 6 avec le premier dé et un 2 avec le second. Va-t-il dépasser Hugo ?

3. **a.** Quelle distance maximale et quelle distance minimale peut-on parcourir avec un lancer de dés ? Arrondir si nécessaire au mètre près.
b. Quel est le nombre maximal et quel est le nombre minimal de lancers nécessaires pour parcourir les 5 km ?

» Deuxième partie

Toujours sur la même distance, 5 km, Hugo et Jules décident de faire à présent le parcours à vélo. La vitesse moyenne de Hugo est 17,5 km/h et celle de Jules est 16,5 km/h. Leur but sur ce nouveau jeu est de passer en même temps la ligne d'arrivée. Pour cela, ils décident de ne pas partir au même endroit de la piste. Jules et Hugo font un essai : Hugo prend le départ sur la ligne et Jules part 500 mètres après la ligne.

1. Calculer le temps mis par Hugo pour parcourir les 5 km. On donnera le résultat en heures, arrondi à deux chiffres après la virgule, puis en minutes arrondi à l'unité près.

2. Après avoir calculé la distance parcourue par Jules, calculer son temps de parcours. On donnera le résultat en heures arrondi à deux chiffres après la virgule, puis en minutes arrondi à l'unité près.

3. Sans faire de calcul, dire en expliquant s'ils arriveront en même temps comme ils l'espéraient ou si Jules devrait partir encore plus loin ou encore plus près de la ligne de départ.

2 Le corrigé

PROBLÈME 1

Première partie

1. Le volume V d'un cylindre de rayon R et de hauteur h est donné par la formule : $V = \pi \times R^2 \times h$.
Le rayon de la base est la moitié du diamètre. Donc $R = 14 \div 2 = 7$ dm.
$V \approx 3{,}14 \times 7 \times 7 \times 7 \approx 1\,077{,}02$ dm^3
Le volume de la partie cylindrique est environ 1 077 dm^3.

2. **a.** Volume total = volume de la partie cylindrique + volume de la partie conique.
$1\,077 + 462 = 1\,539$.
Le volume total du réservoir est 1 539 dm^3.
b. 1 539 dm^3 = 1 539 litres car 1 litre = 1 dm^3.
Ce réservoir peut donc contenir 1 000 litres, mais pas 2 000 litres.

3. $1\,539 \times \dfrac{2}{3} = 1\,026$.
Si le réservoir est plein aux deux tiers, le volume d'eau dans le réservoir est 1 026 litres.

4. Le volume du cône est 462 litres (voir question 2.a).
$500 - 462 = 38$.
Dans le cylindre, il y a donc 38 litres.

Deuxième partie

1. **a.** Aire d'un rectangle = longueur × largeur.
$13{,}7 \times 6{,}2 = 84{,}94 \approx 85$ si on arrondit à l'unité.
L'aire d'un pan de toit est environ 85 m^2.
b. 80 mm = 0,08 m.
$85 \times 0{,}08 = 6{,}8$.
Le volume d'eau récupéré au mois de mars est 6,8 m^3.

2. **a.** Il y a 31 jours au mois de mars.
$150 \times 2 \times 31 = 9\,300$.
Le couple a consommé 9 300 litres d'eau au mois de mars.
b. 9 300 L = 9,3 m^3
Or 9,3 m^3 > 6,8 m^3
Donc l'eau récoltée ne suffit pas.

PROBLÈME 2

Première partie

1. **a.** Hugo va courir 5 minutes à la vitesse de 3 km/h.
b. Distance parcourue = vitesse × temps.
5 min = $\frac{5}{60}$ d'heure.
$3 \times \frac{5}{60} = \frac{3 \times 5}{60} = 0{,}25$.
Hugo parcourt 0,25 km, soit 250 m.
2. Jules va courir 6 minutes à 2 km/h.
6 min = $\frac{6}{60}$ d'heure
$2 \times \frac{6}{60} = \frac{2 \times 6}{60} = 0{,}2$
Jules parcourt 0,2 km, soit 200 m.
Donc Jules ne dépasse pas Hugo.
3. **a.** La distance maximale est obtenue avec deux 6 : on court 6 min à 6 km/h.
$6 \times \frac{6}{60} = \frac{6 \times 6}{60} = 0{,}6$.
La distance maximale est 0,6 km, soit 600 m.
La distance minimale est obtenue avec deux 1 : on court 1 min à 1 km/h.
$1 \times \frac{1}{60} = \frac{1 \times 1}{60} \approx 0{,}0167$
La distance maximale est environ 0,017 km, soit 17 m.
b. 5 km = 5 000 m.
5 000 ÷ 17 ≈ 294,12. Il faut donc au maximum 295 lancers.
5 000 ÷ 600 ≈ 8,3. Il faut donc au minimum 9 lancers.

Deuxième partie

1. Temps = distance ÷ vitesse.
5 ÷ 17,5 ≈ 0,29 h ; 0,29 × 60 ≈ 17 min.
Hugo passera la ligne d'arrivée environ 17 min après son départ.
2. 500 m = 0,5 km ; 5 – 0,5 = 4,5.
Jules parcourt 4,5 km.
4,5 ÷ 16,5 ≈ 0,27 h ; 0,27 × 60 ≈ 16 min.
Jules passera la ligne d'arrivée environ 16 min après son départ.
3. Jules passe la ligne d'arrivée 1 min avant Hugo.
Pour passer la ligne en même temps, il faut que Jules ait un peu plus de distance à parcourir. Il doit donc partir un peu plus près de la ligne de départ, à moins de 500 m.

Sujet corrigé 2

Sujet inédit

Coefficient 1

Durée : 1 h

1 Le sujet

PROBLÈME 1 (8 POINTS)

Un réservoir d'eau est un parallélépipède rectangle et a pour base un rectangle de longueur 6 000 centimètres et de largeur 18 500 millimètres. Il mesure 17 mètres de haut.

1. Calculer l'aire de sa base en mètres carrés.

2. Calculer le volume d'eau que l'on pourra y stocker en m^3 et en cm^3.

3. La ville qui possède ce réservoir compte 50 000 habitants, chaque habitant consomme 100 litres d'eau par jour. Quelle est la consommation totale et par jour de la commune (en litres et en m^3) ?

4. À quelle durée de consommation en eau pour la commune correspond le volume du réservoir (en jours, heures, minutes, secondes) ?

5. Si un litre d'eau coûte 0,4 centime, combien devra-t-on payer (en euros) pour 57 litres ? Pour 10 litres ?

PROBLÈME 2 (12 POINTS)

Une piscine municipale (voir croquis) vient d'être construite. Avant la mise en service, une couche de peinture pour étanchéité doit être appliquée sur toutes ses surfaces (fond et parois).

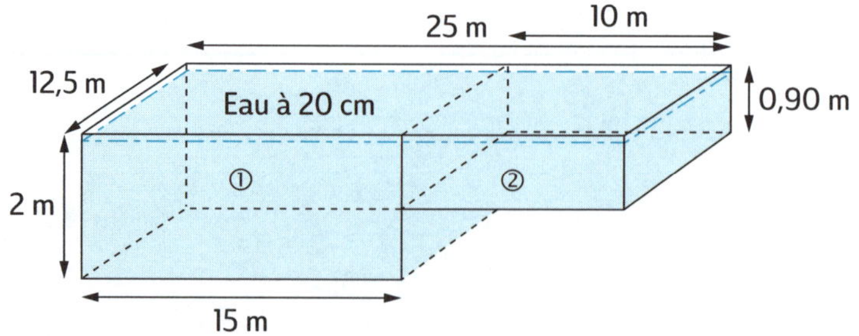

1. Sachant qu'un pot de 5 kg recouvre 8 m², combien de pots faudra-t-il pour cet ouvrage ?

2. On remplit ensuite le bassin jusqu'à un niveau situé à 20 cm en dessous du bord. Quelle quantité d'eau (en litres) sera nécessaire ?

3. Un produit désinfectant est déversé dans le bassin à raison de 5 cL par m³. Ce produit est vendu par flacons d'un litre à 4,90 € pièce. Quelle sera la dépense à effectuer pour ce produit ?

4. Le bassin est rempli comme indiqué à la question 2 grâce à une électropompe dont le débit est de 160 L par minute. Combien de temps faudra-t-il pour remplir le bassin (en heures et minutes) ?

2 Le corrigé

PROBLÈME 1

1. Conversions : 6 000 cm = 60 m ; 18 500 mm = 18,5 m.

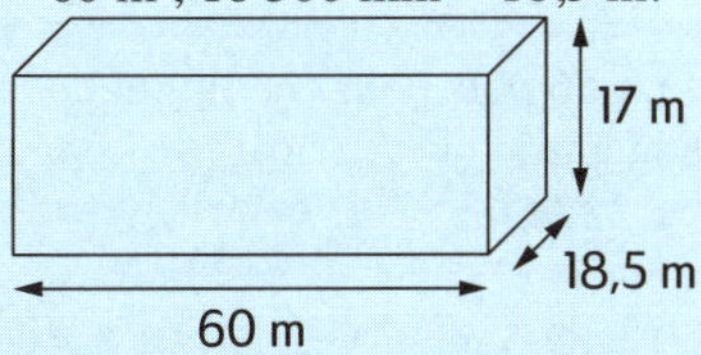

Calcul de l'aire du rectangle de base : $60 \times 18{,}5 = 1\ 110$ m².
L'aire de la base est 1 110 m².

2. Calcul du volume du parallélépipède rectangle :
$V = 1\ 110 \times 17 = 18\ 870$ m³ $= 18\ 870\ 000\ 000$ cm³.
Le volume d'eau est de 18 870 m³ ou 18 870 000 000 cm³.

3. Calcul de la consommation totale : $50\ 000 \times 100 = 5\ 000\ 000$ litres.
Conversion : 5 000 000 litres = 5 000 000 dm³ = 5 000 m³.
La commune consomme 5 000 000 litres ou 5 000 m³ par jour.

4. Calcul de la durée de consommation (en jours).
18 870 : 5 000 = 3,774 j
= 3 j + (0,774 × 24 h)
= 3 j + 18,576 h
= 3 j + 18 h + (0,576 × 60 min)
= 3 j + 18 h + 34,56 min
= 3 j + 18 h + 34 min + (0,56 × 60 s)
= 3 j + 18 h + 34 min + 33,6 s
= 3 j + 18 h + 34 min + 34 s
Le volume du réservoir correspond à une durée en eau de : 3 jours 18 heures 34 minutes et 34 secondes.

5. Calcul du coût des 57 litres : $57 \times 0{,}4 = 22{,}8$ centimes = 0,228 €. Les 57 litres d'eau coûtent 0,23 €.

Calcul du coût des 10 litres : $10 \times 0{,}4 = 4$ centimes = 0,04 €. Les 10 litres d'eau coûtent 0,04 €.

PROBLÈME 2

1. À partir de la figure, on décompose la piscine en 2 parties : ① et ②.

Calcul de l'aire latérale A_{L1} de la partie ① :

$A_{L1} = 2 \times (15 \times 2) + (12{,}5 \times 2) + 12{,}5 \times (2 - 0{,}9)$

$A_{L1} = 2 \times 30 + 25 + 12{,}5 \times 1{,}1 = 60 + 25 + 13{,}75 = 98{,}75\ m^2$

Calcul de l'aire du fond A_{F1} de la partie ① :

$A_{F1} = 12{,}5 \times 15 = 187{,}5\ m^2$

Calcul de l'aire latérale A_{L2} de la partie ② :

$A_{L2} = 2 \times (10 \times 0{,}9) + (12{,}5 \times 0{,}9) = 2 \times 9 + 11{,}25 = 29{,}25\ m^2$

Calcul de l'aire du fond A_{F2} de la partie ② :

$A_{F2} = 10 \times 12{,}5 = 125\ m^2$

Calcul de l'aire totale A_T :

$A_T = A_{L1} + A_{F1} + A_{L2} + A_{F2} = 98{,}75 + 187{,}5 + 29{,}25 + 125 = 440{,}5\ m^2$.

Calcul du nombre de pots :

Nombre de pots	Surface en m²
1	8
?	440,5

$1 \times 440{,}5/8 = 55{,}0625$. Il faut 56 pots pour cet ouvrage.

2. Calcul du volume V_1 de la partie (1) :

$V_1 = 15 \times 12{,}5 \times (2 - 0{,}2) = 337{,}5\ m^3$

Calcul du volume V_2 de la partie (2) :

$V_2 = 10 \times 12{,}5 \times (0{,}9 - 0{,}2) = 87{,}5\ m^3$

Calcul du volume total V_T :

$V_T = V_1 + V_2 = 337{,}5 + 87{,}5 = 425\ m^3 = 425\ 000$ litres. Il faudra donc 425 000 litres d'eau pour remplir la piscine.

3. Calcul de la quantité de désinfectant :

Quantité de désinfectant	Volume
5 cL	1 m³
?	425 m³

$425 \times 5/1 = 2\ 125$ cL = 21,25 litres

Calcul du nombre de flacons : les flacons étant vendus par unité de 1 L, il faut 22 flacons (par excès).

Calcul du montant : $22 \times 4{,}90 = 107{,}80$ €.

Il faudra dépenser 107,80 € pour le désinfectant.

4. Calcul de la durée du remplissage du bassin :

Nombres de litres	Temps (min)
160	1
425 000	?

$425\ 000 \times 1/160 = 2\ 656{,}25$ min.

Conversion en système sexagésimal : $2\ 656{,}25$ min : $60 \approx 44{,}27$ h

$= 44$ h + $(0{,}27 \times 60$ min$)$

$= 44$ h + 16,2 min. Il faudra 44 h 16 min pour remplir ce bassin.

Sujet corrigé 3

Sujet inédit

Coefficient 1

Durée : 1 h

1 Le sujet

PROBLÈME 1 (8 POINTS)

Deux personnes achètent ensemble un terrain rectangulaire de 65 mètres de long sur 28 mètres de large. Elles paient 85 904 € au propriétaire et 25 % de ce prix au notaire pour les frais d'achat.
Elles se partagent ce terrain en traçant une droite parallèle à la largeur, de façon qu'une parcelle soit un carré et l'autre un rectangle.

1. Faire la figure à l'échelle 1/500e.

2. Quelle est l'aire totale du terrain acheté ? Quel en est le prix de revient total et le prix de revient du mètre carré ?

3. Quel est le prix de revient de chaque parcelle ?

PROBLÈME 2 (12 POINTS)

Un motocycliste part de Mâcon à 17 h 35 min pour se rendre aux portes de Lyon. Son compteur kilométrique indique au départ 18 978 kilomètres. Son réservoir de carburant, d'une capacité de 10 litres, est à moitié plein. Il arrive à destination à 18 h 20 min. Son compteur indique alors 19 032 kilomètres. Il fait immédiatement le plein de son réservoir à la station d'essence avec du supercarburant à 1,29 € le litre. Il paie 10,32 €.

1. Calculer la distance parcourue par le motocycliste.

2. Calculer la durée du parcours.

3. Calculer la vitesse moyenne, en kilomètres/heure, du motocycliste.

4. Calculer sa consommation moyenne, au centilitre près, aux 100 kilomètres.

5. Calculer l'heure à laquelle le motocycliste serait arrivé à destination si, pour des raisons de sécurité, il avait dû réduire sa vitesse moyenne de 25 %.

2 Le corrigé

PROBLÈME 1

1. Longueur en cm : 65 m = 6 500 cm.
1/500 × 6 500 = 13 cm (0,5 pt).
Largeur en cm : 28 m = 2 800 cm.
1/500 × 2 800 = 5,6 cm (0,5 pt).

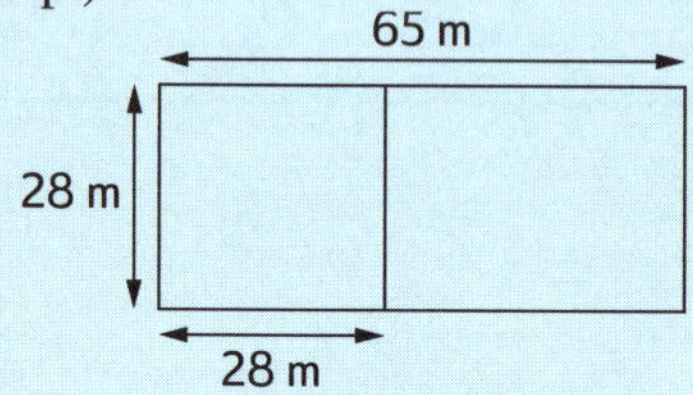

2. Aire totale du terrain acheté : 65 × 28 = 1 820 m^2 (1 pt).
Frais d'achat : 85 904 × 25/100 = 21 476 € (1 pt).
Prix de revient total du terrain : 85 904 + 21 476 = 107 380 € (0,5 pt).
Prix de revient du mètre carré : 107 380/1 820 = 59 € (0,5 pt).
3. Aire de la parcelle carrée : 28 × 28 = 784 m^2 (1 pt).
Aire de la parcelle rectangulaire : 1 820 – 784 = 1 036 m^2 (1 pt).
Prix de revient de la parcelle carrée : 784 × 59 = 46 256 € (1 pt).
Prix de revient de la parcelle rectangulaire : 1 036 × 59 = 61 124 € (1 pt).

PROBLÈME 2

1. Distance parcourue par le motocycliste : 19 032 – 18 978 = 54 kilomètres (1 pt).
2. Durée du parcours : 18 h 20 – 17 h 35 = 0 h 45 min = 0,75 h (1 pt).
3. Vitesse moyenne : d/t = 54/0,75 = 72 km/h (2 pt).
4. Nombre de litres d'essence achetés : 10,32/1,29 = 8 litres (1 pt).
Nombre de litres consommés : 5 + 8 – 10 = 3 litres (3 pt).
Consommation moyenne aux 100 kilomètres : 3/54 × 100 ≈ 5,56 litres (2 pt).
5. Nouvelle vitesse moyenne du motocycliste : 72 × 75/100 = 54 km/h (1 pt).
Le motocycliste aurait effectué le parcours en une heure, il serait donc arrivé à :
17 h 35 + 1 h = 18 h 35 min (1 pt).

Sujet corrigé 4

Sujet inédit

Coefficient 1

Durée : 1 h

1 Le sujet

PROBLÈME 1 (12 POINTS)

Votre service décide d'acheter une photocopieuse. Le modèle retenu coûte 16 905 € TTC. Il est prévu d'utiliser cet appareil pendant 7 ans, et de l'amortir sur cette période de 7 ans. La maintenance, comprenant les déplacements, les réparations, les pièces, les réglages et le remplacement des encres nécessaires pour imprimer, revient à 2 193 euros par an. Les besoins du service sont évalués, en moyenne, à 20 000 copies par mois.
Caractéristiques du papier : une ramette de papier comprend 500 feuilles au format 21 × 29,7 cm. Son coût est de 2,90 € TTC et son volume d'encombrement est de : 21,2 cm × 30,0 cm × 5,5 cm. La masse du papier est de 80 g pour 1 m^2 de feuille.
Ce projet nécessite une étude préalable qui vous est confiée.

1. Quel est le volume d'encombrement d'une ramette, en dm^3 ?
2. Sachant que le service tient à avoir une réserve pour 3 mois, combien de ramettes de papier faudra-t-il stocker ? Et quel volume sera occupé par ces ramettes, en m^3 ?
3. Quelle est la masse d'une ramette de papier ?
4. Quelle est la masse, en kg, du stock de papier pour 3 mois ?
5. Calculer le coût total annuel TTC relatif aux photocopies.
6. Quel est le prix TTC, en centimes, d'une photocopie ?
7. Quelle est la part du coût du papier, en pourcentage, par rapport au coût total ?

PROBLÈME 2 (8 POINTS)

Un bombardier d'eau, qui a une capacité de 7 600 litres, participe aux opérations d'extinction d'un incendie de forêt dans le midi de la France concernant une zone de 3,1 km de large et de 5 300 m de long. Pour éteindre le feu, 15 largages sont nécessaires.

1. Calculer en m^2 la surface détruite par le feu.

2. Calculer en m^3 la quantité d'eau larguée par le bombardier d'eau pour éteindre l'incendie.

3. Pour un largage : quelle quantité d'eau parvient au sol, sachant que 20 % de l'eau larguée s'évapore avant d'atteindre le sol ?

4. Afin de parfaire l'extinction, un groupe d'attaque composé de 4 engins d'incendie traite les lisières du feu. Les citernes de ces engins, de forme parallélépipédique, ont comme dimensions : 2,5 m de longueur, 1 m de hauteur et 1,5 m de largeur.
a. Quel est le volume d'eau en m^3 disponible pour le groupe d'attaque ?
b. Les sapeurs-pompiers utilisant 500 litres d'eau par minute, au bout de combien de temps (en minutes) les citernes seront-elles vides ?

2 Le corrigé

PROBLÈME 1

1. Volume d'encombrement d'une ramette : $21{,}2 \times 30{,}0 \times 5{,}5 = 3\,498 \text{ cm}^3 = 3{,}498 \text{ dm}^3$ $\approx 3{,}50 \text{ dm}^3$ à 10^{-2} près.
Remarque : le 3e chiffre de la partie décimale étant supérieur à 5 ($8 \geq 5$), on arrondit par excès à 10^{-2} près.
2. Nombre de ramettes pour un mois : 20 000/500 = 40.
Nombre de ramettes pour 3 mois : $3 \times 40 = 120$.
Volume occupé par les ramettes : $120 \times 3{,}50 = 420 \text{ dm}^3 = 0{,}42 \text{ m}^3$.
3. Aire des 500 feuilles d'une ramette :
21 cm = 0,21 m.
29,7 cm = 0,297 m.
$500 \times 0{,}21 \times 0{,}297 = 31{,}185 \text{ m}^2$.
Masse d'une ramette : $31{,}185 \times 80 = 2\,494{,}8$ g = 2,4948 kg.
4. Masse du stock de papier : $120 \times 2{,}4948 = 299{,}38$ kg.
5. Photocopieuse : 16 905/7 = 2 415 €.
Maintenance : 2 193 €.
Papier : $12 \times 40 \times 2{,}90 = 1\,392$ €.
Coût total annuel TTC : 6 000 €.
6. Nombre annuel de photocopies : $12 \times 20\,000 = 240\,000$.
Prix TTC d'une photocopie :
6 000 = 600 000 cents.
600 000/240 000 = 60/24 = 10/4 = 2,5 cents.
7. Pourcentage du coût du papier par rapport au coût total : $1\,392/6\,000 \times 100 = 23{,}2$ %.

PROBLÈME 2

1. Aire de la surface détruite par le feu :
3,1 km = 3 100 m.
$3\,100 \times 5\,300 = 16\,430\,000 \text{ m}^2$.
2. Quantité d'eau larguée par le bombardier d'eau :

7 600 litres = 7 600 dm^3 = 7,6 m^3.
15 × 7,6 = 114 m^3.
3. Il parvient au sol 80 % de l'eau larguée (100 – 200 = 80) : 80/100 × 7,6 = 6,08 m^3.
Pour un largage, il parvient au sol 6,08 m^3 d'eau.
4. a. Volume d'une citerne :
2,5 × 1,5 × 1 = 3,75 m^3.
Volume disponible : 4 × 3,75 = 15 m^3.
b. Temps pour vider les citernes : 500 litres = 500 dm^3 = 0,5 m^3.
15/0,5 = 30 minutes.
Il faut 30 minutes pour vider les citernes.

Sujet corrigé 5

Sujet inédit

Coefficient 1

Durée : 1 h

1 Le sujet

PROBLÈME 1 (10 POINTS)

Une citerne cylindrique contenant un produit chimique mesure 2,40 m de hauteur et 80 cm de diamètre. Elle est remplie aux 4/5 de sa hauteur d'hexachlorure de silicium.

1. Quel volume d'hexachlorure de silicium contient cette citerne ? (en litres et m^3)

2. Quelle est la masse totale de cette citerne (remplie aux 4/5) sachant que sa masse à vide est de 340 kg et que la masse volumique de l'hexachlorure de silicium est de 1 580 kg/m^3 à 20 °C ?

3. La vanne ayant un débit de 5 dm^3/seconde, combien de temps sera nécessaire pour vider l'hexachlorure de silicium ? Exprimer ce résultat en minutes et en secondes.

4. De combien de centimètres le niveau du produit chimique augmentera-t-il si l'on ajoute 200 litres dans la citerne ?

5. Cette citerne reçoit 2 couches de peinture époxy sur toutes ses parois extérieures (côtés, fond et dessus). Un pot de peinture époxy permet de couvrir 1,25 m^2. Combien de pots de peinture faudra-t-il acheter afin de réaliser l'opération de protection de cette citerne ?

PROBLÈME 2 (10 POINTS)

Un jardinier veut semer un gazon sur un terrain de 20 ares. Il souhaite un gazon dont la composition serait la suivante :
- 55 % de Ray-grass anglais ;
- 20 % de Fétuque rouge ;
- le reste d'Agrostis.

1. Calculer le pourcentage d'Agrostis dans le mélange.

2. Le gazon doit être semé à raison de 50 kg par hectare. Calculer la masse de graines nécessaires pour couvrir ce terrain (donner les résultats en kg et quintaux).

3. Le jardinier décide de faire le mélange de graines lui-même. Calculer la masse de graines des différents composants qu'il va devoir mélanger (en kg).

4. Il décide finalement de mettre deux types de Fétuque rouge, tout en conservant le même pourcentage global de Fétuque rouge dans son mélange. Les 20 % de Fétuque rouge seront composés de 45 % de Fétuque rouge gazonnée et de 55 % de Fétuque rouge traçante. Calculer le pourcentage de chaque variété de Fétuque par rapport au mélange total.

5. Le montant de la facture hors taxes est de 189 euros. Le fournisseur lui accorde une ristourne de 9,50 euros sur le prix TTC (TVA 5,5 %). Quel est le pourcentage de la ristourne à valoir sur le prix TTC ?

2 Le corrigé

PROBLÈME 1

1. Volume de la citerne : $R = 0{,}40$ m ; $h = 2{,}40$ m.
$\pi R^2 h = 3{,}14 \times 0{,}40^2 \times 2{,}40 \approx 1{,}206$ m^3.
Volume d'hexachlorure de silicium : $4/5 \times 1{,}206 \approx 0{,}96$ m^3 = 960 litres.
2. Masse de l'hexachlorure de silicium : $0{,}96 \times 1\,580 = 1\,516{,}80$ kg.
Masse totale de la citerne : $1\,516{,}80 + 340 = 1\,856{,}80$ kg.
3. Temps nécessaire pour vider la citerne : 960 litres = 960 dm^3.
$960/5 = 192$ s = 3 min 12 s.
4. Aire de base de la citerne : $\pi R^2 = 3{,}14 \times 0{,}40^2 \approx 0{,}50$ m^2.
200 litres = 200 dm^3 = 0,2 m^3.
Augmentation de la hauteur du produit chimique : $0{,}2/0{,}50 = 0{,}40$ m = 40 cm.
5. Aire latérale : $2\,\pi R \times h = 2 \times 3{,}14 \times 0{,}40 \times 2{,}40 \approx 6{,}03$ m^2.
Aire du fond et du dessus : $2 \times 0{,}50 = 1$ m^2.
Aire totale : $6{,}03 + 1 = 7{,}03$ m^3.
Nombre de pots : $7{,}03 \div 1{,}25 \approx 5{,}62$.
Il faut donc 6 pots pour une couche et 12 pots pour deux.

PROBLÈME 2

1. Pourcentage d'Agrostis dans le mélange : $100 - 55 - 20 = 25$ %.
2. 1 ha = 10 000 m^2 ; 20 a = 2 000 m^2. Soit x la masse de graines nécessaires :
$x/2\,000 = 50/10\,000$; $x = 50 \times 2\,000/10\,000 = 10$ kg = 0,10 quintal.
3. Masse de Ray-grass anglais : $55/100 \times 10 = 5{,}5$ kg.
Masse de Fétuque rouge : $20/100 \times 10 = 2$ kg.
Masse d'Agrostis : $25/100 \times 10 = 2{,}5$ kg.
4. Pourcentage de Fétuque rouge gazonnée par rapport au mélange total :
$45/100 \times 20/100 = 0{,}45 \times 0{,}20 = 0{,}09 = 9$ %.
Pourcentage de Fétuque rouge traçante par rapport au mélange total :
$55/100 \times 20/100 = 0{,}55 \times 0{,}20 = 0{,}11 = 11$ %.
5. Montant de la facture TTC : $189 \times 1{,}055 \approx 199{,}40$ euros.
Pourcentage de la ristourne : $9{,}50/199{,}40 \times 100 = 4{,}76$ %.

FAITES LE POINT !

Exercice Testez vos connaissances !

Entourez les réponses exactes.

	A	B	C
1. À quoi correspond le double du quart de la moitié d'un litre ?	125 mL	25 cL	25 dL
2. Daniel partage 240 € entre ses trois enfants. Le 1er reçoit 40 % de cette somme, le 2e le tiers du reste. Quelle somme reste-t-il pour le 3e ?	112 €	64 €	96 €
3. Quel est le plus petit de ces trois volumes ?	0,159 daL	1,68 L	1 587 cm^3
4. Quelle est l'aire de carton nécessaire pour construire un cube de 5 cm d'arête ?	150 cm^2	125 cm^2	80 cm^2
5. Un camion consomme en moyenne 16 litres de gasoil aux 100 km. Quelle sera sa consommation pour un parcours de 635 km ?	39,6 litres	91,8 litres	101,6 litres
6. Une pompe solaire a un débit de 120 L/h. Combien de temps lui faut-il pour remplir une cuve de 9 m^3 ?	75 heures	108 heures	111 heures
7. Une piscine a la forme d'un parallélépipède rectangle dont les dimensions intérieures sont : longueur 9 m, largeur 4 m et profondeur 1,50 m. Quel est son volume ?	54 m^3	14,50 m	52,50 m^3
8. Quelle est la suite d'opérations dont le résultat est 80 ?	$3 \times 7 \times 2^3$	$(3 + 7) \times 2^3$	$3 + 7 \times 4^2$
9. Trois ramettes de papier valent 10,50 €. Quel est le prix de dix ramettes ?	105 €	35 €	75 €
10. Le croquis d'un jardin est à l'échelle 1/200. On veut représenter une allée de 4 m de large. Quelle est la largeur de l'allée sur le croquis ?	2 cm	2 mm	1 cm

	A	B	C
11. Dans un service administratif de 90 personnes, on compte 63 femmes. Quel est le pourcentage d'hommes dans le service ?	70 %	43 %	30 %
12. La citerne cylindrique d'un camion a pour diamètre 2,60 m et pour longueur 6 m. Quelle est sa capacité en litres ? *Prendre π = 3,14.*	127 358,4 litres	31 839,6 litres	318 396 litres
13. Le périmètre d'un carré est 64 m. Quelle est son aire ?	256 m^2	240 m	4 096 m^2
14. Quel est le taux de remise lorsqu'on fait payer 42 € un article marqué 56 € ?	33 %	30 %	25 %
15. Un train roule à la vitesse moyenne de 120 km/h. Quelle distance parcourt-il en 1 h 12 min ?	144 km	151,2 km	145,8 km
16. La plantation de pins des Landes nécessite une surface au sol de 9 m^2 par pin. Combien de pins peut-on planter sur un terrain de 0,18 ha ?	200 pins	50 pins	20 pins
17. La longueur totale des arêtes d'un cube est égale à 60 mm. Calculer le volume du cube.	1 000 mm^3	421,875 cm^3	125 mm^3
18. Un salaire de 1 400 € subit une hausse de 1 %. Quel est le nouveau salaire ?	1 401 €	1 414 €	1 386 €
19. Un piéton marche à la vitesse moyenne de 5 km/h. Combien de temps mettra-t-il pour parcourir 14 km ?	2,48 h	2 h 48 min	2 h 54 min
20. Un rectangle mesure 150 m de longueur et 2 140 cm de largeur. Quelle est l'aire de ce rectangle ?	321 000 cm^2	3 210 m^2	2 450 m^2
21. J'ai utilisé 50 kg de semences pour un terrain de 1 600 m^2. Quelle surface aurais-je pu ensemencer avec 90 kg de semences ?	28 800 m^2	3 200 m^2	28,8 ares
22. On accorde une remise de 378 € sur une installation d'un montant de 16 800 €. Quel pourcentage représente cette réduction ?	0,44 %	2,25 %	11,1 %
23. Le jéroboam de champagne a une contenance de 3 L. Combien de coupes d'une contenance de 15 cL peut-on remplir ?	45	20	50

	A	B	C
24. Parmi les solides ci-contre, quel est celui qui a le plus grand volume ?	Un cube d'arête 3 cm	Un cylindre de rayon 3 cm et de hauteur 2 cm	Une sphère de rayon 2,4 cm
25. Dans 125 g de champignons, il y a 110 g d'eau. Quelle masse d'eau y a-t-il dans 2 kg de champignons ?	1 760 g	687,5 g	1 123 g
26. Une piscine a la forme d'un parallélépipède rectangle de longueur 10 m et de largeur 5 m. L'évaporation a fait baisser le niveau de l'eau de 5 cm. Quel volume d'eau faut-il rajouter pour que l'eau de la piscine retrouve son niveau d'origine ?	25 000 L	0,25 m^3	2 500 L
27. À quelle distance réelle, en km, correspond une distance de 4,6 cm sur une carte à l'échelle 1/25 000 ?	1,15 km	11,5 km	115 km
28. Un champ rectangulaire a une superficie de 96 ares et une longueur de 400 m. Quelle est sa largeur ?	24 m	240 m	150 m
29. On accorde une réduction de 1 800 € sur un transport d'un montant de 4 500 €. Quel pourcentage représente cette réduction ?	50 %	40 %	2,5 %
30. On multiplie par 2 la longueur d'un rectangle et on divise par 2 sa largeur.	L'aire du rectangle a augmenté	L'aire du rectangle a diminué	L'aire du rectangle n'a pas changé
31. Quelle durée est égale à 1,35 h ?	81 minutes	95 minutes	1 heure 35 minutes
32. Trois ouvriers montent un mur en 6 heures. Combien mettraient 4 ouvriers travaillant au même rythme pour monter un mur identique ?	8 heures	4 heures	4 heures et demie
33. Quelle est la distance, en mètres, parcourue par un vélo en 30 tours de roue si le rayon de la roue est de 5 dm ? *Prendre* $\pi = 3{,}14$.	942 m	56,50 m	94,20 m
34. On veut représenter sur un plan un carré de 121 m^2 par un carré de 121 cm^2. Quelle est l'échelle de ce plan ?	1/10 000	1/1 000	1/100
35. Lise et Louane partent en voiture de Paris à 17 h 38 en direction de Bordeaux. Elles arrivent à 22 h 23. Quelle est la durée du voyage ?	3 h 45 min	4 h 45 min	2 h 45 min

	A	B	C
36. En roulant à une vitesse moyenne de 52 km/h, quelle est la distance, en mètres, parcourue en 24 minutes ?	20,8 m	20 800 m	1 248 m
37. Quel est le périmètre d'un triangle équilatéral de 7 m de côté ?	28 m	49 m	21 m
38. Une machine dans une usine de soda remplit 1 000 bouteilles en 4 minutes. Combien de bouteilles remplit-elle en 10 minutes ?	1 500	2 000	2 500
39. Le montant de votre loyer est de 500 € ; il va augmenter de 100 %. Combien paierez-vous désormais ?	750 €	1 000 €	1 500 €
40. Si Eva roule à 75 km/h sur 120 km, combien de temps durera son trajet ?	1 h	1 h 16 min	1 h 36 min

CORRIGÉS

1. Réponse B
1 litre = 1 000 mL
$((1\,000 \div 2) \div 4) \times 2 = 250$ mL = 25 cL

2. Réponse C
Part du premier : $240 \times 0{,}4 = 96$ €
Reste : $240 - 96 = 144$ €
Part du deuxième : $144 \div 3 = 48$ €
Part du troisième : $144 - 48 = 96$ €

3. Réponse C
On exprime les trois volumes dans la même unité, par exemple en litre.
0,159 daL = 1,59 L ; 1,68 L = 1,68 L ; 1 587 cm^3 = 1,587 L
Le plus petit des trois volumes est 1,587 L, donc 1 587 cm^3.

4. Réponse A
Le cube a 6 faces qui sont des carrés de 5 cm de côté.
Aire d'un carré de côté $c = c^2$
$5^2 \times 6 = 25 \times 6 = 150$ cm^2

5. Réponse C
Il y a proportionnalité entre la consommation et la distance parcourue.
$\frac{16 \times 635}{100} = 101{,}6$ litres

6. Réponse A
9 m^3 = 9 000 L
$9\,000 \div 120 = 75$ heures

7. Réponse A
Volume du parallélépipède rectangle = longueur × largeur × hauteur
$9 \times 4 \times 1{,}5 = 54$ m^3

8. Réponse B
$(3 + 7) \times 2^3 = 10 \times 8 = 80$

9. Réponse B
Prix d'une ramette : $10{,}50 \div 3 = 3{,}5$ €
Prix de 10 ramettes : $3{,}5 \times 10 = 35$ €

10. Réponse A
4 m = 400 cm
Sur un croquis à l'échelle 1/200, les dimensions sont 200 fois plus petites que les dimensions réelles.
$400 \div 200 = 2$ cm

11. Réponse C
$90 - 63 = 27$. Il y a 27 hommes dans le service.

$27 \div 90 = 0,3$; $0,3 \times 100 = 30$
Il y a 30 % d'hommes dans le service.

12. Réponse B
Rayon = $2,6 \div 2 = 1,3$ m
Volume d'un cylindre = $3,14 \times \text{rayon}^2 \times \text{hauteur}$
$3,14 \times 1,3^2 \times 6 = 31,839\,6 \text{ m}^3 = 31\,839,6$ litres

13. Réponse A
Côté du carré : $64 \div 4 = 16$ m
Aire du carré : $16^2 = 256 \text{ m}^2$

14. Réponse C
Montant de la remise : $56 - 42 = 14$ €.
$14 \div 56 = 0,25$; $0,25 \times 100 = 25$
Le taux de remise est 25 %.

15. Réponse A
1 h 12 min = 72 min
$\frac{120 \times 72}{60} = 144$ km

16. Réponse A
0,18 ha = 1 800 a
$1\,800 \div 9 = 200$
On peut planter 200 pins sur 0,18 ha.

17. Réponse C
Un cube a 12 arêtes de même longueur.
Arête du cube : $60 \div 12 = 5$ mm
Volume du cube = $\text{arête}^3 = 5^3 = 125 \text{ mm}^3$

18. Réponse B
$1\,400 \times (1 + 0,01) = 1\,400 \times 1,01 = 1\,414$ €

19. Réponse B
$14 \div 5 = 2,8$ h = 2 h + $(0,8 \times 60)$ min = 2 h 48 min

20. Réponse B
2 140 cm = 21,4 m
Aire du rectangle = longueur × largeur = $150 \times 21,4 = 3\,210 \text{ m}^2$

21. Réponse C
Il y a proportionnalité entre la masse de semences et l'aire de la surface ensemencée.
$\frac{1\,600 \times 90}{50} = 2\,880 \text{ m}^2 = 28,8$ ares

22. Réponse B
$378 \div 16\,800 = 0,0225$; $0,0225 \times 100 = 2,25$
Le pourcentage de réduction est 2,25 %.

23. Réponse B
3 L = 300 cL

$300 \div 15 = 20$
On peut remplir 20 coupes.

24. Réponse C
Volume du cube : $3^3 = 27$ cm^3
Volume du cylindre : $3{,}14 \times 3^2 \times 2 = 56{,}53$ cm^3
Volume de la sphère : $\frac{4}{3} \times 3{,}14 \times 2{,}4^3 = 57{,}88$ cm^3
C'est la sphère qui a le plus grand volume.

25. Réponse A
2 kg = 2 000 g
Il y a proportionnalité entre la masse de champignons et la masse d'eau.
$\frac{110 \times 2\,000}{125} = 1\,760$ g

26. Réponse C
5 cm = 0,05 m
Volume d'eau à rajouter : $10 \times 5 \times 0{,}05 = 2{,}5$ m^3 = 2 500 litres

27. Réponse A
$4{,}6 \times 25\,000 = 115\,000$ cm = 1,15 km

28. Réponse A
96 ares = 9 600 m^2
$9\,600 \div 400 = 24$
La largeur du rectangle mesure 24 m.

29. Réponse B
$1\,800 \div 4\,500 = 0{,}4$; $0{,}4 \times 100 = 40$
Le pourcentage de réduction est 40 %.

30. Réponse C
(longueur × 2) × (largeur ÷ 2) = longueur × largeur × 2 ÷ 2 = longueur × largeur
Donc l'aire du rectangle ne change pas.
On peut vérifier en prenant un exemple numérique.

31. Réponse A
1,35 h = $(60 \times 1{,}35)$ min = 81 min

32. Réponse C
1 ouvrier monterait le mur en : $6 \times 3 = 18$ heures.
4 ouvriers monteraient le mur en : $18 \div 4 = 4{,}5$ heures, donc 4 heures et demie.

33. Réponse C
Longueur d'un cercle = 3,14 × diamètre = 3,14 × 2 × rayon
Distance parcourue en 1 tour de roue : $3{,}14 \times 2 \times 5 = 31{,}4$ dm = 3,14 m
Distance parcourue en 30 tours de roue : $3{,}14 \times 30 = 94{,}2$ m

34. Réponse C
Côté du grand carré : $\sqrt{121}$ m = 11 m = 1 100 cm
Côté du petit carré : 11 cm

Échelle = $\frac{11}{1\,100} = \frac{1}{100}$

35. Réponse B

22 h 23 – 17 h 38 = 21 h 83 – 17 h 38 = 4 h 45 min

36. Réponse B

$52 \times \frac{24}{60}$ = 20,8 km = 20 800 m

37. Réponse A

Un triangle équilatéral a ses trois côtés égaux.

$7 \times 3 = 21$

Le périmètre est égal à 21 m.

38. Réponse C

$\frac{1\,000 \times 10}{4}$ = 2 500 bouteilles

39. Réponse B

Montant de l'augmentation : 500 €

Nouveau loyer : 500 + 500 = 1 000 €

40. Réponse C

$120 \div 75 = 1{,}6$ h = 1 h + (60 × 0,6) min = 1 h 36 min

QROC (concours SPV)

Durée 40 min

Méthode

1. Présentation de l'épreuve
2. Méthode de l'épreuve

Entraînement

- Sujet corrigé

✔ **FAITES LE POINT !**

1 PRÉSENTATION DE L'ÉPREUVE

1 Les objectifs de l'épreuve

Elle a pour but :
- d'apprécier l'aptitude du candidat à restituer les connaissances professionnelles qu'il a acquises lors de sa formation initiale de sapeur-pompier volontaire ;
- de vérifier qu'il est capable de répondre de manière synthétique et rapide à des questions simples relatives à ces connaissances ;
- de s'assurer qu'il maîtrise suffisamment bien la langue française pour exprimer clairement ses idées ou ses connaissances, dans un français correct.

2 Comment se présente l'épreuve ?

Les questions sur les connaissances professionnelles se trouvent dans un document-réponse qui contient une page prévue pour la dictée et les questions à réponses ouvertes et courtes (QROC). Les consignes sont ainsi libellées :

> « Les candidats sont invités à rédiger la dictée directement sur la copie en langue française et à répondre aux questions *(sur les connaissances professionnelles)* directement sur la copie en utilisant un stylo bleu ou noir et en respectant le nombre de lignes prévues à cet effet pour la dictée et après chacune des questions.
>
> Les réponses aux questions devront être claires et concises. Elles seront rédigées en français.
>
> Il ne sera remis qu'un seul sujet par candidat. Les pages du document *(le livret-réponse)* ne sont pas dissociables. Les brouillons rendus avec la copie ne seront pas pris en considération pour la correction.
>
> L'usage de la calculatrice est interdit. »

2 MÉTHODE DE L'ÉPREUVE

L'épreuve de QROC est jointe à celle de dictée. La dictée vous aura mis dans la dynamique d'écrire correctement, en faisant des phrases : restez dans cet esprit. En effet, même si vous avez des connaissances, celles-ci ne suffisent pas. Vous passez une épreuve écrite : vos réponses doivent être rédigées.

1 Respecter les consignes portées sur la feuille-réponse

- Vous composez sur une feuille-réponse. Un emplacement est prévu pour chacune de vos réponses. Entraînez-vous à écrire en caractères lisibles et pas trop gros, à l'encre noire ou bleue, de façon à ne pas déborder du cadre. Une graphie claire influence favorablement le correcteur.
- Pour corriger les fautes proprement, utilisez un stylo correcteur mais n'en abusez pas.

CONSEIL

Avant le concours, entraînez-vous à expliquer par écrit les techniques et les manœuvres qui, habituellement, ne nécessitent aucun commentaire écrit.

2 Écrire correctement

- Faites des phrases courtes en adoptant une construction simple : sujet + verbe + complément avec, lorsque c'est absolument nécessaire, une proposition subordonnée (proposition introduite par : qui, que, quoi, dont, où, quand, lorsque, parce que, afin que…).
- Quelquefois, vous aurez juste à expliciter un mot, un acronyme, une notion. Même si la réponse est courte, faites une phrase complète, avec un verbe.

Exemple

Question : Que signifie CCDSPV ?

Écrire	Ne pas écrire
CCDSPV signifie Comité consultatif départemental des sapeurs-pompiers volontaires	Comité consultatif départemental des sapeurs-pompiers volontaires

3 Ponctuer correctement

Cela peut paraître anecdotique ; pourtant, les correcteurs sont agacés par des copies non soignées, qui ne respectent pas des règles simples. Parmi elles, la bonne ponctuation. Les signes de ponctuation rythment le texte ; ils sont indispensables à la cohérence de la phrase.

Nom	Signe	Signification	Son utilité pour vous
Point	.	Il marque la fin d'une phrase	Veillez à ne pas l'oublier à la fin de chaque phrase
Point-virgule	;	Il sépare deux idées qui sont cependant liées	Utile, notamment pour séparer les termes d'une énumération. *Voir exemple*
Virgule	,	Elle marque une petite pause	Indispensable, notamment pour séparer les termes à l'intérieur d'une énumération. *Voir exemple*
Parenthèses	( )	Elles renferment une précision, une explication	Indispensables, notamment pour enfermer les acronymes après leur développement. *Voir exemple*
Deux points	:	Ils introduisent une explication, une énumération	Indispensables, notamment pour alléger une explication/exposition. *Voir exemple*
Tiret	–	Il rythme une énumération	Indispensable lorsque chaque élément d'une énumération est en début de ligne. *Voir exemple*
Point d'interrogation	?	Il visualise une interrogation directe	*Sans utilité pour l'épreuve : c'est vous qui devrez répondre aux questions !*
Point d'exclamation	!	Il visualise une exclamation	*Sans utilité pour votre épreuve (appartient au langage affectif et subjectif)*
Points de suspension	…	Ils visualisent l'attente d'une suite	*À éviter car votre réponse doit être exhaustive*
Guillemets	« »	Ils renferment une citation	*Sans utilité pour votre épreuve*

N'oubliez pas le bon usage des majuscules :

- toujours en début de phrase et après un point ;
- lorsque vous développez un acronyme ou un sigle, même si d'un point de vue strictement typographique il est préférable de n'écrire en majuscule que la première lettre du premier mot.

Exemples

1. Le SDIS est le Service départemental d'incendie et de secours.
2. Question : Que doit réaliser tout porteur d'ARI avant d'encliqueter son microrégulateur sur son masque ?

Réponse : Tout porteur d'appareil respiratoire isolant (ARI), avant d'encliqueter son micro régulateur sur son masque, doit « penser » RAPACE (moyen mnémotechnique) :

- R : ouverture complète du (des) Robinet(s) ;
- A : Ajustement du harnais ;
- P : Pression au manomètre ;
- A : Armement du système sonore de détresse ;
- C : Code de communication ;
- E : Étanchéité du masque.

TÉMOIGNAGE

Paroles de jury

« Bien sûr, l'essentiel se situe dans la justesse du fond : le barème est clair sur ce point, les mots clés de la bonne réponse technique doivent être donnés. Mais les candidats ne se rendent pas compte que, parfois, leur réponse est difficilement compréhensible. Sans phrases, des mots posés les uns à côté des autres n'ont aucun sens. Les consignes précisent bien : « Les réponses aux questions doivent être claires et concises. Elles seront rédigées en français. » »

Sujet corrigé

Concours SPV 2013

Durée : 40 min

1 Le sujet

1. Citer les trois règles de sécurité dans l'utilisation des motos-pompes d'épuisement.

2. Citer deux mesures à prendre avant de quitter une intervention pour dégagement de personne dans un ascenseur.

3. Qu'est-ce que la zone d'explosivité d'un gaz ?

4. Comment s'appelle le rapport de réduction entre une distance sur une carte et une distance réelle de terrain qu'elle représente ?

5. Dans une manœuvre M3, établissement d'une lance sur une prise d'eau, décrire les actions du chef d'équipe et de l'équipier.

6. Décrire le matériel de base du binôme d'attaque.

7. Décrire la technique de protection à adopter par un binôme en cas de survenue d'un embrasement généralisé éclair.

8. Citer trois causes de réforme immédiate de la corde du LSPCC.

9. Quelle est la composition du LSPCC dont le sac est de couleur jaune ?

10. Que signifie TOOTEM ?

11. Dans le cadre du secours à personne, quelles sont les différentes positions d'attente ?

12. Quelles sont les fonctions vitales et dans quel ordre sont-elles évaluées dans le bilan ?

13. Citer les différents bilans du sauveteur secouriste.

14. Qui signe un arrêté de recrutement d'un sapeur-pompier volontaire de 2e classe intégrant un centre d'incendie et de secours du corps départemental ?

2 Le corrigé

1. Les trois règles de sécurité dans l'utilisation des motos-pompes d'épuisement sont les suivantes :

- la MPE doit être obligatoirement mise en œuvre sur un terrain plat ;
- le plein de carburant sera effectué moteur à l'arrêt ;
- la MPE est disposée à l'extérieur des locaux inondés (risque CO).

Barème : 3 mesures = 1 point ; 2 mesures = 0,5 point ; inférieur à 2 mesures = 0 point.

2. Les quatre mesures à prendre :

- vérifier la mise hors tension de l'ascenseur ;
- s'assurer de la fermeture et du verrouillage effectif de toutes les portes palières ;
- prévenir le responsable de l'immeuble de la mise hors service de l'ascenseur ;
- si possible, appliquer sur les portes palières du ruban adhésif sur lequel sera noté « hors service ».

Barème : 2 mesures = 1 point ; inférieur à 2 mesures = 0 point.

3. La zone d'explosivité d'un gaz correspond à la concentration de gaz située entre la limite inférieure et la limite supérieure d'explosivité.

Barème : 1 point ou 0.

4. Le rapport de réduction entre une distance sur une carte et une distance réelle de terrain qu'elle représente s'appelle l'échelle.

Barème : 1 point ou 0.

5. Le chef d'équipe déroule son tuyau et raccorde sa lance et, à l'arrivée d'eau, attaque le feu. L'équipier déroule un ou deux tuyaux, réalise les branchements, raccorde à la prise d'eau, ouvre ou donne le demi-raccord au conducteur et ordonne l'ouverture, surveille l'établissement, vient doubler le chef au point d'attaque.

Barème : 1 point ou 0.

6. Le matériel de base du binôme d'attaque est :

- pour le chef d'équipe : un tuyau, une lance, un ARI, un projecteur ;
- pour l'équipier : un ARI, deux tuyaux, une commande.

Barème : l'ensemble des matériels = 1 point ; si incomplet pas de point.

7. La technique de protection à adopter par un binôme en cas de survenue d'un embrasement généralisé éclair est la suivante : se jeter au sol, face contre terre ; le binôme est regroupé et maintient la lance au-dessus des casques en jet diffusé de protection au débit maximum.

Barème : ensemble des mots-clés (au sol, face contre terre, lance au débit maximal) = 1 point ; si incomplet pas de point.

8. Quatre causes de réforme immédiate de la corde du LSPCC sont :

- l'exposition en atmosphère corrosive ;
- partie brûlée ou fondue ;
- souillure par produits corrosifs ;
- gaine coupée ou usée et laissant apparaître l'âme de la corde (lorsque l'état de l'âme présente soit une zone de réduction de diamètre, soit une perte de souplesse localisée).

Barème : 1 point ou 0 si incomplet.

9. Le LSPCC se compose des éléments suivants :

- 1 sac de transport de couleur jaune citron ;
- 1 corde statique de 30 m, diamètre 12 à 13 mm ; charge à la rupture > 3 000 kg ; allongement inférieur ou égal à 4 % (à chacune des extrémités, un nœud en huit double indémontable avec gaine thermorétractable ; l'extrémité, placée au-dessus du sac, est munie d'un mousqueton) ;

- 1 descendeur de type « huit » (résistance 2 000 kg) ;
- 6 mousquetons symétriques à vis minimum (résistance à la rupture : 2 000 kg grand axe ; 750 kg petit axe) ;
- 1 poulie à joues fixes ou mobiles (résistance à la rupture : 2 000 kg ; diamètre de la gorge : 12 à 13 mm) ;
- 3 anneaux cousus bleu clair de 0,80 m, résistance 2 000 kg ; largeur 18 à 25 mm ;
- 3 anneaux cousus rouge clair de 1,50 m ; résistance 2 000 kg ; largeur 18 à 25 mm ;
- 1 harnais-cuissard ;
- 1 triangle d'évacuation ;
- 1 protection de corde ;
- 1 anneau de cordelette fermé par un nœud de 8.

Barème : 1 point ou 0 si incomplet.

10. TOOTEM signifie :

- toucher les portes et leur poignée afin d'estimer la chaleur radiante ou toucher avec la lance ;
- observer tous les signes d'alarme significatifs pouvant annoncer une explosion de fumée ou un embrasement généralisé éclair ;
- ouvrir le volume, si les conclusions tirées des deux actions précédentes l'autorisent, en veillant à se protéger ;
- tester la température des fumées au plafond au moyen de volumes d'eau projetée en jets diffusés d'attaque ;
- engagement minimal des personnels d'attaque dans les volumes concernés par le sinistre.

Barème : 1 point ou 0 si incomplet.

11. Les différentes positions d'attente sont :

- PLS ;
- jambes fléchies ;
- position demi-assise ;
- à plat dos, position de confort.

12. Les fonctions vitales évaluées dans le bilan sont, dans l'ordre : conscience, ventilation, circulation.

Barème : 1 point ou 0 si incomplet.

13. Les différents bilans du sauveteur secouriste sont : le bilan circonstanciel, le bilan vital, le bilan complémentaire, le bilan évolutif ou de surveillance.

Barème : 1 point ou 0 si incomplet.

14. C'est le président du conseil d'administration du SDIS qui signe l'arrêté de recrutement d'un sapeur-pompier volontaire de 2e classe intégrant un centre d'incendie et de secours du corps départemental.

Barème : 1 point ou 0 si incomplet.

FAITES LE POINT !

Exercice 1 Les sigles

1. Que signifie DGSCGC ?

2. Que signifie SDACR ?

3. Que signifie CHSCT ?

4. Dans le cadre de la dénomination des véhicules d'incendie, que signifient les suffixes suivants : PC ? VSAV ? SR ? EPSA ?

5. Que signifie COGIC ?

6. Que signifie FPTL ?

7. Que veut dire CATSIS ? Qui en est le président ?

Exercice 2 L'environnement administratif et juridique

1. Qui est le responsable de l'organisation des secours dans une commune ?

2. Qui assure la direction administrative et financière du SDIS ?

3. Quel est le statut d'un sapeur-pompier professionnel ?

4. Les commissions administratives paritaires donnent notamment un avis sur l'avancement d'échelon et le refus de titularisation. Vrai ou Faux ?

5. Comment sont classés les centres d'incendie et de secours ?

6. Rédigez, en toutes lettres et par ordre croissant, les grades d'officiers de sapeurs-pompiers (hors SSSM).

7. Combien de départs et quels types de départs doivent assurer simultanément les centres de secours principaux ?

Exercice 3 Les connaissances professionnelles

Connaissances professionnelles : la PBE

1. Dans une opération d'épuisement à l'intérieur de locaux, peut-on utiliser une motopompe d'épuisement thermique ? Expliquez votre réponse

Connaissances professionnelles : INC (Incendie)

2. Dans le cadre de la « marche générale des opérations », quel(s) est (sont) l'(les) objectif(s) du déblai ?

3. Quels sont la pression et le débit nominaux d'une lance de 70-18 (ou 65-18) ; ceux d'une lance de 45-14 (ou 40-14) ?

4. Quels sont les principaux modes de propagation de la chaleur ?

5. Dans une progression horizontale protégée à l'aide du lot de sauvetage, quelle est la distance maximale séparant deux points d'amarrage ?

6. Quels sont les risques encourus par le binôme d'attaque lors d'un incendie ?

7. Citez cinq accessoires hydrauliques.

8. Quelle est la capacité en litres d'eau d'un FPT normalisé ?

9. Quels sont les rôles du double porte-lance ?

10. Citez les classes de feu et donnez un exemple pour chacune d'elles.

11. Quelle est la quantité d'émulseur dans un FPT normalisé ?

12. Quelle est la différence entre une colonne sèche et une colonne humide ?

13. Citez les différentes étapes de la « marche générale des opérations ».

Connaissances professionnelles : la TOP

14. Selon le code international de l'aviation civile utilisé lors des procédures radio sapeur-pompier, comment épelle-t-on les chiffres 7, 8 et 1 ?

15. Que doit réaliser tout porteur d'ARI avant d'encliqueter son micro-régulateur sur son masque ?

16. Citez les différents emplois opérationnels, par ordre décroissant de responsabilité.

17. Quelles distances en mètres représentent 2 cm sur une carte à l'échelle 1/25 000 et 0,5 mm sur une carte à l'échelle 1/50 000 ?

18. Que peut provoquer une piqûre d'insecte chez une personne sensible ?

19. Où devez-vous vous positionner lors d'un tronçonnage sur un terrain en pente ? Pourquoi ?

20. Combien faut-il faire de tours pour ouvrir un PI de 2 × 100 mm ?

21. Définissez le nord magnétique et le nord géographique.

22. De quoi se compose la ligne de vie ?

23. Quelles sont les quatre procédures opérationnelles autorisées par le GNR LSPCC ?

Connaissances professionnelles : le SAP

24. Citez les trois grandes fonctions vitales.

25. À quoi sert une électrode de secourisme ?

26. Dans quelle position place-t-on une victime inconsciente et qui ventile ?

CORRIGÉS

Exercice 1

1. DGSCGC signifie Direction générale de la sécurité civile et de la gestion des crises.

2. SDACR est l'acronyme de schéma départemental d'analyse et de couverture des risques.

3. CHSCT signifie comité d'hygiène, de sécurité et des conditions de travail.

4. Signification des suffixes :
- PC : poste de commandement ;
- VSAV : véhicule de secours et d'assistance aux victimes ;
- SR : secours routier ;
- EPSA : échelle pivotante semi-automatique.

5. COGIC signifie centre opérationnel de gestion interministérielle des crises.

6. FPTL signifie fourgon-pompe-tonne léger.

7. CATSIS est l'acronyme de commission administrative et technique des services d'incendie et de secours. Cette commission est présidée par le directeur départemental des services d'incendie et de secours (DDSIS).

Exercice 2

1. Le responsable de l'organisation des secours dans une commune est le maire.

2. C'est le directeur départemental des services d'incendie et de secours qui assure la direction administrative et financière du service départemental d'incendie et de secours (SDIS).

3. Le statut d'un sapeur-pompier professionnel est celui de fonctionnaire territorial.

4. Vrai. Les commissions administratives paritaires (CAP) sont obligatoirement consultées pour donner un avis sur les avancements d'échelon et les refus de titularisation.

5. Les centres d'incendie et de secours sont ainsi classés :
- centre de première intervention (CPI) ;
- centre de secours (CS) ;
- centre de secours principal (CSP).

6. Les grades d'officiers de sapeurs-pompiers (hors service de santé et de secours médical) sont, par ordre croissant :
- lieutenant de 2e classe ;
- lieutenant de 1re classe ;
- lieutenant hors classe ;

- capitaine ;
- commandant ;
- lieutenant-colonel ;
- colonel ;
- contrôleur général.

7. Les centres de secours principaux doivent assurer simultanément plusieurs départs, dont :
- un départ incendie ;
- deux départs de secours à personnes ;
- un autre départ.

Exercice 3

1. Dans une opération d'épuisement à l'intérieur de locaux, on ne peut pas utiliser une motopompe d'épuisement thermique en raison du risque d'intoxication au monoxyde de carbone (CO) dégagé par le moteur à combustion.
Connaissances professionnelles : INC

2. Dans le cadre de la « marche générale des opérations », le déblai a pour buts :
- au cours de l'attaque, de faciliter les établissements et l'attaque ;
- une fois que le feu est considéré comme éteint, de déplacer les décombres qui pourraient encore cacher des foyers et d'écarter ainsi tout risque de reprise de feu.

3. La pression nominale d'une lance de 70-18, dite grosse lance, est de 5,7 bars et son débit nominal de 500 L/min ; ceux d'une lance de 45-14, dite petite lance, sont de 3,5 bars et 250 L/min.

4. Les principaux modes de propagation de la chaleur sont :
- le rayonnement, la conduction, la convection ;
- le déplacement des substances en combustion, sous formes gazeuses, liquides ou solides.

5. Dans une progression horizontale protégée à l'aide du lot de sauvetage, la distance maximale séparant deux points d'amarrage est déterminée par la hauteur libre sous la personne en progression, de manière à stopper sa chute avant qu'elle ne heurte un obstacle.

6. Les risques encourus par le binôme d'attaque lors d'un incendie sont :
- l'explosion de fumées ;
- l'embrasement généralisé éclair ;
- l'effondrement.

7. Les accessoires hydrauliques sont les suivants : clés de barrage ; clés de poteau ; trousseaux de clés ; clés tricoise et polycoise ; obturateurs et sangles à fuites ; étrangleurs ; crépines ; flotteurs ; pèse bouches et poteaux ; contrôleur de débit ; appareils de prise de pression ; crochets, courroies, colliers d'amarre ; dispositifs de franchissement de tuyaux ; hydro-éjecteurs ; vide-caves ; bouchons d'obturateurs ; filtres amovibles ;

pompes d'épuisement ; pulvérisateurs dorsaux ; seaux pompes. *La réponse ne doit comporter que cinq de ces éléments.*

8. Un fourgon-pompe-tonne (FPT) normalisé doit contenir au moins 2 000 litres d'eau.

9. Le double porte-lance :
- veille à la sécurité ;
- assure la liaison ;
- aide le porte-lance ;
- relève le porte-lance.

10. Les classes de feu sont les suivantes :
- classe A – feux secs : bois ;
- classe B – feux gras : hydrocarbures ;
- classe C – feux de gaz : propane ;
- classe D – feux de spéciaux : sodium.

11. La quantité d'émulseur dans un fourgon-pompe-tonne normalisé est d'au moins 200 litres.

12. Une colonne sèche est un dispositif de lutte contre l'incendie installé à demeure dans un immeuble ou un établissement recevant du public. Il s'agit d'une conduite rigide qui parcourt le bâtiment ou l'édifice, dotée d'une entrée simple ou double et de sorties dans la ou les zones à défendre contre l'incendie. Les sapeurs-pompiers y raccordent, d'une part, un ou plusieurs tuyaux proches de la zone d'attaque ou de protection et, d'autre part, à l'extérieur ou dans un endroit facilement accessible, un tuyau alimenté par un engin d'incendie surhydrant. Lorsque ces colonnes sont en permanence alimentées en eau, elles sont dites colonnes humides.

13. La « marche générale des opérations » (MGO) comprend les phases principales de l'extinction d'un incendie : la reconnaissance ; les sauvetages ; les établissements ; l'attaque ; la protection ; le déblai ; la surveillance.

14. Selon le code international de l'aviation civile, on épelle 1 : un tout seul ; 7 : quatre et trois ; 8 : deux fois quatre.

15. Avant d'encliqueter son micro-régulateur sur son masque, tout porteur d'appareil respiratoire isolant (ARI) doit procéder aux actions suivantes :
- R : ouverture complète du ou des robinets ;
- A : ajustement du harnais ;
- P : pression au manomètre ;
- A : armement du système sonore de détresse ;
- C : code de communication ;
- E : étanchéité du masque.

16. Les différents emplois opérationnels sont, par ordre décroissant de responsabilité : chef de site, chef de colonne, chef de groupe, chef d'agrès, chef d'équipe et équipier.

17. Sur une carte à l'échelle 1/25 000, 2 cm représentent une distance de 50 m. Sur une carte à l'échelle 1/50 000, 0,5 mm représente une distance de 25 m.

18. Chez une personne sensible, une piqûre d'insecte peut provoquer une réaction allergique, voire un état de choc.

19. Lors d'un tronçonnage sur un terrain en pente, il convient de se positionner en amont afin de se protéger de la chute de l'objet découpé.

20. Pour ouvrir un poteau incendie (PI) de 2 × 100 mm, il faut 13 tours.

21. Le nord magnétique est la direction indiquée par la pointe en couleur de la boussole ; un peu à gauche du pôle nord. Le nord géographique correspond à la direction du pôle nord indiqué sur la carte.

22. La ligne de vie se compose de la liaison personnelle ; la ligne guide.

23. Les quatre procédures opérationnelles autorisées par le guide national de référence (GNR) relatif au lot de sauvetage et de protection contre les chutes (LSPCC) sont :
- le sauvetage par l'extérieur ;
- le sauvetage en excavation ;
- la protection individuelle contre les chutes ;
- la reconnaissance d'appartement ou ouverture de porte.

24. Les trois grandes fonctions vitales sont : la fonction nerveuse (ou conscience), la fonction ventilatoire (ou respiratoire ou respiration), la fonction circulatoire (ou circulation).

25. En secourisme, une électrode sert à :
- transmettre des informations sur le rythme cardiaque ;
- permettre le choc électrique en vue d'une réanimation.

26. On place une victime inconsciente et qui ventile en position latérale de sécurité ou sur le côté.

Partie 3
L'ÉPREUVE D'ADMISSIBILITÉ

1 PRÉSENTATION DES ÉPREUVES PHYSIQUES

Le candidat participe aux six épreuves physiques et sportives dans l'ordre défini ci-après, sous réserve de réaliser à chaque épreuve une performance supérieure à la valeur éliminatoire. À défaut, le candidat est éliminé dès la première épreuve pour laquelle il ne satisfait pas la performance minimale.

1 Des épreuves éliminatoires et comptant dans la note finale

- Les épreuves physiques et sportives sont notées sur 20 selon le barème fixé par l'arrêté du 7 mai 2012 téléchargeable sur www.legifrance.gouv.fr.
- Toute note inférieure à 5 sur 20 à l'une des épreuves est éliminatoire.
- Chaque épreuve est affectée du coefficient 1, sauf celle d'endurance cardio-respiratoire à coefficient 2. Le total des points est divisé par 7 et constitue la note des épreuves physiques et sportives, qui est éliminatoire si elle est inférieure à 10.
- Cette note compte pour la notation globale du concours avec un coefficient 7.

Performance minimale à réaliser, en dessous de laquelle le candidat est éliminé

Épreuve	Natation	Endurance, cardio	Souplesse	Gainage	Membres supérieurs	Killy
Hommes	50 s	8P30sec*	22 cm	2 mn 00 s	24 s	2 mn 00 s
Femmes	60 s	7P	26 cm	2 mn 00 s	21 s	2 mn 00 s
Coefficient	1	2	1	1	1	1

* Signifie rythme du 8e palier atteint et maintenu 30 secondes seulement.

2 Le déroulement des six épreuves

- La première épreuve consiste en une nage libre de 50 mètres réalisée en piscine dans un bassin de 25 ou 50 mètres, homologué par le ministère chargé des Sports. Une pause de 1 heure au moins doit séparer cette épreuve de l'épreuve suivante.
- Les autres épreuves sont organisées chacune en deux ateliers au moins dans l'ordre suivant :

– endurance cardio-respiratoire (Luc Léger), suivie d'une pause de 1 heure au moins ;
– souplesse, suivie d'une pause de 5 minutes environ ;
– endurance musculaire de la ceinture dorso-abdominale (gainage), suivie d'une pause de 5 minutes environ ;
– endurance musculaire des membres supérieurs, suivie d'une pause de 5 minutes environ ;
– endurance musculaire des membres inférieurs (Killy).

A| L'épreuve de natation

Cette épreuve se déroule en maillot de bain. Le caleçon de bain est interdit ainsi que les lunettes et le masque de natation. Les verres de contact peuvent être portés sans lunettes de natation sous la seule responsabilité du candidat.

- Le candidat doit sauter ou plonger du bord de la piscine afin d'effectuer un parcours de 50 mètres en nage libre sans arrêt.
- En cas d'utilisation d'un bassin de 25 mètres, seul le plan vertical du mur doit être touché par une partie quelconque du corps au moins lors du virage.
- Le candidat n'a droit qu'à un seul essai.

B| L'épreuve d'endurance cardio-respiratoire (Luc Léger)

Cette épreuve se déroule en tenue de sport, avec chaussures sans pointe. Un dossard numéroté identifie chaque candidat.

- Cette épreuve consiste à courir en navette sur une piste délimitée par deux lignes espacées de 20 mètres au rythme d'une bande sonore qui indique au candidat le nombre de paliers atteints. Les lignes font partie de la piste. En début d'épreuve, la vitesse est lente puis elle augmente par palier toutes les 60 secondes.

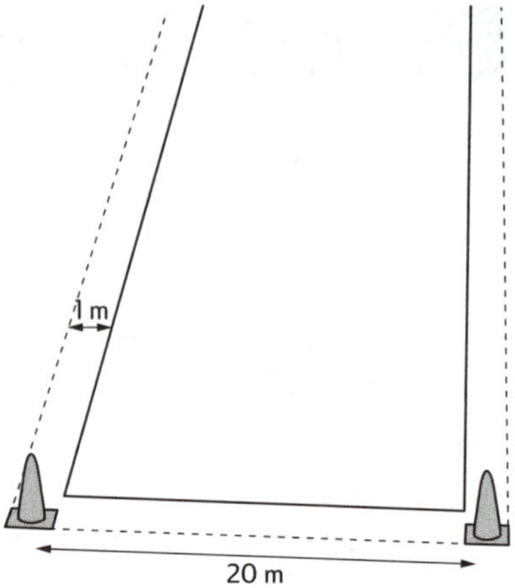

- Avant le départ, les deux pieds du candidat se trouvent avant la ligne délimitant la piste.
- Le candidat qui glisse ou tombe pendant l'épreuve est autorisé à la poursuivre dans la mesure où cette chute ne modifie pas le nombre de navettes.
- Le candidat doit régler sa vitesse de manière à se trouver en bout de piste au moment où retentit le signal sonore. À chaque fois, le candidat doit franchir entièrement la ligne délimitant la piste avec au moins un pied qui doit toucher le sol et repartir en sens inverse. À chacune des extrémités de la piste, un volume de tolérance est matérialisé au sol par une ligne, faisant partie de ce volume, tracée à 1 mètre avant la ligne délimitant la piste et à l'intérieur de celle-ci. Le volume de tolérance s'inscrit entre ces deux lignes. Lorsque le signal sonore retentit, le candidat doit être entré à l'aide d'une partie quelconque du pied dans le volume de tolérance d'un mètre.
- L'épreuve prend fin lorsque le candidat ne peut plus suivre l'allure imposée, c'est-à-dire lorsqu'il n'est pas entré à l'aide d'une partie quelconque du pied dans le volume de tolérance de 1 mètre lorsque le signal sonore retentit, lorsqu'il ne franchit pas entièrement la ligne délimitant la piste avec au moins un pied qui doit toucher le sol ou lorsqu'il abandonne.

C| L'épreuve de souplesse

Cette épreuve se déroule en tenue de sport, sans chaussures.

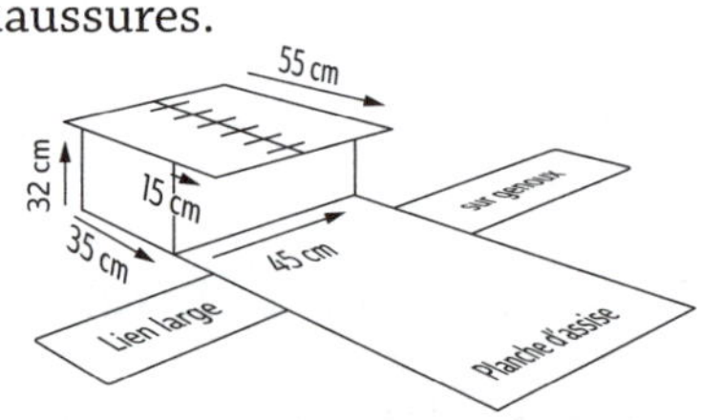

- Le candidat, assis sur une planche, jambes jointes et tendues, est sanglé au niveau des genoux par un lien de 13 à 18 centimètres de large centré sur les rotules.
- Le candidat pousse du bout des doigts (pulpe) des deux mains une règle de section carrée d'environ 2 centimètres de côté placée sur un dispositif en forme de caisse après avoir placé les pieds contre celui-ci.

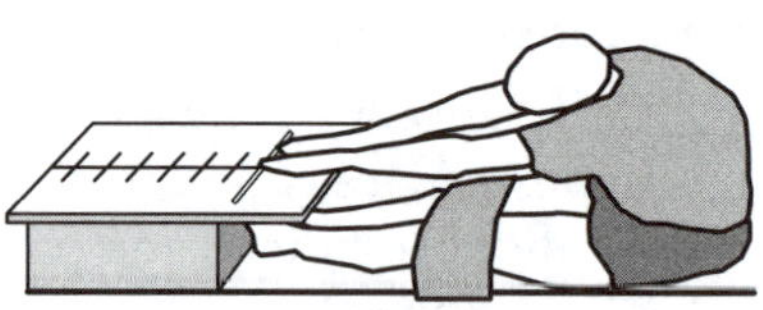

- Le 0 de référence de la graduation du dispositif est placé en bordure de la tablette supérieure, à 15 centimètres au-dessus du plan d'appui des pieds.
- L'épreuve se déroule pieds joints ; le candidat ne doit pas perdre le contact avec la règle pendant la durée de l'épreuve.
- Le candidat a droit à deux essais sans quitter son emplacement. Seul le meilleur essai est pris en compte (la mesure est prise à partir du bout des doigts).

Si en fin de poussée, la règle se trouve en biais par rapport aux graduations, la mesure sera lue à l'intersection de la règle et de la graduation la plus proche de la position de départ.

- La position la plus avancée doit être maintenue au moins 2 secondes.

D| L'épreuve d'endurance musculaire de la ceinture abdominale (gainage)

Cette épreuve se déroule en tenue de sport.

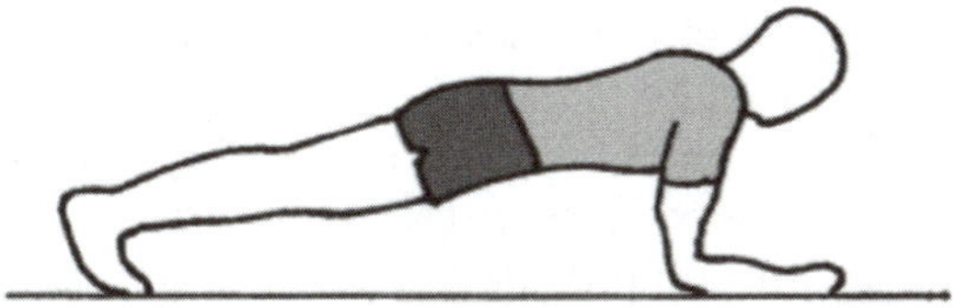

- Le candidat doit maintenir le plus longtemps possible une position du corps tendu en appui au sol sur les avant-bras et sur la face postérieure des orteils. Le corps en alignement (tête, tronc, bassin, genoux, jambes tendues), en appui sur la face postérieure des orteils et sur les avant-bras, écartés approximativement de la largeur des épaules, pieds écartés de 10 centimètres environ.
- À partir de la position de départ, en appui au sol sur les avant-bras, un genou au sol, l'autre jambe tendue en appui sur la face postérieure des orteils, le corps en alignement, le candidat se place dans la position à maintenir.
- Le chronométrage débute lorsque la bonne position est constatée par les examinateurs. Le chronomètre est arrêté lorsque le dispositif indique que le candidat ne respecte plus la bonne position. La tolérance par rapport à la bonne position est de 5 centimètres au-dessus ou en dessous, mesurée au niveau du muscle fessier. Les tremblements sont acceptés tant que la position est respectée.
- Un dispositif de mesure du fléchissement ou redressement excessif du corps sera utilisé.

E| L'épreuve d'endurance musculaire des membres supérieurs

Cette épreuve se déroule en tenue de sport, sans chaussures. La magnésie est tolérée à l'exclusion de toute autre substance additionnelle. Les gants, les maniques ou tout autre dispositif comparable sont interdits.

- Le candidat saisit avec ou sans aide d'un escabeau une barre fixe de 2,5 ou 3,5 centimètres de diamètre, placée entre 2,30 et 2,50 mètres de hauteur, les mains en supination écartées approximativement de la largeur des épaules.
- À partir de la position de départ, en suspension totale bras tendus, les pieds ne touchant pas le sol, au signal de l'examinateur, le candidat fléchit les bras (traction) sans balancement jusqu'à ce que son menton se trouve au-dessus du niveau de la barre, les bras fléchis, coude au-dessous de la barre. Dès l'atteinte de cette position, le chronométrage débute. Les mains et la poitrine sont les seules parties du corps pouvant être en contact avec la barre fixe.

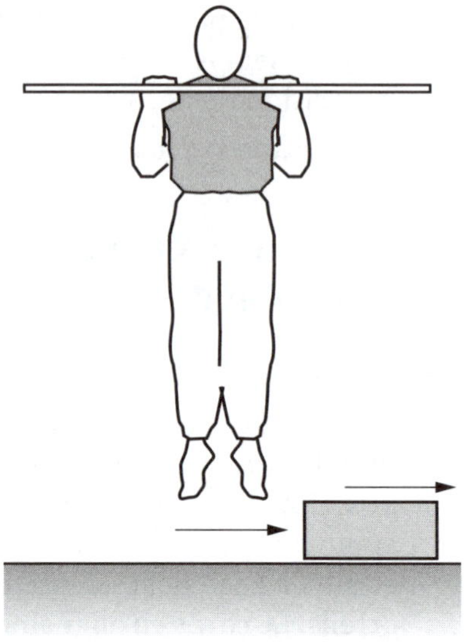

- Le chronométrage s'arrête lorsque la position ne peut plus être maintenue et que les yeux du candidat se trouvent au niveau de la barre.

F| L'épreuve d'endurance musculaire des membres inférieurs (Killy)

Cette épreuve se déroule en tenue de sport et en chaussures sans pointe.

- Le candidat doit simuler le plus longtemps possible une position assise le dos en appui contre un plan vertical.
- Position de départ à maintenir : le dos à plat contre un plan vertical, les pieds écartés environ de la largeur du bassin, les cuisses horizontales formant un angle de 90° avec le buste et avec les jambes, bras ballants, les mains non appuyées au plan vertical ni posées sur les cuisses ou les genoux.
- Le candidat doit garder cette position le plus longtemps possible.
- Sous les indications correctives des examinateurs, le candidat dispose de 20 secondes pour se mettre en place.

- Le chronométrage débute lorsque la bonne position est constatée par les examinateurs. Le chronomètre est arrêté lorsque le dispositif indique que le candidat ne respecte plus la bonne position. La tolérance par rapport à la bonne position est pour les cuisses de 5 centimètres au-dessus ou en dessous et pour les talons de 5 centimètres vers l'avant. Les tremblements sont acceptés tant que la position est respectée.

- Un dispositif de contrôle de la position sera utilisé.

3 Le barème des épreuves

Note	Natation 50 m nage libre		Endurance cardio		Souplesse (cm)		Gainage	Membres supérieurs		Killy	Note
	H	F	H	F	H	F		H	F		
20	25 s	32 s	14P	12P30sec	47	51	4 min 00 s	74 s	71 s	4 min 00 s	20
19	26 s	33 s	13P45sec	12P15sec	48	50	3 min 55 s	71 s	68 s	3 min 55 s	19
18	27 s	34 s	13P30sec	12P	45	49	3 min 50 s	68 s	65 s	3 min 50 s	18
17	28 s	36 s	13P15sec	11P45sec	44	48	3 min 45 s	65 s	62 s	3 min 45 s	17
16	29 s	38 s	13P	11P30sec	43	47	3 min 40 s	62 s	59 s	3 min 40 s	16
15	30 s	40 s	12P45sec	11P15sec	42	46	3 min 35 s	59 s	56 s	3 min 35 s	15
14	32 s	42 s	12P30sec	11P	40	44	3 min 30 s	56 s	53 s	3 min 30 s	14
13	34 s	44 s	12P15sec	10P45sec	38	42	3 min 25 s	53 s	50 s	3 min 25 s	13
12	36 s	46 s	12P	10P30sec	36	40	3 min 20 s	50 s	47 s	3 min 20 s	12
11	38 s	48 s	11P30sec	10P	34	38	3 min 10 s	47 s	44 s	3 min 10 s	11
10	40 s	50 s	11P	9P30sec	32	36	3 min 00 s	44 s	41 s	3 min 00 s	10
9	42 s	52 s	10P30sec	9P	30	34	2 min 50 s	40 s	37 s	2 min 50 s	9
8	44 s	54 s	10P	8P30sec	28	32	2 min 40 s	36 s	33 s	2 min 40 s	8
7	46 s	56 s	9P30sec	8P	26	30	2 min 30 s	32 s	29 s	2 min 30 s	7
6	48 s	58 s	9P	7P30sec	24	28	2 min 10 s	28 s	25 s	2 min 10 s	6
5	50 s	60 s	8P30sec	7P	22	26	2 min 00 s	24 s	21 s	2 min 00 s	5
4	52 s	62 s	8P	6P30sec	20	24	1 min 50 s	20 s	17 s	1 min 50 s	4
3	54 s	64 s	7P30sec	6P	18	22	1 min 40 s	16 s	13 s	1 min 40 s	3
2	56 s	66 s	7P	5P30sec	16	20	1 min 30 s	12 s	09 s	1 min 30 s	2
1	58 s	68 s	6P30sec	5P	14	18	1 min 20 s	08 s	05 s	1 min 20 s	1
0	60 s	70 s	5P	4P30sec	12	16	1 min 10 s	04 s	01 s	1 min 10 s	0

2 MÉTHODE DES ÉPREUVES PHYSIQUES

Bien que les moyens techniques aient considérablement allégé les efforts lors des interventions, la condition physique demeure un élément essentiel de la compétence du sapeur-pompier et surtout une composante essentielle de sa sécurité. De plus, porter l'uniforme impose de conserver tout au cours de sa carrière une prestance qui suppose une hygiène de vie correcte. Les épreuves physiques, éliminatoires, ne s'improvisent pas : elles se préparent.

1 Une bonne condition générale

- Les aptitudes physiques et sportives des candidats sont évaluées par des tests écartant les paramètres techniques et professionnels. Les épreuves ont pour objectif d'apprécier le profil physique des candidats au regard d'un profil type nécessaire à la profession de sapeur-pompier. En conséquence, la réussite aux épreuves repose essentiellement sur une bonne condition générale. Celle-ci doit permettre d'afficher des capacités d'endurance, de vitesse et de souplesse.

Commencez par disposer d'une bonne condition physique. À cette fin, vous devez établir un programme de préparation physique pour les 15 semaines précédant le concours. Durant cette période, chaque jour, il convient de réaliser une séance d'entraînement d'une heure environ, partagée entre un travail pour la condition physique et des exercices spécifiques aux épreuves.

- Une séance type est composée de trois parties :
- **échauffement (15 minutes)** : cette première phase peut prendre la forme d'un footing progressif permettant à l'organisme de monter en température. Il est important dans cette phase de prendre une allure légère ;
- **travail spécifique (30 à 35 minutes)** : cette deuxième phase est consacrée au travail en vue d'améliorer les performances d'une épreuve. Au cours d'une séance, le travail s'effectue pour une ou deux épreuves ;

- **retour au calme (10 à 15 minutes)** : cette dernière phase est importante car elle permet à l'organisme de retrouver un rythme normal. Outre les exercices respiratoires, cette phase est particulièrement propice aux exercices de souplesse.

2 L'entraînement spécifique à chaque épreuve

A| La natation

Pour les candidats peu à l'aise dans l'eau, il convient de commencer par nager 25 mètres puis 50 mètres, si possible dans un bassin de 50 mètres. Lorsque la distance est maîtrisée, le travail porte sur la vitesse pour arriver à un temps de réalisation inférieur à 40 secondes. En ce sens, un départ plongé est la meilleure solution.

B| L'épreuve d'endurance cardio-respiratoire

Il n'existe pas d'exercices spécifiques pour cette épreuve puisqu'elle a pour objet d'évaluer votre condition générale. Il convient donc de rechercher une succession d'activités sollicitant l'ensemble du corps afin de faire travailler le rythme cardiaque et la respiration. Les exercices de type aviron sont particulièrement bien adaptés pour cette épreuve. Dès que le candidat se sent prêt, il convient de réaliser l'épreuve pour évaluer sa condition au regard des paliers pour être déclaré apte.

C| L'épreuve de souplesse

Il existe de très nombreux exercices pour améliorer sa souplesse. L'entraînement peut se faire en reprenant l'exercice de l'épreuve en débutant progressivement, c'est-à-dire en étirant progressivement son corps, sans à-coup et en s'arrêtant dès que l'on sent une résistance. À partir de cette position, il convient de tenir entre 5 et 10 secondes, puis relâcher progressivement.

D| L'épreuve d'endurance musculaire de la ceinture dorso-abdominale (gainage)

Pour cet atelier, l'entraînement peut se faire à son domicile sous la forme d'exercices quotidiens, le matin ou le soir. Les candidats s'estimant faibles commencent par un exercice comportant seulement une position maintenue quelques secondes. Puis le temps de maintien sera progressivement augmenté pour tendre vers au moins 3 minutes. À chaque entraînement, le nombre de mises en position sera multiplié par deux.

E | L'épreuve d'endurance musculaire des membres supérieurs

Comme pour l'atelier précédent, l'entraînement peut se faire à son domicile sous forme d'exercices quotidiens, en installant une barre de traction dans un couloir ou au chambranle d'une porte. Là aussi, les candidats s'estimant faibles commencent par une série comportant seulement quelques mouvements, puis chaque jour augmentent la durée de quelques secondes pour arriver jusqu'à 50 secondes pour les hommes et 45 pour les femmes. Ces exercices et les précédents peuvent être réalisés au cours d'une même séance.

F | L'épreuve d'endurance des membres inférieurs (Killy)

Cela se travaille comme l'épreuve de gainage, avec les mêmes objectifs de temps.

CONSEILS

- Les sapeurs-pompiers volontaires peuvent demander aux instructeurs d'éducation physique (IEPS) de leur centre ou du service formation de leur établir un programme d'entraînement.
- Plus vous commencerez l'entraînement tôt, meilleurs seront vos résultats et votre certitude d'être admis à concourir aux épreuves suivantes.

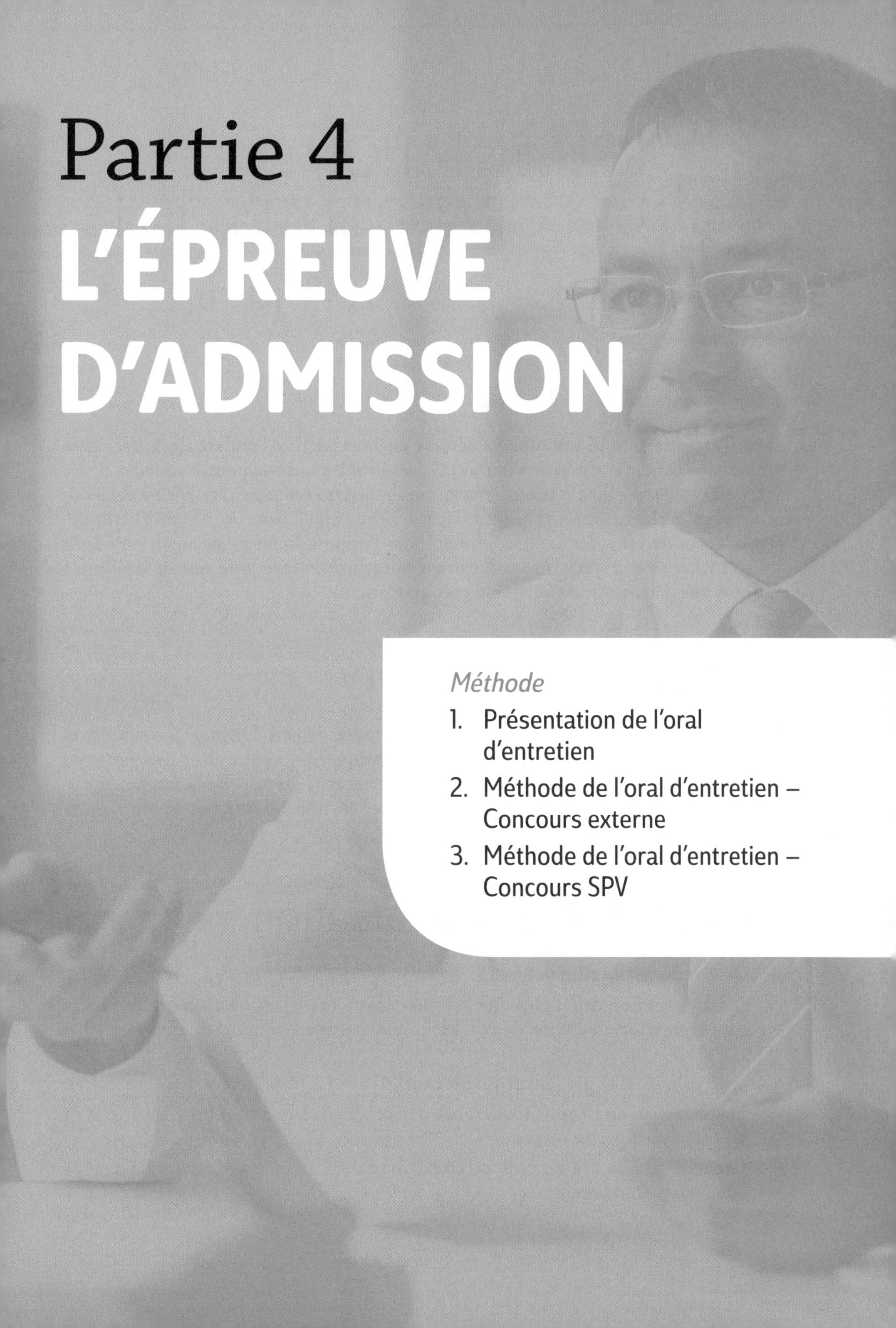

Partie 4
L'ÉPREUVE D'ADMISSION

Méthode

1. Présentation de l'oral d'entretien
2. Méthode de l'oral d'entretien – Concours externe
3. Méthode de l'oral d'entretien – Concours SPV

1 PRÉSENTATION DE L'ORAL D'ENTRETIEN

L'oral d'entretien, de 15 minutes, se déroule en deux parties. Pendant les 5 premières minutes, le candidat est seul à parler ; il présente les raisons pour lesquelles il fait acte de candidature. Les 10 dernières minutes sont un échange avec le jury. Réaliser un exposé oral est toujours un exercice délicat ; plusieurs composantes (tenue, attitude, vocabulaire, etc.) interviennent dans l'impression donnée au jury. Réussir à « accrocher » ceux qui vont évaluer votre prestation dans la foule des candidats auditionnés demande une véritable préparation.

1 Les attentes du jury

Le jury, identique aux deux concours, a la volonté de sélectionner des candidats susceptibles de devenir de « bons sapeurs-pompiers », c'est-à-dire des gens qui exercent un métier souvent difficile et qui s'y sentent à leur aise. Il n'y a pas, contrairement aux rumeurs attachées à ce type d'épreuve, une volonté des examinateurs de piéger les candidats.

2 Les critères d'évaluation

Ils sont composés de **cinq volets** :

- la **tenue** (présentation physique, vestimentaire, etc.), l'**expression orale** (qualité de l'expression, maîtrise de soi, etc.) et l'**attitude** (comportement, gestuelle, etc.) ;
- les **5 minutes de présentation du candidat** (qualité de l'exposé) ;
- la **cohérence du propos** (cohérence des réponses aux différentes questions et aux affirmations de l'exposé) ;
- la **capacité à la vie en collectivité** (compatibilité comportementale avec le système hiérarchique) ;

- le cinquième concerne :
  - les motivations,
  - la formation physique (la pratique sportive est-elle un facteur de sociabilité et d'équilibre ? le candidat a-t-il le souci de la progression et de l'entretien de sa forme physique ?),
  - le sens du service public (quelle perception le candidat a-t-il de la notion de service public ?),
  - l'expérience vécue (quelle est l'expérience du candidat face à une situation personnelle difficile ou marquante ?).

3 L'entrée dans la salle

- Entrez dans la salle de manière naturelle, en disant « Bonjour Madame/Mesdames, bonjour Monsieur/Messieurs ». Il n'est pas nécessaire de faire un salut militaire ni de se mettre au garde-à-vous.
- Précisez votre identité, attendez ensuite que l'on vous invite à vous asseoir et que le jury vous donne la parole.
- Déposez devant vous un crayon, une feuille de papier et une fiche de synthèse de votre parcours (ce peut être un *curriculum vitæ*).
- Lorsque le jury vous précise qu'il a terminé votre audition, remerciez-le pour son attention, levez-vous et quittez la salle de manière naturelle.

4 La tenue

Certes, « l'habit ne fait pas le moine », mais il contribue à donner de vous une bonne impression. De plus, les sapeurs-pompiers portent un uniforme, ce qui réclame une certaine rigueur.

- Privilégiez une **tenue décente**, située entre la tenue décontractée des loisirs et le costume de mariage. Autrement dit, écartez les habits aux couleurs fluorescentes, les chaussures de sport, les tee-shirts aux messages humoristiques, les jeans délavés, les costumes trois-pièces et le nœud papillon. Pour les candidates, la minijupe, la robe de soirée et la jupe plissée ne sont pas les tenues les mieux adaptées. L'équilibre se trouve sûrement dans des vêtements un peu plus soignés que les vêtements de tous les jours, par exemple une veste et une cravate pour les hommes ; pour les femmes, il n'y a pas d'obligation à porter une jupe. Enfin, le maquillage n'est pas indispensable et, le cas échéant, il doit être simple et discret.
- **Limitez bijoux et accessoires** à quelques éléments simples (d'autant plus que leur port est interdit aux sapeurs-pompiers pendant les heures de travail pour des raisons de sécurité).

ATTENTION

Même si votre style de coiffure préféré est le désordre, ce jour-là (et pour la suite de votre carrière), mettez de l'ordre dans vos cheveux et veillez à ce que leur longueur soit adaptée au port de l'uniforme.

5 Les attitudes

Certaines attitudes donnent toujours une mauvaise impression. Elles sont donc à proscrire. Quelques exemples : entrer dans la salle avec les mains dans les poches ; mâcher un chewing-gum ; être avachi sur la chaise ; jouer avec un objet (stylo, pièce de monnaie...) pendant l'entretien ; ne pas regarder les membres du jury.

À l'inverse, il ne faut pas chercher à avoir une attitude qui ne correspond pas à son apparence naturelle. Là encore, l'attitude correcte se trouve dans l'équilibre juste entre une décontraction totale et une rigidité fermée.

6 La maîtrise du trac

Le trac est un phénomène naturel qui touche tous les candidats à une épreuve orale. L'important est de le maîtriser, et non de vouloir le cacher ou le supprimer.

- Tout d'abord, soyez prêt pour l'oral :
- – entraînez-vous à prendre la parole devant un public ;
- – révisez vos connaissances, en particulier au moyen de fiches de synthèse.
- Ensuite, pratiquez quelques exercices de relaxation avant d'entrer dans la salle et pendant l'entretien :
- – respirez lentement et profondément plusieurs fois de suite en vidant bien vos poumons à chaque expiration ;
- – pensez à quelque chose qui vous est agréable sans rapport avec le concours ;
- – dites-vous que vous faites au mieux ce que vous êtes en train de faire !
- Pour finir, gardez à l'esprit que les membres du jury ont, eux aussi, passé des épreuves orales. Comme vous, ils ont eu le trac. Aussi, ils ne vous tiennent pas rigueur d'une émotion qui reflète votre authenticité. Toutefois, le métier de sapeur-pompier requiert une maîtrise de ses émotions : montrez que vous êtes fait pour ce métier en maîtrisant les vôtres au cours de cette épreuve.

2 MÉTHODE DE L'ORAL D'ENTRETIEN – CONCOURS EXTERNE

L'oral débute toujours par un exposé du candidat sur ses motivations. Généralement, les jurys énoncent clairement les règles au candidat : celui-ci dispose de 5 minutes ; au-delà du temps imparti, des questions lui seront posées. Pendant les 10 minutes restantes, entre 3 et 5 questions lui sont posées, puis les membres du jury se feront préciser certains points de ses réponses.

1 La présentation des motivations

La règle principale est d'être authentique. Ne cherchez pas à afficher des motivations ou des connaissances du métier que vous n'avez pas. Le jury est toujours plus sensible à un candidat modeste mais authentique qu'à un candidat parfait mais dont la sincérité est incertaine. La première partie de l'entretien peut se décomposer en trois volets, minutés.

A| Premier volet : la première minute

Durant la première minute, rappelez de manière synthétique qui vous êtes, par exemple sous forme de rubriques.

Exemples

- Je suis X (prénom, nom), j'ai 18 ans et je réside à tel endroit.
- Actuellement je suis étudiant dans telle classe.
- Je travaille comme… dans telle entreprise.
- Je suis à la recherche d'un emploi dans l'attente de devenir sapeur-pompier professionnel.
- Mon niveau scolaire est de… ; j'ai acquis tel diplôme…
- Je dispose en plus des qualifications suivantes : …

- J'ai effectué mon service national dans telle unité et mon travail consistait en telles activités... *(Si vous avez été exempté de service national, précisez la raison. En dehors de raisons médicales, cela n'est pas incompatible avec le métier de sapeur-pompier.)*
- Mon activité professionnelle actuelle consiste en...

B| Deuxième volet : 3 minutes

- En 3 minutes, exposez ce qui vous pousse à devenir sapeur-pompier professionnel. Votre souhait remonte à longtemps, précisez-le en évitant la phrase « je veux être pompier depuis que je suis petit ». Tous les enfants ont une période où ils veulent être sapeur-pompier ! Préférez une formulation du type : « Ce désir est fort depuis longtemps, cela s'est traduit par des activités en relation avec les sapeurs-pompiers : engagement comme jeune sapeur-pompier (JSP), comme pompier volontaire, service militaire chez les sapeurs-pompiers, visites de casernes, collection d'insignes ou de casques, lecture de revues, etc. »
- Puis, expliquez ce qui vous a attiré dans ces activités : l'uniforme, le contact avec le public, la diversité des missions, le travail en équipe, l'action...
- Enfin, précisez pourquoi cet intérêt pour la profession ne s'est pas traduit par un engagement comme sapeur-pompier volontaire ou comme jeune sapeur-pompier. Là aussi, soyez sincère ! Donnez les vraies raisons, en les expliquant si besoin : pas de centre de secours près de votre domicile, volonté de finir vos études au préalable, autre activité qui occupait déjà votre temps libre, etc.
- Pour conclure ce volet, vous pouvez évoquer, si cela correspond à vos désirs, les évolutions que vous envisagez dans votre carrière professionnelle.

C| Troisième volet : la dernière minute

- Présentez à ce moment-là les autres facettes de votre personnalité : activités associatives dans un club sportif, passion pour une activité particulière. Là encore, il ne s'agit pas de vous inventer une vie parfaite mais plutôt de montrer que vous êtes un individu inséré dans son environnement.
- À la fin de votre propos, apportez une conclusion qui vous permette de rendre la parole au jury.

Exemple

« Voilà toutes les raisons qui me motivent pour devenir sapeur-pompier.
Je suis à votre disposition pour répondre à vos questions. »

- Soyez naturel, parlez avec vos mots tout en faisant attention aux expressions que vous employez.

- Entraînez-vous : au début seul, devant une glace, avec une montre ; puis, devant des amis ou de la famille. Écoutez leurs remarques. Cet exercice devant un public vous aidera à surmonter votre trac.

MÉTHODE

Pour réussir ces trois volets, vous pouvez utilement réaliser une fiche de synthèse (de type *curriculum vitæ*). Elle vous aidera à structurer vos propos et à vous entraîner. En effet, après avoir fixé la trame de son exposé, il faut s'habituer à le dire en respectant la règle des 5 minutes maximum. Attention, il ne s'agit pas de réciter un texte ! Au contraire, imaginez que vous racontez une histoire à votre grand-mère.

2 Les réponses aux questions du jury

- Dans cette partie, le jury, avec différentes questions, va revenir sur votre exposé pour apprécier votre sincérité, la cohérence de vos propos, ou approfondir un point particulier.

Exemples

- Pouvez-vous nous préciser ce que vous voulez exprimer par… ?
- Pouvez-vous développer l'idée que vous avez avancée… ?

- Bien que ça ne soit pas le thème de l'entretien, il est vivement conseillé d'avoir quelques connaissances du milieu professionnel. Pour cela, il peut être utile de lire régulièrement les revues *Le Magazine Sapeurs-pompiers de France* et *Soldats du feu* et d'avoir des contacts avec des sapeurs-pompiers professionnels pour connaître l'actualité du métier.
- Le jury va chercher à mieux cerner vos aptitudes et vos qualités sur les points essentiels du métier de sapeur-pompier :

– la motivation ;

Exemples

- Quelles sont les motivations qui vous dirigent vers le métier de sapeur-pompier ?
- Quels sont les faits qui vous ont donné l'envie de devenir sapeur-pompier ?
- Nous percevons bien votre motivation pour être sapeur-pompier. Mais le fait de devenir sapeur-pompier professionnel ne va-t-il pas stopper cette ardeur ?
- Comment avez-vous connu le métier de sapeur-pompier professionnel ?
- Quelle différence y a-t-il entre SPP, SPV et SP à la BSPP ?
- Comment définissez-vous le métier de sapeur-pompier ?
- Quels sont les aspects positifs et négatifs du métier de sapeur-pompier ?

- Dans quelles tâches vous verriez-vous le mieux chez les sapeurs-pompiers ? Le moins bien ?

- Connaissez-vous le métier de sapeur-pompier ? Définissez-le en quelques mots. Êtes-vous prêt à remplir toutes les missions relevant de celui-ci ?

- Pourquoi choisissez-vous la profession de sapeur-pompier (agent de collectivité territoriale) plutôt que celle d'agent de sécurité dans une entreprise ou celle de sapeur-pompier dans une unité militaire ?

- Quelles sont vos ambitions quant à une éventuelle carrière chez les sapeurs-pompiers ? Commentez en donnant des arguments.

– la capacité à s'adapter à la vie en collectivité et à travailler dans un système hiérarchique ;

Exemple

Comment pensez-vous vivre la discipline ?

– le souci du maintien de la condition physique. Si vous pratiquez un sport en club ou de façon régulière, vos performances peuvent vous être demandées ;

Exemples

- Pratiquez-vous de façon régulière une activité physique ? Pourquoi ?

- « Un esprit sain dans un corps sain », est-ce que cette expression peut s'adapter à la profession de sapeur-pompier ?

- Quels types de sport pratiquez-vous et que peuvent-ils apporter au métier de sapeur-pompier ? Pensez-vous que tous les sports soient bénéfiques au métier de sapeur-pompier ? Expliquez et citez des sports en exemple.

- Quel est le grand sportif qui vous a le plus marqué ? Pourquoi ?

- Connaissez-vous les sports pratiqués par les sapeurs-pompiers dans les centres de secours ? Qu'en pensez-vous ? À votre avis, l'exercice du métier de sapeur-pompier exige-t-il une excellente condition physique ?

- Pensez-vous être en parfaite condition physique ?

– la notion du service public ;

Exemples

- Citez les trois services publics qui vous paraissent les plus importants dans notre société. Pourquoi ?

- « Sauver ou périr », noble devise. Doit-on l'appliquer à la lettre chez les sapeurs-pompiers ?

- Est-il nécessaire d'appartenir à un service public pour rendre service à autrui ?

- « Courage et dévouement ». Cette devise vous inspire-t-elle des réflexions ? Lesquelles et pourquoi ?

- Selon vous, que peut attendre le citoyen du service public ? Que pensez-vous de la gratuité des secours ?
- La sécurité de l'emploi au sein du service public est-elle toujours justifiée ?
- Qu'est-ce que l'obligation de réserve ?
- Les sapeurs-pompiers ont-ils droit de grève ?
- Qu'est-ce qu'un fonctionnaire ?

– l'expérience personnelle et la capacité à en tirer un enseignement.

Exemple

Quel événement vous a le plus marqué au cours des 10 dernières années ? Qu'en avez-vous retiré ?

- Afin de répondre au mieux au jury, prenez un peu de temps avant de parler, si besoin écrivez rapidement sur une feuille de papier les idées que vous souhaitez développer. Si vous ne savez pas répondre à une question, dites-le plutôt que d'inventer une réponse.

3 MÉTHODE DE L'ORAL D'ENTRETIEN – CONCOURS SPV

Le déroulement de l'épreuve et les critères d'évaluation sont identiques à ceux du concours externe. Le jury attend de vous que vous présentiez de manière claire votre expérience dans le monde des sapeurs-pompiers. La qualité de votre propos conditionne la deuxième partie relative aux motivations.

1 La présentation du parcours professionnel

Il ne s'agit pas ici de réciter un catalogue de ce que vous avez fait mais de montrer que votre histoire professionnelle correspond à une démarche dont l'aboutissement est le recrutement comme sapeur-pompier professionnel de 1re classe. Aussi cette seconde partie peut s'organiser en trois temps.

A| Premier volet : la première minute

Durant la première minute, rappelez de manière synthétique « qui vous êtes ».

B| Deuxième volet : 3 minutes et demie

En moins de 4 minutes (la précision est importante), exposez votre parcours professionnel.

- Débutez votre propos par votre situation présente.

Exemples

- Je suis sapeur-pompier volontaire (précisez le grade) depuis x années dans tel centre (si le centre n'appartient pas au service départemental dans lequel vous passez le concours, précisez le département).

- Je suis sapeur-pompier à la BSPP depuis x années.
- Je suis marin-pompier au BMPM depuis x années.
- Je suis sapeur dans l'UIISC n° 00 à ... depuis x années.

- Après cette présentation, déroulez votre parcours en commençant par votre première activité en rapport avec la profession : « J'ai commencé mon parcours en devenant jeune sapeur-pompier » ou « en m'engageant comme sapeur-pompier volontaire ».
- Avant de présenter les autres étapes, il peut être intéressant de préciser les raisons qui vous ont conduit à intégrer ce milieu. Ensuite, pour chaque étape de votre parcours – changement de centre, de grade, etc. – précisez les activités, les qualifications acquises et les interventions qui vous ont marqué.
- Pour conclure cette partie, présentez votre situation actuelle et le centre dans lequel vous exercez : activités opérationnelles, effectifs, moyens, risques défendus, etc.
- Enfin, si vous assurez des responsabilités administratives, d'encadrement ou d'animation, présentez-les.

C| Troisième volet : 30 secondes

- Dans ce dernier temps, exposez ce qui vous pousse à devenir sapeur-pompier professionnel. Cette partie est très courte car votre propos précédent a déjà dû montrer votre détermination. Toutefois, il est intéressant de résumer votre parcours en une phrase qui redonne les grandes étapes.

Exemple

Ayant été jeune sapeur-pompier à 11 ans, volontaire à 17, qualifié pour assurer tel niveau d'intervention, l'étape suivante et logique de mon parcours est de devenir sapeur-pompier professionnel.

- Pour réussir cette présentation, il est impératif de rédiger un *curriculum vitæ*. Il vous aidera à clarifier vos souvenirs et à préciser tous les éléments de votre parcours. De plus, ce travail vous incitera à limiter votre propos à l'essentiel. En effet, il faut s'habituer à présenter son « histoire professionnelle » en 5 minutes.

2 Les réponses aux questions du jury

- Le jury, avec différentes questions, revient sur votre exposé pour apprécier votre sincérité, la cohérence de vos propos ou approfondir un point particulier. Il vous demande des précisions sur votre parcours et ouvre le thème de l'entretien pour apprécier votre personnalité.

- À cette fin, il vous interroge sur les étapes de votre parcours, sur vos qualifications et sur votre expérience professionnelle. Il peut également vous poser des questions relatives aux grandes évolutions du métier (techniques, organisation, difficultés, etc.) et aux différences entre « volontaire » et « professionnel ». Afin de répondre au mieux :

– prenez un peu de temps avant de parler, au besoin écrivez rapidement sur une feuille de papier les idées que vous souhaitez développer ;

– si vous ne savez pas répondre à une question, dites-le plutôt que d'inventer une réponse.

Exemples

- Avez-vous appartenu à une section de jeunes sapeurs-pompiers ? Pourquoi ce choix si précoce ? Aviez-vous déjà l'intention de devenir sapeur-pompier ?

- Pouvez-vous nous présenter la disponibilité d'un sapeur-pompier professionnel ou volontaire ?

- Combien d'heures pensez-vous qu'un sapeur-pompier effectue hebdomadairement ? Justifiez votre réponse.

- Les missions remplies par les sapeurs-pompiers sont de plus en plus diversifiées ; doit-on à votre avis favoriser la polyvalence des personnels ou la spécialisation ? Pourquoi ?

- Quelles sont les compétitions sportives organisées par les organismes nationaux gérant les sapeurs-pompiers ? Comment concevez-vous la pratique du sport individuel et/ou collectif dans l'emploi du temps journalier du sapeur-pompier ? Commentez d'après votre expérience personnelle.

- Pour vous, quelle place prend la pratique du sport par rapport à l'instruction théorique ou l'instruction pratique dans la profession de sapeur-pompier ? L'exercice et le maintien de la condition physique sont-ils gages d'efficacité dans les missions remplies par les sapeurs-pompiers ?

- Que pensez-vous de la hiérarchie et de la discipline chez les sapeurs-pompiers ?

- Enfin, la qualité de vos réponses dépend essentiellement de votre connaissance du monde des sapeurs-pompiers. Aussi, il est indispensable de lire régulièrement les revues professionnelles et d'obtenir auprès de votre hiérarchie un point de situation des grands dossiers qui font l'actualité du métier.

Partie 5
LES CONNAISSANCES INDISPENSABLES

Français

Mathématiques

Connaissances professionnelles

Français

FICHE 1 L'ACCORD DU VERBE AVEC LES SUJETS

En français, le sujet et le verbe sont les termes essentiels de la phrase. Le sujet est en quelque sorte le point de départ de l'énoncé.

1 Qu'est-ce que le sujet ?

- Le sujet, dans les **verbes d'action**, indique celui (ou ce) qui fait l'action du verbe.
  L'homme (sujet), penché sur son bureau, écrit (verbe d'action) une lettre.
- Le sujet, dans les **verbes d'état** (être, paraître, sembler...), désigne celui auquel (ou ce à quoi) s'applique cet état.
  La fille (sujet) aux cheveux rouges semble (verbe d'état) contente.
- Le sujet est exprimé le plus souvent par un nom ou par un pronom.
  La fille (sujet) taquine le garçon ; elle lui plaît.
- Le sujet peut être aussi un adjectif ou un infinitif pris comme nom.
  Le vrai (adjectif) est charmant. Mentir (infinitif) est une habitude.
- Une proposition entière peut être sujet.
  Qui a bu (sujet) boira.

2 Comment trouver le sujet ?

- Pour trouver le sujet, le mieux est de poser la question : « **qui est-ce qui... ?** » ou « qu'est-ce qui... ? »
  La femme se lève (qui est-ce qui se lève ?). La chaleur épuise (qu'est-ce qui épuise ?).
- Le sujet se place normalement avant le verbe, mais il peut se placer après le verbe, proche ou éloigné de celui-ci.
  Les plaisirs que procure un gentil mari (qui est-ce qui procure ?).

3 Comment le verbe s'accorde avec le sujet

- Le verbe s'accorde en nombre et en personne avec le nom ou le pronom sujet.
  Il (sujet 3e personne du singulier) ne sut jamais ce que ses enfants (sujet, 3e personne du pluriel) pensaient.
- Quand le verbe a plus d'un sujet, il se met au pluriel.
  Crier (sujet) et chanter (sujet) font deux.

ATTENTION
Des mots ou groupes de mots peuvent s'intercaler entre le sujet et le verbe. Prenez garde, en particulier, aux pronoms compléments (nous, vous, le, la, les, lui, leur...) placés devant le verbe.
Je les aime : le sujet est « je ». Ils la mangent : le sujet est « ils ».

- Les **verbes impersonnels** sont accompagnés du pronom « il », parfois « ce » ou « ça » (cela), que l'on appelle sujet apparent ou grammatical. Le verbe s'accorde avec ce sujet apparent et reste toujours à la 3e personne du singulier.
  Il pleut des cordes.

4 Les accords particuliers du verbe avec le(s) sujet(s)

Pour accorder correctement un verbe, il convient de trouver son sujet. La tâche se complique lorsque le verbe est impersonnel. On parle d'accord(s) particulier(s), qu'il faut connaître.

- À la forme impersonnelle, le verbe reste à la 3e personne du singulier.
  Il court des bruits étranges. Il arrive qu'il pleuve le lundi.
- Précédé de « ce », « c' », le verbe s'accorde avec le sujet réel. Mais vérifiez en remplaçant : c'étaient = ce sont ; c'était = c'est.
  C'étaient de tristes gens. C'étaient eux sur la route.
- Le sujet est « qui » : accord avec l'antécédent (mot que remplace le pronom).
  Toi qui protèges les faibles. C'est moi qui mangeais le pain. C'était nous qui parlions.
- Le sujet est « aucun », « chacun », « nul », « pas un », « personne », « rien » : verbe au singulier.
  Pas un ne crie ce matin. Rien ne l'arrange.
- Le sujet est « on » : accord selon l'antécédent.
  On est serrés dans cette voiture. On n'est sûr de rien.
- Le sujet est « beaucoup », « trop », « la plupart », « peu », « certains », « combien » : verbe au pluriel.

Beaucoup s'intéressent à lui. Certains s'imaginent que... Une multitude de gens crie(nt)... La majorité des gens est heureuse (sont heureux).

- Le sujet est un collectif suivi de son complément (une bande de...) : observez le sens ; souvent, les deux accords sont possibles.

ATTENTION

Paradoxalement :

– le sujet est « moins de deux » : verbe est pluriel. *Moins de deux jouent dehors ;*

– le sujet est « plus d'un » : verbe au singulier. *Plus d'un désire rester.*

- Les sujets sont résumés par « cela », « chacun », « nul », « tout », « rien », « personne » : verbe au singulier.
  Enfants, hommes, personne ne bronchait. Tout, trottoirs, chaussées, reflétait...
- Les sujets juxtaposés sont employés avec « chaque » ou « pas un » : accord avec le dernier sujet.
  Chaque garçon, chaque fille avait été félicitée.
- Les sujets sont coordonnés par « ni », « ou » :

– verbe au pluriel si l'idée concerne les deux sujets.
Ni Paul ni Pierre n'aiment Marie ;

– verbe au singulier si l'idée concerne un seul sujet.
Paul ou Pierre sera l'époux de Marie.

- Deux sujets sont reliés par « comme », « ainsi que », « de même que » :

– verbe au singulier si le 2e sujet est entre virgules.
Marie, ainsi que Paul, mange ici ;

– pas de virgules : verbe au pluriel.
Marie ainsi que Paul mangent ici.

- Après « un de ces qui... », le verbe s'accorde avec l'antécédent du pronom relatif.
  Vous êtes une de ces femmes qui charment les hommes...
- Lorsque les sujets, non coordonnés, sont en gradation ou synonymes, le verbe reste au singulier.
  Sa gentillesse, sa douceur enchante tout le monde.

FICHE 2 LA CONFUSION DES FORMES VERBALES

Comment choisir entre des formes verbales dont les terminaisons sont phonétiquement identiques (er, é ; u, ut ; i, it, etc.) ? Avant tout, relisez la phrase entièrement pour déterminer si le sens est à l'actif (terminaisons fixes d'un temps simple) ou au passif (terminaisons de participe passé).

1 Les formes verbales phonétiquement identiques

- Pour faire la différence entre un verbe à l'imparfait (son « è »), l'infinitif en « er » et son participe passé (son « é »), relisez la phrase en essayant de mettre le verbe au présent. Si la substitution est possible, le verbe est à l'imparfait.
  Les gens qui le servaient le volaient → les gens qui le servent le volent (servaient et volaient sont bien des verbes à l'imparfait).
- Remplacez le son « i » et le son « u » par l'imparfait. Si la substitution convient, le verbe est conjugué. Dans le cas contraire, c'est un participe passé ou un adjectif.
  Il nous fournit du pain → il nous fournissait du pain (fournit = verbe conjugué). Le chien a un poil très fourni (≠ fournissait ; fourni = adjectif).
- Verbes du 1er groupe : « er » ou « é » ? Sachez que l'infinitif est actif, le participe passé est passif.
  Je veux manger (action de manger). Je ne veux pas être mangé (état d'être mangé).

ATTENTION
Relisez toujours toute la phrase !

« Er » ou « é » ?

- écrivez « er » si vous pouvez remplacer le verbe par un infinitif du 3e groupe (vendre, prendre...). *On voit remuer (prendre, mordre...)* ;
- écrivez « é » si vous pouvez remplacer par un participe passé du 3e groupe (vendu, pris...). *Le conducteur coincé (pris...) dans son véhicule* ;
- écrivez « er » après à, de, par, pour, sans. *Il est obligé de recommencer.*

2 Participe présent ou adjectif verbal ?

La distinction entre participe présent et adjectif verbal revient simplement à opérer la différence entre un verbe et un adjectif. Mémorisez les adjectifs qui, pour des raisons étymologiques, ont leur terminaison en « -ent ».

- Le participe présent exprime une action. C'est une forme invariable du verbe en « -ant ».
  On le voit, revenant de l'école, sautant sur le trottoir.
- On reconnaît aussi le participe présent au fait qu'il a un complément d'objet ou circonstanciel ou lorsqu'il est employé pronominalement.
  La femme battant son mari. Les deux espions communiquant en cachette.
- Précédée de « en », cette forme est appelée gérondif et est invariable.
  C'est en travaillant que vous réussirez.
- De l'ancien français, il reste des expressions variables.
  Les ayants droit, les tenants et les aboutissants, toutes affaires cessantes, séance tenante…
- L'adjectif verbal exprime l'état. Il s'accorde avec le nom ou le pronom dont il est épithète ou attribut.
  Ce sont des récits captivants. Ce sont des sables mouvants.
- Pour faire la différence entre le participe présent et l'adjectif verbal, essayez de mettre au féminin ; si c'est possible, alors il s'agit d'un adjectif verbal.
  Ils sont obéissants (obéissantes). On les aime obéissant (qui obéissent) à leurs parents.
- Certains verbes ont le participe présent en « -ant » et l'adjectif verbal en « -ent ».
  Adhérant/adhérent ; afférant/afférent ; affluant/affluent ; confluant/confluent ; différant/différent ; équivalant/équivalent ; excellant/excellent ; précédant/précédent ; résidant/résident.
- Le participe présent des verbes en « -guer » conserve la lettre « u » de l'infinitif, mais l'adjectif et le nom correspondants la perdent.
  Déléguant/délégant ; intriguant/intrigant ; naviguant/navigant.
- Les verbes en « -quer » donnent des participes présents en « -quant », des adjectifs et des noms en « -cant » sauf : « un pratiquant » et « un trafiquant ».
  Communiquant/communicant ; convainquant/convaincant ; provoquant/provocant ; suffoquant/suffocant.
- Après les articles « le », « la », « les », « un », « une », « des », le mot terminé par « -ant » est un nom.
  Les perdants ; des postulants.

FICHE 3

PARTICIPE PASSÉ : FORMATION ET ACCORDS

Seul l'accord du participe passé avec l'auxiliaire « avoir » suscite beaucoup d'erreurs : la règle est connue, mais mal appliquée. Lisez attentivement les conseils.

1 La formation des participes passés

- Les verbes du 1er groupe ont leur participe passé au masculin singulier en « é ».
  J'ai mangé, chanté.
- Les verbes du 2e groupe ont tous leurs participes passés au masculin singulier en « i ».
  J'ai fini – tu as rempli – il a haï.
- Les verbes du 3e groupe avec le son « u » ont tous leurs participes passés en « u » (sauf inclure → inclus).
  J'ai bu – tu avais su – il a lu.
- Pour les autres verbes du 3e groupe, mettez mentalement au féminin (ajoutez un « e ») pour connaître la lettre finale que l'on n'entend pas au masculin singulier.
  J'ai dit (une chose dite) – tu as pris (une chose prise) – il a écrit (une chose écrite).
- Seules exceptions à la précédente règle : les verbes absoudre et dissoudre.
  J'avais absous, dissous (une chose absoute, dissoute).

2 La forme des accords

Pour accorder le participe passé avec l'auxiliaire être, on prend le masculin singulier du participe passé (*il est tombé*) et on ajoute :

- au masculin pluriel : « s ». *Ils sont tombés* ;
- au féminin singulier : « e ». *Elle est tombée* ;
- au féminin pluriel : « es ». *Elles sont tombées.*

3 L'accord du participe passé sans auxiliaire ou avec l'auxiliaire être

L'accord se fait avec le sujet ; la question à poser est donc : « qui est-ce qui... ? » ou « qu'est-ce qui... ? ».
La perle enfilée (qu'est-ce qui est enfilée ? la perle).

4 L'accord du participe passé avec l'auxiliaire avoir

- Le participe passé employé avec l'auxiliaire avoir s'accorde en genre et en nombre avec le complément d'objet direct (COD) placé avant.
  Les souhaits que l'éditrice a formulés (l'éditrice a formulé quoi ? « que » mis pour les souhaits).
- Pour bien appliquer cette règle, suivez les **conseils** suivants :

– ne confondez pas le COD avec le sujet : le COD représente la personne ou la chose sur laquelle porte l'action du sujet. *Les rêves que suscite un mari (mari = sujet ; COD = les rêves)* ;

– pour trouver le COD, posez la question « qui ? » ou « quoi ? » juste après le participe passé. *Les personnes que nous ont présentées les voisins (les voisins ont présenté qui ? les personnes, COD → ées)* ;

– la question ne doit comporter aucun mot entre le sujet et l'auxiliaire : ne dites pas « à qui, à quoi... ? » car vous chercheriez alors un complément d'objet indirect (COI) ;

– pour trouver le COD, posez impérativement la question dans l'ordre suivant : Sujet (1) auxiliaire (2) participe passé (3) qui (ou quoi) ? (4)

Les ruines qu'ont laissées les empires [(1) les empires : sujet ; (2) ont : auxiliaire ; (3) laissé : participe passé ; (4) quoi ? « qu' » mis pour « les ruines », COD placé avant → accord : laissées].

– ne confondez pas le COD avec un complément circonstanciel (CC). Les compléments circonstanciels sont les réponses à des questions exprimant les circonstances d'une action, d'une situation : quand ? où ? pourquoi ? comment ?... *Les tangos qu'il a dansés (il a dansé quoi ? « qu' » COD mis pour tangos). Les trois heures qu'il a dansé (il a dansé combien de temps ? CC de temps)* ;

– s'il n'y a pas de COD, il n'y a pas d'accord et le participe passé reste au masculin singulier. *Des hurlements ont retenti (pas de COD, pas d'accord).*

FICHE 4

PARTICIPE PASSÉ : ACCORDS PARTICULIERS

Vous vous rappelez les accords du participe passé (voir fiche 3 Participe passé : formation et accord). À cette base s'ajoutent des règles complémentaires concernant des verbes particuliers (verbes impersonnels) ou des verbes qui, selon leur emploi (pronominal ou précédé de « en », etc.), voient leur participe passé s'accorder singulièrement.

1 Les participes passés aux accords particuliers

- Le participe passé des verbes impersonnels (il faut, il neige...) est toujours invariable.
  Les problèmes qu'il y a eu. Les moyens qu'il a fallu.
- Le participe passé suivi d'un infinitif s'accorde si le COD placé avant fait l'action exprimée par l'infinitif. Dans le cas contraire, il est invariable.
  Les enfants que j'ai vus jouer (les enfants jouent). La chanson que j'ai entendu chanter (la chanson ne chante pas).
- Le participe passé demeure invariable lorsqu'il a pour COD le pronom personnel neutre « le » qui équivaut à « cela ».
  L'affaire est plus sérieuse que nous ne l'avions pensé (nous avions pensé cela).
- Si « le » représente un nom déterminé : accord normal.
  Cette victoire, il l'a méritée.
- Le participe passé avec « en » est invariable uniquement si « en » est COD.
  Des fraises, j'en ai mangé !
- Le participe passé « fait » suivi immédiatement d'un infinitif est toujours invariable.
  Elle les a fait chercher.

- Les participes passés « couru », « pesé », « régné », « valu », « vécu », « coûté », « marché », « dormi », « duré », etc. sont invariables au sens propre et varient au sens figuré.
  La somme qu'a coûté cette robe. Que d'ennuis cette affaire m'a coûtés.
- Les participes passés « dû », « cru », « pu », « su », « pensé », « voulu », « permis », « prévu », etc. sont invariables lorsqu'on peut sous-entendre un infinitif ou une proposition COD.
  J'ai amassé toutes les pièces que j'ai pu (sous-entendu : amasser).

2 Les participes passés des verbes pronominaux

- Le participe passé des **verbes essentiellement pronominaux** (s'absenter, s'agenouiller...) s'accorde avec le sujet (sauf « s'arroger » qui s'accorde avec le COD s'il précède le verbe).
  Ils se sont absentés. Elles se sont évanouies. Ils se sont arrogé des droits. Ils se les sont arrogés (ils se sont arrogés quoi ? Des droits, COD placé avant donc accord avec le COD).
- Le participe passé des **verbes pronominaux non réfléchis** (l'action ne se reporte pas sur le sujet) s'accorde avec le sujet. **Sauf** : se rire, se plaire, se déplaire, se complaire...
  Ils se sont aperçus de la présence. Elles se sont jouées de lui. Ils se sont plu.
- Le participe passé des **verbes pronominaux réfléchis** (le sujet fait l'action sur lui-même) et le participe passé des **verbes pronominaux réciproques** (les sujets agissent l'un sur l'autre) s'accordent avec le COD s'il est placé avant : en effet, on remplace l'auxiliaire être par l'auxiliaire avoir.
  Ils se sont lavés (ils ont lavé qui ? se = eux-mêmes). Ils se sont lavé les mains (ils ont lavé quoi ? les mains). Elles se sont nui (elles ont nui à qui ? (COI) à se ≠ elles-mêmes donc pas d'accord).

FICHE 5 LE PLURIEL DES NOMS

Vous retiendrez particulièrement les pluriels particuliers, sources d'hésitation…

1 Le pluriel des noms communs

En général, on forme le pluriel des noms en ajoutant un « s » au singulier.

Un chat – des chats ; un parc – des parcs.

- Les **noms en « au », « eau », « eu »** prennent un « x » au pluriel (*seau – seaux*) **sauf** : landau, sarrau, bleu, émeu, lieu, pneu qui prennent un « s » ; *lieu (poisson) – lieus ; bleu – bleus.*
- Les **noms en « ou »** prennent un « s » au pluriel (*fou – fous ; clou – clous*) **sauf** : bijou, caillou, chou, genou, hibou, joujou, pou qui prennent un « x » ; *bijou – bijoux ; chou – choux ; pou – poux.*
- Les **noms en « ail »** prennent un « s » au pluriel (*chandail – chandails*) **sauf** : bail, corail, émail, soupirail, travail, vantail, vitrail, pour qui « ail » devient « aux » ; *émail – émaux ; vantail – vantaux.*
- Les **noms en « al »** font leur pluriel en « aux » (*journal – journaux*) **sauf** : bal, aval, bancal, carnaval, chacal, festival, récital, régal qui prennent un « s » ; *bal – bals.*
- Les **noms terminés par -s, -x, -z** sont invariables : *des nez – des gaz – des lis (ou lys).*

2 Des cas particuliers

- Les noms de nombres ou de quantités (nombres fractionnaires) prennent le « s » du pluriel.
  Des centaines – des milliers ; trois quarts ; cinq centièmes.
- Les mots invariables employés comme noms restent invariables.
  Les oui, les pourquoi.
- Les noms des notes de musique sont invariables.
  Des « fa » dièse.
- Certains noms communs ne sont employés qu'au pluriel : *gens, arrhes, abats, décombres, condoléances, appas, funérailles, semailles…*
- Les noms propres et les noms de marques sont invariables s'ils comportent un article singulier et s'ils désignent les personnes elles-mêmes.
  Les Dupont ; les Citroën ; les La Fontaine.
- Certains noms communs ont un double pluriel. Ils ont parfois des sens différents.
  Les aïeuls = les grands-parents. Les aïeux = les ancêtres.

3 Le pluriel des noms d'origine étrangère

- Les **mots étrangers francisés** (d'usage courant) prennent la marque du pluriel en « s ».
  Des agendas – des référendums.
- Les **mots italiens** font généralement leur pluriel en « i », mais le « s » est admis.
  Un soprano – des soprani ou des sopranos.
- Les **mots anglais terminés en « man »** deviennent « men ».
  Un tennisman – des tennismen.
- Les **mots anglais terminés en « y »** deviennent « ies ».
  Une lady – des ladies.

FICHE 6 LES ADJECTIFS QUALIFICATIFS

Attention à l'accord de l'adjectif selon le sens (conjonction ou disjonction ?) et aux cas particuliers (mi, semi, demi...).

1 Le féminin des adjectifs qualificatifs

En général, on obtient le féminin d'un adjectif en ajoutant un « e » à la lettre finale ; *loyal, loyale ; clair, claire*.

Quelques terminaisons particulières :

- « -eux » fait « -euse » (sauf vieux) : *heureux/euse* ;
- « -eil » fait « -eille » : *vermeil/lle* ;
- « -et » fait « -ette » (parfois -ète) : *muet/muette ; discret/discrète* ;
- « -ot » fait « -ote », « -otte » : *dévot/ote ; pâlot/otte* ;
- « -eur » fait « -euse » (parfois « -eresse ») : *frondeur/frondeuse ; vengeur/vengeresse* ;
- « -oux » fait « -ouse », « -ouce », « -ousse » : *doux/douce ; roux/rousse*.

Certains adjectifs ont un féminin irrégulier : *coi/coite ; favori/favorite*.

2 L'accord et le pluriel des adjectifs qualificatifs

En général, on forme le pluriel en ajoutant un « s » : *petit/petits ; dur/durs*.

- L'adjectif s'accorde avec le dernier nom, quand les noms ont un rapport (équivalence) de sens : synonyme, gradation.
Elle était d'une bêtise, d'une stupidité remarquable.
- Avec « ou », il y a accord s'il existe une idée de conjonction (addition). Il n'y a pas d'accord s'il existe une idée de disjonction : un seul nom concerne l'adjectif.
On recherche un homme ou une femme mariés. Autour de lui, certitude ou illusion tenace.

3 Les cas particuliers

- « **Mi** » et « **semi** » sont toujours invariables. *Des semi-remorques.*
- Dans certains cas, l'accord varie selon la place de l'adjectif :
- « **Nu** » précédant « tête », « jambes », « pieds » est invariable. Placé après, « nu » s'accorde.
Elle allait nu-tête – elle allait tête nue ;
- « **Demi** » précédant un nom est invariable. Placé après le nom, « demi » s'accorde en genre uniquement.
Toutes les demi-heures. Deux heures et demie ;
- « **Excepté** », « **passé** », « **attendu** », « **vu** », « **approuvé** », « **ci-inclus** », « **ci-joint** », placés devant le nom, sont invariables ; placés après le nom, ils varient.
Vu la copie – la copie vue ; ci-joint la facture – la facture ci-jointe.
- « **Gens** » :
- si le nom « gens » est précédé d'un adjectif qualificatif dont le masculin est terminé par un « e », il est masculin.
Tous ces braves gens !
- si le nom « gens » est précédé d'un adjectif qualificatif dont le féminin est différent du masculin, il est féminin.
Quelles bonnes gens !
- dans tous les cas, les adjectifs placés après le nom « gens » se mettent au masculin.
Toutes ces bonnes gens sont bien portants et bien vêtus.

FICHE 7

LES ADVERBES

L'adverbe est un mot invariable qui modifie le sens d'un verbe, d'un adjectif ou d'un autre adverbe. L'adjectif, variable, se rapporte à un nom.

1 La confusion entre adjectif et adverbe

Pour faire la différence entre l'adverbe et l'adjectif, mettez la phrase au féminin.

Ces gâteaux semblent bons → ces tartes semblent bonnes.

ATTENTION

Certains adjectifs peuvent être employés comme adverbes et sont donc, dans ce cas, invariables. Ce sont, par exemple : bon, cher, dru, faux, fort, dur, net, franc, juste, haut, court, sec, lourd…

Ces hommes sentent bon → ces femmes sentent bon.

S'emparer de n'importe quel mot pour en faire un adverbe est une négligence de langage dont la publicité se rend souvent coupable.
Achetez malin ! Vivez sport !

2 La formation des adverbes

Le français ne connaît qu'un suffixe d'adverbes : -ment. *Posément, stupidement…*

En général, les adverbes en -ment se forment en ajoutant le suffixe -ment au féminin de l'adjectif. *Sot – sotte – sottement. Net – nette – nettement.*

- Remarquez cependant : gentil – gentiment ; impuni – impunément ; journalier – journellement ; traître – traîtreusement…
- Les **adverbes qui dérivent d'adjectifs terminés par « ai », « é », « i », « u »** se forment sur le masculin de l'adjectif.
  Vrai – vraiment. Aisé – aisément. On écrit « gaiement » et non plus « gaîment » comme autrefois.
- On met un **accent circonflexe sur le « u »** pour les adverbes suivants : *assidûment, congrûment, continûment, crûment, dûment, goulûment, incongrûment, indûment.*
- Les **adjectifs en -ant** forment des adverbes en -amment.
  Puissant – puissamment.
- Les **adjectifs en -ent** forment des adverbes en -emment (*évident – évidemment*) sauf : lent – lentement ; présent – *présentement ; véhément – véhémentement.*
- Certains adverbes ne proviennent pas d'adjectifs en -ant ou en -ent.
  Notamment, nuitamment, précipitamment, sciemment.

FICHE 8

HOMONYMES, HOMOPHONES, HOMOGRAPHES

Les homonymes sont des mots qui ont le même son (homophone) mais pas la même orthographe. Ils sont sources de nombreuses erreurs orthographiques. Appliquez les solutions de remplacement proposées.

1 Reconnaître les homonymes

Homonyme	Mot équivalent	Exemples
ça sa çà (ne se rencontre que dans la locution : « çà et là »)	cela la sienne – ses	*Ça va mal = cela va mal* *Il a repassé sa chemise (la sienne)*
se – s' ce – c' ce	me – te – m' – t' cela	*Il se voit (je me vois, tu te vois)* *C'est = cela est ; ce fut = cela fut* *Devant un autre mot qu'un verbe : ce qui… ce garçon*
ces ses c'est s'est	ce – cet – cette les siens – son – sa cela est me suis	*J'ai acheté ces fleurs (cette fleur)* *Il aime ses enfants = les siens* *C'est vrai que… = cela est* *Il s'est levé (je me suis levé)*
davantage d'avantage	plus de profit	*J'en veux davantage = plus* *Il y a plus d'avantage(s) = de profit [à faire cela]*
ni n'y	pas – non plus que ne… ici ne… à cela	*Je n'aime ni les choux ni les tomates (pas… non plus que)* *Je n'y crois plus = je ne crois plus à cela*
on ont	il, quelqu'un avaient	*On est là = quelqu'un est là – il est là* *Ces gens ont raison (avaient raison)*

Homonyme	Mot équivalent	Exemples
or hors	cependant hors de	*Or, il arriva que = cependant, il…* *Il est hors la loi = hors de la loi*
parce que par ce que	car par cela que	*Il mange parce qu'il a faim = car il a faim* *Je suis étonné par ce que j'entends (par cela que)*
quand quant (à) qu'en	lorsque en ce qui concerne que… de cela	*Quand il arriva = lorsqu'il arriva* *Quant à vous = en ce qui vous concerne* *Je ne sais qu'en dire = que dire de cela*
sans s'en c'en	pas de se… de cela cela en	*Un jour sans soleil (pas de soleil)* *Il s'en rend compte = il se rend compte de cela* *C'en est trop ! = cela en est trop*
si s'y ci	en supposant, tellement se… ici – se… à cela ici – ceci	*Il était si content = tellement content* *Qui s'y frotte s'y pique = Qui se frotte ici se pique à cela* *Ci-gît = ici gît*

2 Les accords pièges des homophones et homographes

Certains mots, bien qu'ils se prononcent de la même manière (homophones) et s'écrivent de la même manière (homographes), ne s'orthographient pas de façon identique : tout dépend de leur nature grammaticale. Apprenez à les reconnaître.

- « **Aucun**(e) » s'emploie au singulier mais aussi au pluriel avec des mots qui n'existent qu'au pluriel. *Aucun repos, aucune issue, aucuns frais.*
- « **Chaque** » impose toujours le singulier. *Chaque femme riait.* De même, « chacun(e) » est toujours au singulier. *Chacune d'elles ment.*
- L'adjectif qui suit « des plus » « des moins » « des mieux » :
  - se met au pluriel lorsqu'il se rapporte à un nom. *C'est un homme des plus riches* ;
  - se met au singulier lorsqu'il se rapporte à un verbe, à un pronom neutre. *Se moquer est des plus facile. Cela est des plus étonnant.*
- « **D'égal à égal** » est une expression invariable. *Avec elle, soyez d'égal à égal.*
- « **Sans égal** » s'accorde avec le mot auquel « égal » se rapporte mais reste invariable au masculin pluriel. *Une joie sans égale. Des maris sans égal.*
- « **Leur** » placé juste avant le verbe est invariable. *Nous leur parlons.*
- « **Leur (leurs)** » s'accorde quand il est employé en tant qu'adjectif possessif ; mettez la phrase au singulier : l'adjectif devient « son », « sa », « ses ». *J'aime les*

forêts (la forêt) : leurs (ses) couleurs, leur (son) charme. Si chacun des possesseurs ne possède qu'un seul objet, il y a tolérance : accordez selon votre sentiment. *Elles sortent avec leur(s) mari(s).*

- « **Même** » est
- – variable :
  - – quand il est employé avec l'article, il précède immédiatement un nom. *Les mêmes causes,*
  - – quand il est placé après un pronom personnel. *Elles-mêmes ; eux-mêmes* ;
- – invariable :
  - – quand il a le sens de « aussi », « également », « de plus ». *Les esclaves même étaient partis,*
  - – avec les pronoms personnels pluriels de politesse. *« Nous-même pensons », dit le roi.*
- « **Quelque** » est :
- – singulier au sens de : « un peu de... », « un(e) quelconque... », « environ », « si ». Le sens est vague, imprécis. *Quelque catastrophe l'aura retardé (une quelconque)* ;
- – pluriel au sens de « plusieurs » ou quand, employé sans nom après un nombre, il signifie « quelques-uns ». *J'ai quelques cerises. Nous étions trente et quelques.*
- « **Tout** » est :
- – invariable lorsqu'il signifie « tout à fait », « entièrement » (*ce sont des livres tout neufs*) sauf devant un adjectif féminin commençant par une consonne ou un « h » aspiré. *Elle était tout étonnée, toute surprise, toute honteuse* ;
- – variable lorsqu'il se rapporte à un pronom pluriel ou à un nom qu'un déterminant (article, adjectif) met au pluriel. *Tous (les, mes, tes, ses, ces, nos, vos...) enfants...*

FICHE 9

PRÉSENT OU IMPARFAIT DE L'INDICATIF ?

Le présent de l'indicatif est le temps qui comporte le plus de cas particuliers. Pour ne pas confondre présent et imparfait de l'indicatif, observez le temps employé.

1 Le présent de l'indicatif

- Pour trouver la terminaison au présent, il faut **chercher le groupe** : *je lis (lire) – je lie (lier)* :
- terminaisons des verbes du **1er groupe** (infinitif en -er) + cueillir, ouvrir, offrir, souffrir : -e, -es, -e, -ons, -ez, -ent.
Je parle, tu cueilles, il ouvre… ils souffrent ;
- terminaisons des verbes du **2e groupe** (infinitif en -ir et participe présent en -issant) : -is, -is, -it, -issons, -issez, -issent.
Il finit ;
- terminaisons des verbes du **3e groupe** (tous les autres verbes) : -s, -s, -t ou -d, -ons, -ez, -ent (-nt).
Je prends, tu entends, elle confond.
- Les **verbes en « cer »** prennent un « c » cédille devant « a » et « o ».
Nous plaçons.
- Les **verbes en « ger »** prennent un « e » après le « g » devant « a » et « o ».
Nous mangeons.
- Les **verbes en « guer »** conservent le « u » même devant « a » et « o ».
Nous naviguons.
- Les **verbes en « eler » et « eter »** prennent la double consonne, lorsque le « e » prend le son « è » dans la conjugaison. **Sauf** : celer, ciseler, geler (et ses dérivés), démanteler, écarteler, harceler, marteler…
Je jette – nous jetons. Tu appelles – nous appelons. Il achète – nous achetons. Je gèle – nous gelons.
- Les **verbes en « yer »** changent le « y » en « i » devant un « e » muet.
Tu essuies – nous essuyons.

- Les **verbes en « dre »** gardent le « d », **sauf** les verbes en « indre » et « soudre », dont les terminaisons au singulier sont : -s, -s, -t.
  Tu prends, je joins, tu feins, il résout.
- Les **verbes en « tre »** perdent un « t » au singulier.
  Je bats – tu parais.
- Les **verbes en « tir »** (sauf vêtir) perdent la consonne « t » aux deux premières personnes du singulier.
  Je mens – tu mens. Je consens – tu consens.
- À la forme interrogative, la 1re personne du singulier des verbes en « er » prend l'accent aigu sur le « e » final.
  Je place – placé-je ? Je cède – cédé-je ?
- Les verbes **pouvoir, vouloir, valoir** se terminent par : -x, -x, -t aux trois personnes du singulier.
  Je peux ; tu veux ; il vaut.

2 Présent ou imparfait de l'indicatif ?

Pour ne pas confondre, aux deux premières personnes du pluriel, le présent des verbes en « yer », « ier », « iller », « gner » avec l'imparfait, il faut penser à la personne correspondante au singulier.

Nous payons (je paye). Nous payions (je payais). Vous triez (tu tries). Vous triiez (tu triais).

FICHE 10 INDICATIF, IMPÉRATIF OU SUBJONCTIF ?

L'objectif de cette fiche est d'apprendre à choisir le bon mode : pour cela, observez le sens de l'action du verbe conjugué. Et apprenez les conjugaisons.

1 L'impératif

L'impératif n'a que deux temps : le présent et le passé. L'impératif ne se conjugue qu'à trois personnes. Le sujet n'est jamais exprimé.

A| Au présent

- Au présent, les terminaisons du 1er groupe sont : -e, -ons, -ez.
  Chante – chantons – chantez.
- Les verbes du 3e groupe : ouvrir, cueillir (et dérivés), couvrir (et dérivés), assaillir, tressaillir, offrir, défaillir, prennent un « e » au singulier du présent comme les verbes du 1er groupe.
  Ouvre – cueille – couvre. Assaillons – offrons. Défaillez – tressaillez.
- Au présent, les terminaisons des verbes du 2e groupe sont : -is, -issons, -issez.
  Finis – finissons – finissez.
- Au présent, les terminaisons des verbes du 3e groupe sont : -s, -ons, -ez.
  Cours – courons – courez.
- On met un « s » aux verbes du 1er groupe devant « en » et « y ».
  Places-y. Trouves-en.

B| Au passé

- L'impératif passé est formé de l'auxiliaire avoir ou être et du participe passé du verbe choisi.
  Aie mangé. Sois allé.

C| Présent de l'indicatif ou de l'impératif ?

- Pour faire la différence entre les présents de l'impératif et de l'indicatif (-e ou -es ?), le présent de l'indicatif peut se remplacer par un autre temps de l'indicatif.
  Tu manges (tu mangeais). Range ! (on ne peut pas mettre le verbe à un temps de l'indicatif)

À SAVOIR
- Auxiliaire avoir : aie, ayons, ayez.
- Auxiliaire être : sois, soyons, soyez.

2 Le subjonctif présent

A| Les terminaisons

- Les terminaisons sont les mêmes pour les verbes des 1er et 3e groupes : e, -es, -e, -ions, -iez, -ent.
  Que je croie – que tu voies – qu'elle chante – que nous terminions – que vous preniez – qu'ils viennent.
- Pour le 2e groupe : -isse, -isses, -isse, -issions, -issiez, -issent.
  Que je finisse. Que nous réagissions.

B| Présent de l'indicatif ou du subjonctif ?

- L'indicatif présente l'action comme réelle, certaine. *Je te crois (indicatif, certain).* Le subjonctif présente l'action comme simplement envisagée dans la pensée, incertaine.
  Imaginons que je te croie (subjonctif, supposition).
- Pour faire la différence entre les présents de l'indicatif et du subjonctif, remplacez le verbe par un autre dont les formes du présent sont différentes à l'oreille : *fait → fasse ; vient → vienne…*
  Il veut que je coure le cent mètres → […] que je fasse.

FICHE 11 FUTUR OU CONDITIONNEL PRÉSENT ?

Savoir différencier le futur simple du conditionnel permet de ne pas commettre la faute du « s » final.

1 Les terminaisons du futur et du conditionnel

- Futur simple : -rai, -ras, -ra, -rons, -rez, -ront.
- Conditionnel présent : -rais, -rais, -rait, -rions, -riez, -raient.
- Particularités : les verbes des 1er et 2e groupes conservent l'infinitif en entier au futur et au conditionnel présent.
  Je jouerai (futur) ; tu crierais (conditionnel).
- Les verbes acquérir, courir (et leurs dérivés), envoyer, mourir, pouvoir, voir, prennent deux « r » au futur et au conditionnel.
  J'acquerrai ; tu pourras (futur) ; tu courrais (attention à ne pas confondre avec « tu courais », imparfait) ; il verrait (conditionnel).

2 Quel temps employer ?

- Le **futur** exprime une **action future dont la réalisation est quasi certaine**.
  Demain, je me marierai.
- Le **conditionnel** exprime une **action incertaine, voire imaginaire**.
  Je me marierais volontiers mais elle ne veut pas.

IMPORTANT

Attention à la concordance des temps dans le cas suivant :

- « si » + verbe au présent puis verbe au futur.
Si je suis là, je parlerai.
- « si » + verbe au passé puis verbe au conditionnel.
Si j'étais là, je parlerais.

- Pour faire la différence entre -rai et -rais, mettez la phrase à la 1re personne du pluriel : rai/rons ; rais/rions.
Je viendrai ; nous viendrons (futur). Je souhaiterais ; nous souhaiterions (conditionnel).

EN SAVOIR PLUS

Vous retrouvez la même distinction entre le passé simple et l'imparfait, mais c'est moins utile au quotidien.

Prononciation :

- dans « je dansais », imparfait, le « ais » se prononce « è » (grave) ;
- dans « je dansai », passé simple, le « ai » se prononce « é » (aigu).

- L'imparfait exprime la durée, une action habituelle qui se répète.
Je dansais tous les samedis.
- Le passé simple traduit en langue soutenue une action complètement achevée et/ou inhabituelle : *Hier, je dansai un rock.*
- On emploie plus fréquemment le passé composé : *Hier, j'ai dansé un rock.*

FICHE 12

LE PLURIEL DES NOMS COMPOSÉS ET AUTRES

Le pluriel des noms composés obéit aux règles ci-dessous.

1 Le pluriel des noms composés

Dans un nom composé au pluriel, seuls le nom et l'adjectif prennent la marque du pluriel (suivant le sens et l'usage) : le verbe, l'adverbe, la préposition sont invariables.

- **Nom + nom** :
  - le second jouant le rôle d'un adjectif : accord pour les deux.
    Des choux-fleurs ;
  - le second jouant le rôle de complément sans préposition exprimée : accord pour le premier.
    Des timbres-poste = des timbres (de la) poste ;
  - le second étant un complément avec préposition : accord pour le premier.
    Des crocs-en-jambe.
- **Nom incomplet + nom** (le premier terminé généralement par « o » ou « i ») : accord du second.
  Des tragi-comédies.
- **Nom + adjectif ou adjectif + nom** : accord pour les deux.
  Des coffres-forts ; des beaux-frères.
- **Adjectif + adjectif** : accord pour les deux.
  Des sourds-muets.
- **Verbe + nom** (le nom étant objet direct). Le verbe s'écrit à la 3e personne du singulier du présent : accord du nom selon le sens.
  Des gratte-ciel ; des porte-bagages.
- **Verbe + nom** (le nom étant objet indirect) ou verbe + adverbe : invariables.
  Des touche-à-tout ; des passe-partout.

2 Le singulier ou le pluriel des tournures négatives

Avec une tournure négative (« sans », « pas de », « plus de », « ni »...) posez la question : « Et s'il y en avait ? ».

Un arbre sans feuilles (s'il y avait des feuilles, il y en aurait plusieurs).

3 Les compléments de nom

- Le complément de nom est singulier quand on ne peut compter.
  Des champs de blé.
- Il est pluriel quand il induit une idée de collection ou de pluralité.
  Un conte pour enfants (que plusieurs enfants peuvent écouter).

4 Les noms abstraits

Les noms abstraits exprimant une idée sont le plus souvent singuliers.

Beaucoup de calme. Trop de bruit.

5 Les compléments d'adjectif et de verbe

Les compléments d'adjectif et de verbe respectent les mêmes accords que le complément de nom.

Ils sont rouges de colère (rendus rouges par la colère).

FICHE 13

LE PLURIEL DES ADJECTIFS

Adjectifs et noms composés s'accordent selon les mêmes principes. Retenez que seuls « vingt » et « cent » peuvent varier. Mémorisez les noms pris comme adjectifs de couleur et variables.

1 Le pluriel des adjectifs composés

Adjectifs composés de...	Accords	Exemples
Adjectif + adjectif	Accord des deux	*Des pommes aigres-douces*
Adverbe + adjectif ou préposition	Accord de l'adjectif seulement	*Des signes avant-coureurs*
Adjectif ayant valeur d'adverbe + adjectif	Accord de l'adjectif seulement	*Une fille nouveau-née*
Adjectif incomplet souvent terminé par « o » ou « i »	Accord de l'adjectif	*Des scènes tragi-comiques*

2 Le pluriel des adjectifs numéraux

Adjectifs composés de...	Accords	Exemples
Adjectifs numéraux cardinaux	Invariables	*Les quatre* *Deux mille* *Trois cent cinquante*
« Vingt » et « cent »	Accord si précédés d'un nombre qui les multiplie et s'ils terminent le nombre	*Deux cents (élèves* *Quatre-vingts (ans) mais...* *(page deux cent, page quatre-vingt ; deux centième, quatre-vingtième)*

Adjectifs composés de...	Accords	Exemples
Adjectifs numéraux ordinaux	Accord en genre et en nombre avec le nom auquel ils se rapportent	*Les premières chaleurs* *Tous les troisièmes*

3 Le pluriel des adjectifs de couleur

Adjectifs composés de...	Accords	Exemples
Un adjectif pour une couleur	Accord	*Des pantalons bleus, rouges*
Deux adjectifs pour une couleur	Pas d'accord	*Des pantalons rouge sombre*
Une couleur désignée par un nom pris adjectivement	Pas d'accord	*Des yeux marron* *Des chemises citron*
Sauf avec « rose », « fauve », « violet », « mauve », « pourpre », « écarlate », « châtain »	Accord	*Des pantalons roses, mauves...*

Mathématiques

FICHE 1 LA PROPORTIONNALITÉ – LES ÉCHELLES

Les grandeurs proportionnelles sont au cœur de notre vie quotidienne : calculs de prix, de vitesses, d'échelles. Elles sont aussi une source presque inépuisable d'exercices et problèmes…

1 Tableau de proportionnalité

Un tableau est un tableau de proportionnalité si les nombres de la deuxième ligne s'obtiennent en multipliant les nombres de la première ligne par un même nombre. Ce nombre est appelé **coefficient de proportionnalité**.

Exemple

Une commune accorde une subvention à certaines associations en appliquant le barème suivant.

Nombre d'adhérents	30	58	112	230
Montant de la subvention (en €)	660	1 276	2 464	5 060

(× 22)

Ce tableau est un tableau de proportionnalité. Le nombre 22 est son coefficient de proportionnalité. Il représente le montant de la subvention accordée pour un adhérent.

Le nombre d'adhérents et le montant de la subvention sont des grandeurs proportionnelles.

2 La proportionnalité et la règle de trois

A | Produits en croix égaux

Dans une égalité de la forme $\frac{a}{b} = \frac{c}{d}$ ($b \neq 0$, $d \neq 0$), les produits en croix sont égaux :

$a \times d = b \times c$.

Si on connaît 3 des 4 nombres précédents, cette propriété permet de calculer le quatrième à l'aide d'une règle de trois.

Exemple

Si $\frac{x}{7} = \frac{24}{3}$, alors $3 \times x = 24 \times 7$; $x = \frac{24 \times 7}{3} = 56$.

B | Règle de trois

Dans un tableau de proportionnalité de 2 lignes et 2 colonnes, les produits en croix sont égaux.

Exemple

Un robinet débite 45 litres en 4 minutes. Calculer le nombre de litres débités en 22 minutes si le débit du robinet reste le même.

Durée (en minutes)	4	22
Nombre de litres	45	x ?

$4 \times x = 45 \times 22$

$x = \frac{45 \times 22}{4}$ (c'est la règle de trois) ; $x = 247{,}5$ litres

3 Proportionnalité ou non ?

Avant d'écrire une règle de trois pour résoudre un problème, il faut s'assurer qu'on est dans une situation de proportionnalité. Pour cela, différentes possibilités :

- l'énoncé indique que les grandeurs sont proportionnelles ;
- on se pose la question : si l'une des grandeurs double, est-ce que l'autre double aussi ? Si la réponse est non, les 2 grandeurs ne sont pas proportionnelles ;

- on regarde si le prix unitaire (ou plus généralement la quantité unitaire) est le même dans tous les cas.

Exemple

Voici les tarifs affichés à une gare de péage d'autoroute : ville A : 65 km, 6 € ; ville B : 115 km, 9,70 € ; ville C : 228 km, 16,32 €.

Peut-on calculer le péage pour une distance de 100 km à partir de ces tarifs ?

On regarde si le prix au km est le même dans les 3 cas pour voir s'il y a proportionnalité entre le prix et la distance parcourue.

$\frac{6}{25} \approx 0{,}092$ € ; $\frac{9{,}70}{115} \approx 0{,}084$ € ; $\frac{16{,}32}{228} \approx 0{,}072$ €.

Le prix au km n'est pas le même. Le péage n'est pas proportionnel à la distance. On ne peut donc pas calculer le péage pour une distance de 100 km à partir des tarifs affichés.

4 L'échelle d'une carte ou d'un plan

Si l'échelle d'un plan est égale à $\frac{1}{r}$, cela signifie que 1 cm sur le plan représente r cm dans la réalité. Lorsqu'un plan est réalisé à l'échelle $\frac{1}{r}$, les dimensions sur le plan sont proportionnelles aux dimensions réelles.

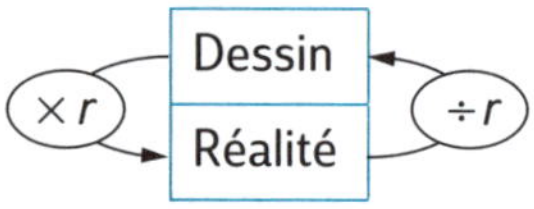

Exemple

Le plan d'une maison est à l'échelle $\frac{1}{80}$. Cela signifie que 1 cm sur le plan représente 80 cm dans la réalité. Les dimensions réelles sont 80 fois plus grandes que les dimensions sur le plan.

La longueur réelle de la maison est 12 m, soit 1 200 cm. Sa longueur sur le plan est : 1 200 ÷ 80 = 15 cm.

La largeur de la maison sur le plan est 10 cm. Sa largeur réelle est $10 \times 80 = 800$ cm = 8 m.

MÉTHODE

Comment écrire une règle de trois ?

Énoncé

Il faut semer 1,2 kg de graines de gazon pour ensemencer une superficie de 30 m^2. La masse de graines est proportionnelle à la superficie du terrain.

a. Quelle masse de gazon faut-il semer sur un terrain de 105 m^2 ?

b. Quelle est la superficie d'un terrain sur lequel on a semé 2 kg de graines ?

Réponse

a. • On schématise l'énoncé :

1,2 kg $\rightarrow$ 30 m^2

? $\rightarrow$ 105 m^2

• On trace la diagonale entre 2 termes connus : 1,2 $\rightarrow$ 30 ; ? $\rightarrow$ 105 (diagonale 1,2 ↔ 105)

• On effectue le produit en diagonale et on divise par le terme restant.

On obtient la règle de trois : $\dfrac{1{,}2 \times 105}{30}$.

• On calcule : $\dfrac{1{,}2 \times 105}{30} = 4{,}2$.

• Il faut 4,2 kg de graines pour ensemencer 105 m^2.

b. • On schématise l'énoncé : 1,2 kg $\rightarrow$ 30 m^2 ; 2 kg $\rightarrow$? (diagonale 2 kg ↔ 30 m^2)

• On écrit la règle de trois et on calcule : $\dfrac{2 \times 30}{1{,}2} = 50$.

• On peut ensemencer 50 m^2 avec 2 kg de graines.

FICHE 2

LES POURCENTAGES

Les pourcentages font partie de notre vie quotidienne : pourcentage de remise au moment des soldes, taux de TVA, taux d'intérêt...

1 Pourcentage d'une quantité

A | Écriture d'un pourcentage

Un pourcentage (ou taux de pourcentage) est une fraction de dénominateur 100 : $p\ \% = \frac{p}{100}$. Le nombre p peut être inférieur ou supérieur à 100.

Un pourcentage s'écrit aussi sous la forme d'un nombre décimal.

C'est l'écriture décimale du pourcentage qui est conseillée dans les calculs.

Exemple

$13\ \% = \frac{13}{100} = 0{,}13$; $145\ \% = \frac{145}{100} = 1{,}45$; $2{,}7\ \% = \frac{2{,}7}{100} = 0{,}027$.

B | Pourcentage direct

Pour appliquer un pourcentage à une quantité, on multiplie cette quantité par le pourcentage.

Exemple

Au mois d'août, un camping accueille 2 650 personnes, dont 18 % de Hollandais. Calculer le nombre de campeurs hollandais.

L'écriture décimale du pourcentage est $\frac{18}{100} = 0{,}18$.

Nombre de campeurs hollandais : $2\,650 \times 0{,}18 = 477$.

C | Pourcentage indirect

Pour calculer une quantité dont on connaît un pourcentage, on divise le nombre donné par le pourcentage.

Exemple

Dans un centre de formation, 24 stagiaires présentent le concours X.

Ces 24 stagiaires représentent 15 % des personnes inscrites dans le centre.

Calculer ce nombre de personnes.

L'écriture décimale du pourcentage est $\frac{15}{100} = 0{,}15$.

Nombre de personnes inscrites dans le centre : $24 \div 0{,}15 = 160$.

2 Le pourcentage de variation

A | Pourcentage d'augmentation

Si une quantité initiale augmente de p %, la quantité finale est les $(100 + p)$ % de la quantité initiale.

Exemple

Un camping a accueilli 2 700 personnes au mois de juillet. Son gérant espère une fréquentation en augmentation de 30 % au mois d'août. Calculer le nombre de personnes espérées en août.

100 % + 30 % = 130 % ou en écriture décimale : $1 + 0{,}30 = 1{,}30$.

Nombre de personnes prévues en août : $2\,700 \times 1{,}30 = 3\,510$.

B | Pourcentage de diminution (ou réduction)

Si une quantité initiale diminue de p %, la quantité finale est les $(100 - p)$ % de la quantité initiale.

Exemple

Entre 2006 et 2016, la ville de C a perdu 7 % de ses habitants. Elle comptait 35 200 habitants en 2006. Calculer le nombre d'habitants en 2016.

100 % – 7 % = 93 % ou en écriture décimale : $1 - 0{,}07 = 0{,}93$.

Nombre d'habitants en 2016 : $35\,200 \times 0{,}93 = 32\,736$.

3 Le prix de vente hors taxe, la TVA et le prix de vente taxe comprise

Un impôt est appliqué sur la consommation des biens et des services. Cet impôt est appelé la taxe sur la valeur ajoutée (TVA). La TVA s'ajoute au prix de vente hors taxe (HT). On obtient le prix de vente taxe comprise :

- montant de la TVA = prix de vente hors taxe × taux de TVA ;
- prix de vente taxe comprise = prix de vente hors taxe + montant de la TVA ;
- prix de vente taxe comprise = prix de vente hors taxe × (1 + taux de TVA).

Le taux de TVA est variable suivant les produits. Il s'applique toujours au prix HT.

Exemples

» Le prix de vente hors taxe d'un article est 870 €. Le taux de TVA est 10 %. Calculer le prix de vente taxe comprise.

Le montant de la TVA est : 870 × 0,10 = 87 €.
Le prix de vente taxe comprise est : 870 + 87 = 957 €.
Autre méthode pour calculer le prix de vente taxe comprise :
870 × (1 + 0,10) = 870 × 1,10 = 957 €.

» Le prix de vente hors taxe d'un article est 1 450 €. Son prix de vente taxe comprise est 1 740 €. Calculer le taux de TVA.

Montant de la TVA : 1 740 – 1 450 = 290 €.
Taux de TVA : $\dfrac{290}{1450} = 0{,}20$, soit un taux de 20 %.

MÉTHODE

Comment calculer une quantité avant diminution ?

Énoncé

Au mois de mars 2016, un magasin a accueilli 4 600 clients. Le responsable constate qu'il a perdu 8 % de sa clientèle depuis mars 2015. Quelle était la fréquentation du magasin en mars 2015 ?

Réponse

- On calcule le coefficient multiplicateur qui permet de passer de la quantité avant diminution à la quantité après diminution : 1 – 0,08 = 0,92
  La situation peut se résumer par le schéma suivant :

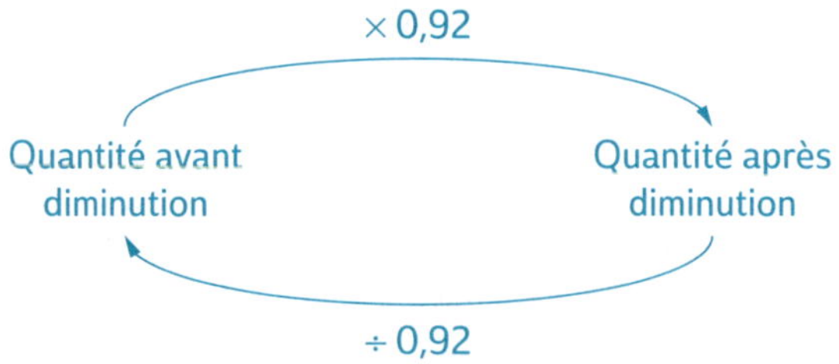

- On divise la quantité après diminution par ce coefficient pour obtenir la quantité avant diminution : 4 600 ÷ 0,92 = 5 000.
  Le nombre de clients en mars 2015 était de 5 000.

FICHE 3 LES DURÉES ET LES VITESSES MOYENNES

Les unités de durée mesurent le temps que dure un événement : « Il m'a fallu 10 minutes pour répondre à cette question. » Le langage courant donne souvent le même sens aux mots temps et durée.

1 Les durées

A | Le système sexagésimal

Nom	Symbole	Correspondance
Seconde	s	
Minute	min	1 min = 60 s
Heure	h	1 h = 60 min = 3 600 s

On utilise également le jour (j). 1 jour = 24 heures.

Exemples

2 h 51 min = (60 × 2) min + 51 min = 120 min + 51 min = 171 min.

4 h 32 min + 1 h 40 min = 5 h 72 min = 6 h 12 min.

4 h 32 min – 1 h 40 min = 3 h 92 min – 1 h 40 min = 2 h 52 min.

B | Le système décimal

Les durées peuvent également s'exprimer en utilisant des nombres décimaux. La partie entière d'une heure décimale est le nombre d'heures. Pour obtenir la partie décimale d'une heure décimale, on divise le nombre de minutes par 60. Inversement, pour obtenir le nombre de minutes, on multiplie la partie décimale par 60.

Exemples

$15 \text{ min} = \frac{15}{60} \text{ h} = 0{,}25 \text{ h}$; $2 \text{ h } 6 \text{ min} = 2 \text{ h} + \frac{6}{60} \text{ h} = 2 \text{ h} + 0{,}1 \text{ h} = 2{,}1 \text{ h}$.

$0{,}15 \text{ h} = (60 \times 0{,}15) \text{ min} = 9 \text{ min}$; $2{,}6 \text{ h} = 2 \text{ h} + (60 \times 0{,}6) \text{ min} = 2 \text{ h } 36 \text{ min}$.

2 Les vitesses moyennes

A | Définition

La vitesse moyenne d'un mobile, c'est-à-dire d'un corps en mouvement, entre 2 points est la distance parcourue pendant une unité de temps. Les unités les plus courantes sont le kilomètre par heure (km/h) et le mètre par seconde (m/s).

B | La relation entre vitesse, distance et durée

Si d est la distance parcourue pendant une durée t par un mobile dont la vitesse moyenne est v, alors on a la relation : $v = \frac{d}{t}$; $\text{vitesse} = \frac{\text{distance}}{\text{durée}}$.

Si d est en km et t en heures, alors v est en km/h.

Exemple

Sur terrain plat, un cycliste parcourt 52 km en 2 heures. Sa vitesse moyenne est :
$v = \frac{52}{2} = 26$ km/h.

Pour une vitesse moyenne donnée, la distance parcourue est proportionnelle à la durée du parcours.

Exemple

À la vitesse moyenne de 16 km/h, la distance parcourue par un mobile en 1 h 30 min est : $d = 16 \times 1{,}5 = 24$ km.

Attention à la cohérence des unités utilisées : si la vitesse est en km/h, la durée doit être en heure : $1 \text{ h } 30 \text{ min} = 1 \text{ h} + 0{,}5 \text{ h} = 1{,}5 \text{ h}$.

La relation $v = \frac{d}{t}$ peut aussi s'écrire : $t = \frac{d}{v}$. Elle permet de calculer la durée en connaissant la distance et la vitesse.

Exemple

Sur autoroute, un automobiliste a parcouru une distance de 270 km à la vitesse moyenne de 120 km/h. Quelle est la durée de son trajet en heures et minutes ?

$t = \frac{d}{v} = \frac{270}{120} = 2{,}25$ h.

$t = 2$ h $+ 0{,}25$ h $= 2$ h $+ (60 \times 0{,}25)$ min $= 2$ h $+ 15$ min $= 2$ h 15 min.

La durée du trajet est 2 h 15 min.

C | La conversion d'unité de vitesse

Pour passer d'une unité de vitesse à une autre :

- on convertit l'unité de longueur dans l'unité demandée ;
- on convertit l'unité de durée dans l'unité demandée ;
- on effectue le quotient des mesures obtenues.

Exemple

Convertir 27 km/h en m/min.

27 km = 27 000 m ; 1 h = 60 min.

27 km/h $= \frac{27\,000 \text{ m}}{60 \text{ min}} = 450$ m/min.

MÉTHODE

Comment calculer une vitesse moyenne ?

Énoncé

Un véhicule roule pendant 3 heures ; il parcourt 182 km les 2 premières heures et 76 km la 3e heure. Calculer sa vitesse moyenne.

Réponse

- On calcule la distance totale : 182 + 76 = 258 km.
- On calcule ou on relève la durée totale du parcours : 3 heures.
- On divise la distance par la durée : $\frac{258}{3} = 86$.

La vitesse moyenne sur l'ensemble du parcours est 86 km/h.

FICHE 4 LES UNITÉS DE MESURE

Les unités de mesure sont utilisées pour exprimer des longueurs, des masses, des aires par exemple.

1 Les unités de longueur

Pour exprimer une longueur, on peut utiliser des multiples et des sous-multiples du **mètre**. Une unité de longueur est égale à 10 fois l'unité immédiatement inférieure.

Pour passer d'une unité à l'autre, on peut utiliser un tableau de conversion dans lequel on place un chiffre par unité de mesure.

Exemples

	km	hm	dam	m	dm	cm	mm	
1	3	5	0	0				
				0,	0	0	8	2
			1,	5				

13,5 km = 13 500 m ; 8,2 mm = 0,0082 m ; 15 m = 1 500 cm = 1,5 dam.

2 Les unités de masse

Pour exprimer une masse, on peut utiliser des multiples et des sous-multiples du **gramme**. Une unité de masse est égale à 10 fois l'unité immédiatement inférieure.

On utilise aussi pour mesurer les masses le **quintal** (q) et la **tonne** (t). 1 q = 100 kg ; 1 t = 1 000 kg ; 1 t = 10 q.

Pour passer d'une unité à l'autre, on peut utiliser un tableau de conversion dans lequel on place un chiffre par unité de mesure.

Exemples

t	q		kg	hg	dag	g	dg	cg	mg
				0	0	8	6		
						0,	0	1	3
	0	7	8						

0,086 hg = 86 dg ; 13 mg = 0,013 g ; 0,78 q = 78 kg.

3 Les unités d'aire

Pour exprimer une aire, on peut utiliser des multiples et des sous-multiples du **mètre carré**. Une unité d'aire est égale à 100 fois l'unité immédiatement inférieure.

Pour passer d'une unité à l'autre, on peut utiliser un tableau de conversion dans lequel on place 2 chiffres par unité de mesure.

Exemples

km^2		hm^2		dam^2		m^2		dm^2		cm^2		mm^2	
	2	3	0	0	0								
									0,	0	9		
					0,	2	4	1					

2,3 km^2 = 23 000 dam^2 ; 9 cm^2 = 0,09 dm^2 ; 24,1 m^2 = 0,241 dam^2 = 2 410 dm^2.

Pour exprimer l'aire de terrains, on utilise parfois les **unités agraires**.

Nom	Symbole	Correspondance
Hectare	ha	1 ha = 1 hm^2 = 10 000 m^2
Are	a	1a = 1 dam^2 = 100 m^2
Centiare	ca	1 ca = 1 m^2

1 ha = 100 a ; 1 a = 100 ca

Exemples

72,5 ha = 725 000 m^2 ;
0,4 a = 40 m^2 ;
3 215 m^2 = 32,15 a = 0,3215 ha.

4 Les unités de volume et de capacité

A | Les unités de volume

Pour exprimer un volume, on peut utiliser des multiples et des sous-multiples du **mètre cube**. Une unité de volume est égale à 1 000 fois l'unité immédiatement inférieure.

Pour passer d'une unité à l'autre, on peut utiliser un tableau de conversion dans lequel on place 3 chiffres par unité de mesure.

Exemples

km^3			hm^3			dam^3			m^3			dm^3			cm^3			mm^3		
											7	1	0	0						
																	0,	0	1	2
								5	0	0	0									

7,1 m^3 = 7 100 dm^3 ; 12 mm^3 = 0,012 cm^3 ; 5 dam^3 = 5 000 m^3.

B | Les unités de capacité

Le **litre**, ses multiples et sous-multiples sont d'autres unités de volume appelées aussi unités de capacité.

Le kilolitre n'est pas une unité usuelle.

Une unité de capacité est égale à 10 fois l'unité immédiatement inférieure.

Exemples

hL	daL	L	dL	cL	mL
0	1	5			
		0,	0	8	
		0	2	7	0

0,15 hL = 15 L ; 8 cL = 0,08 L ; 0,27 L = 270 mL.

C | La correspondance volumes/capacités

Pour convertir les unités de volume en unités de capacité (ou inversement), on utilise l'égalité : **1 litre = 1 dm³**. On obtient ainsi le tableau de correspondance suivant :

m^3	dm^3			cm^3			mm^3
	hL	daL	L	dL	cL	mL	

Exemples

- 25 cL = 0,25 dm^3 ; 3 cm^3 = 3 mL ; 0,4 L = 400 cm^3.

Comment convertir une unité de volume en unité de capacité ?

Énoncé

Exprimer 32,7 cm^3 en cL.

Réponse

- On repère le chiffre des unités : 2 (c'est le chiffre immédiatement à gauche de la virgule). On place ce chiffre dans la colonne de droite de l'unité de mesure donnée : cm^3.

m^3			dm^3			cm^3			mm^3		
			hL	daL	L	dL	cL	mL			
							3	2	7		

- On place les autres chiffres : 3 dans la colonne à gauche de 2 et 7 dans la colonne à droite de 2.
- On met la virgule à droite du chiffre des cL puisque la réponse est demandée en cL. 32,7 cm^3 = 3,27 cL

FICHE 5 LES PÉRIMÈTRES ET LES AIRES

Le périmètre d'une figure plane est la longueur de son contour. L'aire d'une figure plane est la mesure de cette surface. Le périmètre et l'aire des figures les plus courantes se calculent à l'aide de formules qu'il est utile de mémoriser.
On désigne par P le périmètre et par A l'aire d'une figure plane dans les formules suivantes.

1 Cercle

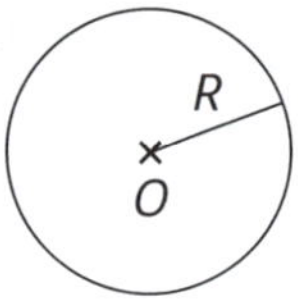

$P = 2\pi R$

$A = \pi R^2$

$(\pi \approx 3{,}14)$

Exemple

On donne : $R = 2{,}1$ cm.
La longueur du cercle (ou la circonférence) est : $2 \times \pi \times 2{,}1 \approx 13{,}2$ cm.
L'aire du disque est : $\pi \times 2{,}1^2 \approx 14$ cm^2.

2 Triangle

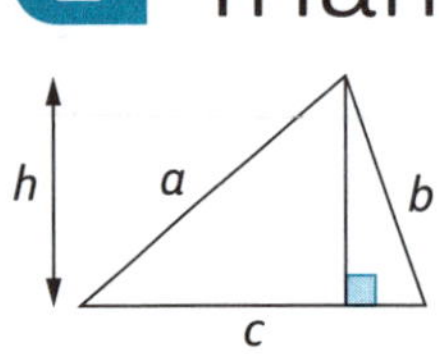

$P = a + b + c$

$A = \dfrac{c \times h}{2}$

Exemple

On donne : $a = 4{,}1$ cm ; $b = 2{,}8$ cm ; $c = 4$ cm ; $h = 2{,}7$ cm.

$P = 4{,}1 + 2{,}8 + 4 = 10{,}9$ cm.

$A = \dfrac{4 \times 2{,}7}{2} = 5{,}4\ \text{cm}^2$.

3 Trapèze

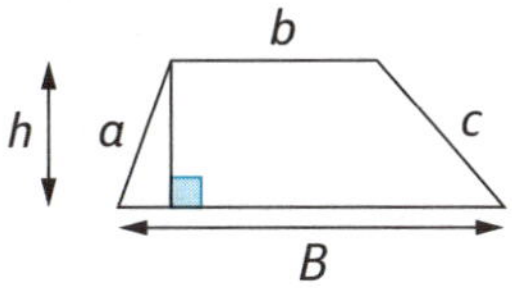

$P = a + b + c + B$

$A = \dfrac{(B+b)h}{2}$

Exemple

On donne : $a = 1{,}8$ cm ; $b = 2{,}5$ cm ; $c = 2{,}5$ cm ; $B = 5{,}2$ cm ; $h = 1{,}6$ cm.

$P = 1{,}8 + 2{,}5 + 2{,}5 + 5{,}2 = 12$ cm.

$A = \dfrac{(5{,}2+2{,}5) \times 1{,}6}{2} = 6{,}16\ \text{cm}^2$.

4 Parallélogramme

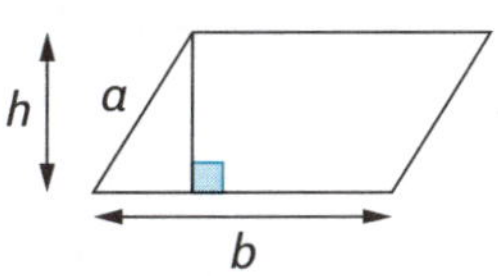

$P = 2(a + b)$

$A = b \times h$

Exemple

On donne : $a = 4$ cm ; $b = 6$ cm et $h = 3{,}7$ cm.

$P = 2(4 + 6) = 20$ cm.

$A = 6 \times 3{,}7 = 22{,}2\ \text{cm}^2$.

5 Rectangle

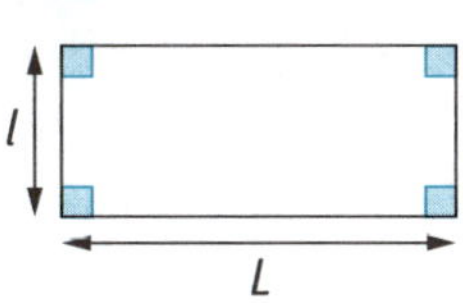

$P = 2(L + l)$

$A = L \times l$

Exemple

On donne : $L = 5$ cm ; $l = 2{,}8$ cm.

$P = 2(5 + 2{,}8) = 15{,}6$ cm.

$A = 5 \times 2{,}8 = 14\ \text{cm}^2$.

6 Losange

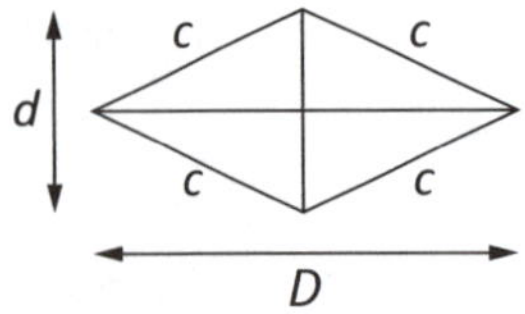

$P = 4c$

$A = \dfrac{D \times d}{2}$

Exemple

On donne : $c = 1{,}5$ cm ; $d = 1{,}8$ cm et $D = 2{,}4$ cm.
$P = 1{,}5 \times 4 = 6$ cm.
$A = \dfrac{2{,}4 \times 1{,}8}{2} = 2{,}16$ cm^2.

7 Carré

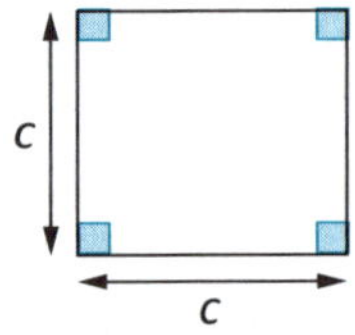

$P = 4c$

$A = c^2$

Exemple

On donne : $c = 2{,}5$ cm.
$P = 2{,}5 \times 4 = 10$ cm.
$A = 2{,}5^2 = 6{,}25$ cm^2.

MÉTHODE

Comment utiliser une formule d'aire ?

Énoncé

L'aire d'un disque est égale à 63 cm^2. Calculer la mesure de son rayon. Arrondir au mm.

Réponse

- On rappelle la formule de l'aire A d'un disque en fonction de son rayon R : $A = \pi R^2$.
- On remplace A par sa valeur dans cette formule : $63 = \pi \times R^2$.
- On calcule R^2 : on a $R^2 = \dfrac{63}{\pi} \approx 20{,}054$ cm^2 (valeur arrondie au millième).
- On calcule la racine carrée du résultat : $R = \sqrt{20{,}054}$ cm $\approx 4{,}5$ cm (valeur arrondie au mm).

Le rayon du disque est 4,5 cm.

FICHE 6

LES VOLUMES ET LA MASSE VOLUMIQUE

Le volume des solides usuels se calcule à l'aide de formules qu'il est conseillé de mémoriser.

On désigne par $\mathcal{V}$ le volume d'un solide dans les formules du cours.

1 Cube

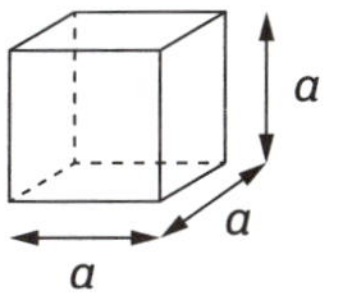

$\mathcal{V} = a^3$

Exemple

Le volume d'un cube dont l'arête mesure 1,5 cm est : $\mathcal{V} = 1{,}5^3 = 3{,}375$ cm^3.

2 Parallélépipède rectangle (ou pavé droit)

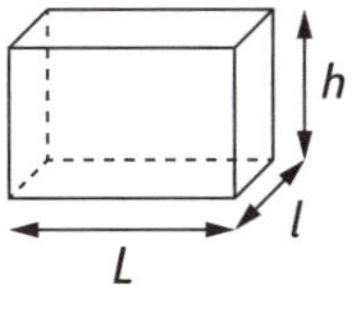

$\mathcal{V} = L \times l \times h$

Exemple

Le volume d'un parallélépipède rectangle dont les dimensions sont 5 cm, 4 cm et 3 cm est : $\mathcal{V} = 5 \times 4 \times 3 = 60$ cm^3.

3 Prisme droit

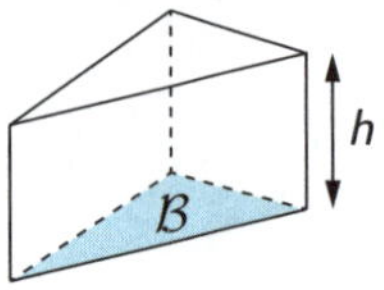

$\mathcal{B}$ est l'aire de la base du prisme.

$\mathcal{V} = \mathcal{B} \times h$

Exemple

Le volume d'un prisme droit de hauteur 3 cm et dont la base est un triangle rectangle de côtés 5 cm et 4 cm (côtés de l'angle droit) est : $\mathcal{V} = \dfrac{5 \times 4}{2} \times 3 = 30 \text{ cm}^3$.

4 Pyramide

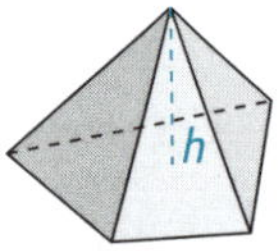

$\mathcal{B}$ est l'aire de la base.

$\mathcal{V} = \dfrac{1}{3} \times \mathcal{B} \times h$

Exemple

Le volume d'une pyramide dont la base est un carré de côté 7 m et de hauteur 9 m est : $\mathcal{V} = \dfrac{1}{3} \times 7^2 \times 9 = 147 \text{ m}^3$.

5 Cylindre de révolution

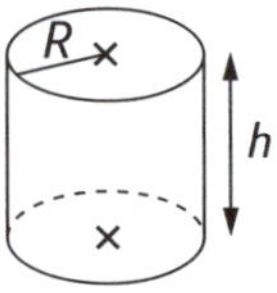

$\mathcal{V} = \pi R^2 \times h$

Exemple

Le volume d'un cylindre de rayon 5 cm et de hauteur 2 cm est :
$\mathcal{V} = \pi \times 5^2 \times 2 \approx 157 \text{ cm}^3$ (valeur arrondie à l'unité).

6 Cône de révolution

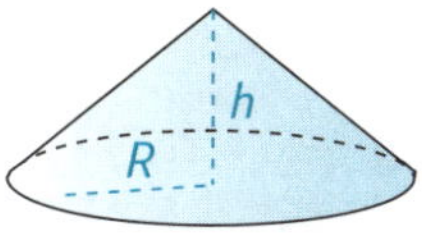

$$\mathcal{V} = \frac{1}{3} \times \pi R^2 \times h$$

Exemple

Le volume d'un cône de révolution dont le rayon de la base mesure 14 mm et la hauteur 6 mm est : $\mathcal{V} = \frac{1}{3} \times \pi \times 14^2 \times 6 \approx 1\,232$ mm^3.

7 Sphère

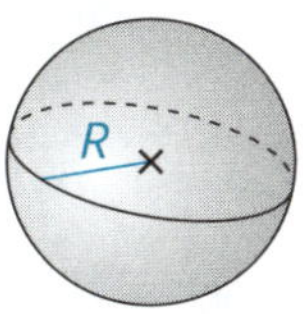

$$\mathcal{V} = \frac{4}{3} \pi R^3$$

Exemple

Le volume d'une boule de rayon 1,2 cm est : $\mathcal{V} = \frac{4}{3} \times \pi \times 1{,}2^3 \approx 7{,}2$ cm^3.

8 Masse volumique

La masse volumique d'un corps est la masse par unité de volume de ce corps. La masse volumique s'exprime en général en g/cm^3 ou en kg/dm^3.

Exemple

La masse volumique du cuivre est de 8,9 kg/dm^3. Cela signifie que 1 dm^3 de cuivre a une masse de 8,9 kg.

MÉTHODE

Comment calculer le volume d'un objet composé de plusieurs solides ?

Énoncé

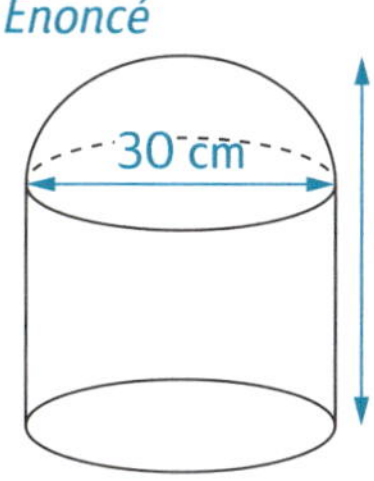

Une entreprise doit construire des plots en béton à installer au bord des trottoirs. Ces plots sont formés d'un cylindre de révolution surmonté d'une demi-boule de même diamètre. Le diamètre du cylindre est 30 cm. La hauteur totale du plot est 55 cm. Calculer, en cm^3, le volume de béton nécessaire à la construction de ce plot. Arrondir à l'unité.

Réponse

Calculez le volume de chacun des solides qui compose l'objet, puis faites leur somme.

- On calcule le rayon du cylindre et de la demi-boule : rayon = $30 \div 2 = 15$ cm.
- On calcule la hauteur du cylindre : hauteur = $55 - 15 = 40$ cm.
- On calcule le volume V_1 du cylindre : $V_1 = \pi \times 15^2 \times 40 \approx 28\,274{,}3$ cm^3.
- On calcule le volume V_2 de la demi-boule : $V_2 = \frac{1}{2} \times \frac{4}{3} \times \pi \times 15^3 \approx$ $7\,068{,}6$ cm^3.
- On calcule le volume du plot : $V = V_1 + V_2 = 28\,274{,}3 + 7\,068{,}6 =$ $35\,342{,}9$ cm^3.

Connaissances professionnelles

FICHE 1 LES OPÉRATIONS DIVERSES

Les opérations diverses constituent l'une des missions réglementaires des sapeurs-pompiers en France. En 2015, les sapeurs-pompiers ont effectué plus de 4 453 300 interventions. Le sapeur-pompier intervenant doit connaître les risques auxquels il est exposé pendant ces opérations diverses, tout en maîtrisant les règles de sécurité de base.

1 Les définitions et les fondements législatifs

Les dispositions de la **loi n° 2004-811 du 13 août 2004** (dite loi de modernisation de la sécurité civile) précisent que : « La sécurité civile a pour objet la prévention des risques de toute nature, l'information et l'alerte des populations ainsi que la protection des personnes, des biens et de l'environnement contre les accidents, les sinistres et les catastrophes, par la préparation et la mise en œuvre de mesures et de moyens appropriés relevant de l'État, des collectivités territoriales et des autres personnes publiques ou privées. »

Les missions de protection des personnes, des biens et de l'environnement, communément appelées « opérations diverses », sont des interventions qui se distinguent du champ d'application des opérations de secours à personne ou d'extinction des incendies.

Les **opérations diverses** recouvrent les opérations suivantes :

- ouverture de porte/personnes ne répondant pas aux appels ;
- dégagement des personnes des cabines d'ascenseur ;
- risque de chute de matériaux ;
- odeurs et bruits anormaux ;
- assistance aux animaux ;
- destruction d'hyménoptères ;

- dégagement de la voie publique ;
- odeurs ou fuite de gaz ;
- interventions liées à un incident électrique ;
- inondation/fuites d'eau ;
- pollution.

2 Les risques liés aux opérations diverses

Parfois considérées à tort comme des interventions secondaires, les opérations diverses, par leur nature et leur complexité, engendrent de nombreux risques pour les sapeurs-pompiers intervenants.

Nature de l'intervention	Risques
Ouverture de porte/personne ne répondant pas aux appels	Chutes, blessures, coupures, agression
Dégagement des personnes des cabines d'ascenseur	Écrasement, chutes
Risque de chute de matériaux	Chutes, écrasement
Odeurs et bruits anormaux	Asphyxie, explosion
Assistance aux animaux	Griffures, morsures, venins
Destruction d'hyménoptères	Piqûres, allergies
Dégagement de la voie publique	Collision avec un véhicule
Odeurs ou fuite de gaz	Explosion, incendie, asphyxie, brûlures
Intervention liée à un incident électrique	Électrocution, électrisation
Inondation/fuites d'eau	Noyade, électrocution, électrisation
Pollution	Empoisonnement, contamination

3 Les règles de sécurité

Les accidents de travail à l'occasion d'opérations diverses sont particulièrement nombreux chez les soldats du feu.

Malgré le caractère plus ou moins urgent de ces interventions, il convient qu'en toutes circonstances les sapeurs-pompiers respectent scrupuleusement les règles de sécurité et de bon emploi des matériels :

- utilisation des avertisseurs sonores et lumineux ;

- balisage de la zone d'intervention ;
- port des équipements de protection individuelle (EPI) adaptés à l'intervention (casque, gants, protection oculaire, cuissardes...) ;
- port d'un appareil respiratoire isolant (ARI) ;
- utilisation du lot de sauvetage et de protection contre les chutes (LSPCC) pour tout travail en hauteur ;
- port de la tenue de protection contre les guêpes.

4 Les aptitudes nécessaires lors des opérations diverses

Lors des interventions pour opérations diverses, les sapeurs-pompiers doivent faire preuve d'un certain nombre de qualités afin de mener à bien leurs missions :
- capacité d'analyse de la zone d'intervention (afin de déterminer les risques existants) ;
- anticipation de l'évolution de la situation ;
- maîtrise de la mise en œuvre des techniques opérationnelles ;
- connaissance du matériel ;
- sang-froid ;
- bonne condition physique permettant d'opérer dans des conditions difficiles et dangereuses ;
- rigueur et discrétion ;
- capacité à rassurer et renseigner les sinistres.

FICHE 2

LES OPÉRATIONS D'ÉPUISEMENT

Lors des missions de protection des biens et de l'environnement, les interventions pour inondation de locaux (appartements, caves...) sont fréquentes et leurs causes sont multiples : rupture de conduite, négligence, conditions météo, infiltration, vétusté et fonctionnement défectueux, etc. La mission des sapeurs-pompiers se limite à supprimer la cause et à éviter l'aggravation des dommages.

1 La reconnaissance de la situation

La reconnaissance a pour objectifs de :

- **rechercher et déterminer la cause** (par la prise de renseignements auprès du requérant, du gardien ou du voisinage et en se faisant guider au plus près du sinistre) ;
- **supprimer la cause** (fermer un robinet, une vanne ou un contre-barrage, manœuvrer avant ou après compteur un robinet de la colonne de distribution et barrer à la vanne générale si besoin, action effectuée par le service des eaux sur la canalisation générale) ;
- **définir les moyens**.

Une reconnaissance de tous les locaux situés en dessous de la surface inondée s'impose. La reconnaissance doit permettre :

- d'apprécier la nature et le nombre des locaux sinistrés ;
- de décider de couper le courant en cas de risque électrique (penser à demander à EDF) ;
- de quantifier les surfaces (pour les habitations et les entreprises), les volumes (la hauteur et la surface d'eau pour estimer le volume d'eau à épuiser, à calculer en m^3), les niveaux (étages supérieurs et inférieurs) ainsi que les moyens adaptés pour assurer la mission.

2 Le déroulement des opérations

A| Le choix des appareils

Le **choix des appareils d'assèchement** est fonction de la source d'énergie disponible et utilisable (réseau électrique, groupe électrogène, alimentation en eau), de la quantité d'eau contenue dans le local, de la hauteur d'eau à aspirer, de la hauteur géométrique d'aspiration et de la ventilation des locaux.

Il se fait parmi les matériels ci-après : aspirateur, hydro-éjecteur et turbo pompe d'épuisement, MPE électrique ou thermique, MPR ou engin-pompe dans certains grands volumes (uniquement pour les eaux claires).

IMPORTANT

Il faut prêter attention :
- **en infrastructure** : aux transformateurs, chaufferies et machineries d'ascenseur, qu'il faut préserver en cas d'inondation ;
- **sur la voie publique** : aux conséquences que peuvent subir les installations EDF, GDF et les locaux télécom ;
- **sur des structures anciennes** : aux surcharges de planchers (faire une trouée si besoin pour évacuer l'eau stagnante).

Il faut surveiller le niveau de l'eau (si le niveau baisse, évaluer le temps d'intervention ; si le niveau ne baisse pas, rechercher la cause…), les émissions de gaz d'échappement (pour les matériels thermiques) et les établissements.

À chaque retour d'intervention, il faut remettre en état le matériel, vérifier son fonctionnement, le faire sécher et le stocker.

B| Les pompes thermiques

1| Les motopompes d'épuisement (MPE)

Elles sont équipées d'un moteur thermique, d'une pompe et d'un système d'amorçage qui offrent des débits variables (jusqu'à 60 m^3/h) sous une faible pression. Débit : 250 à 750 L/min, sous 3 bars à 5,50 m de dénivelé.

Elles sont mises en œuvre pour des épuisements n'excédant pas 60 m^3/h par motopompe et sont spécialement conçues pour être mises en aspiration directe dans les caves, sous-sol, excavations et locaux inondés.

Elles doivent toujours être placées si possible à l'extérieur, afin d'éviter tout risque d'intoxication par les gaz d'échappement.

2| Les motopompes remorquables (MPR)

Ce sont des engins de lutte contre l'incendie comportant une pompe accouplée à un moteur thermique et munie d'un amorceur.

Elles sont utilisées lors des opérations d'alimentation de lances, pompes et appareils hydrauliques ainsi que lors des opérations d'épuisement d'eau moyennement chargée en grande quantité.

Leur mise en œuvre se fait en aspiration dans une nappe d'eau, en refoulement sur une bouche ou un poteau, ou en relais.

3 | Les motopompes flottantes (MPF)

Elles sont équipées d'un moteur thermique, d'une pompe centrifuge et de flotteurs qui les rendent insubmersibles.

Elles sont utilisées lors des opérations d'alimentation de lances, pompes et appareils hydrauliques ainsi que lors des opérations d'épuisement d'eau, chargée ou non.

Elles offrent un débit pouvant aller jusqu'à 1 450 L/min sous une faible pression.

C | Les pompes hydrauliques

1 | L'hydro-éjecteur

C'est une pompe hydraulique équipée d'un système venturi. L'appareil est immergé dans le volume à épuiser. De l'eau sous pression y est envoyée, par un engin, grâce à un établissement de 45 mm. Un phénomène d'aspiration se produit dans le dispositif « éjecteur » et cette eau « motrice » ainsi que l'eau « aspirée » s'évacuent par une tubulure de refoulement dans un établissement de 70 mm.

Il permet la réalimentation des engins porteurs d'eau par l'intermédiaire de leur propre pompe, ainsi que l'épuisement dans des volumes d'eau limités et le pompage à partir d'une nappe d'eau dans laquelle une mise en aspiration n'est pas possible (éloignement par rapport au stationnement de l'engin-pompe ou trop grand dénivelé).

2 | La turbo-pompe

Elle est constituée d'une turbine hydraulique et d'une pompe dont les roues sont montées sur un même arbre tournant dans un palier à roulement à billes. De l'eau sous pression alimentant la turbine provoque la rotation à grande vitesse (1 800 à 2 000 t/min) de l'arbre et, par conséquent, de la roue de la pompe. Le liquide à évacuer est aspiré et refoulé à l'extérieur de la zone à assécher.

Elle permet l'épuisement d'eau dans les sous-sols, caves et excavations. Dans le cas de fonds sablonneux, il faut maintenir la crépine à 150 mm au moins du fond. Il est important de noter que les deux circuits (turbine et pompe) sont indépendants l'un de l'autre, sans communication ni mélange.

La turbine fonctionne donc avec de l'eau propre de l'engin-pompe, récupérable par retour au réservoir, tandis que la turbopompe peut véhiculer des eaux usées ou tout autre liquide.

3 | La pompe électrique

Elle est simple d'utilisation et de mise en œuvre, mais il faut disposer d'une alimentation électrique (secteur ou groupe électrogène). Son rendement est compris entre 0 et 30 m^3/h pour des hauteurs d'aspiration ne dépassant pas 24 m.

Elle est utilisée pour l'épuisement d'eaux chargées lorsque les moyens à moteur thermique ne peuvent être employés ou que l'éloignement des hydrants ou engins-pompes ne permet pas l'utilisation de moyens hydrauliques.

4 | Les aspirateurs à eau

Ce sont des appareils électriques prévus pour l'aspiration de petits volumes d'eau (50 à 70 L) avec une très faible hauteur d'aspiration.

Il en existe différents modèles de puissance et d'encombrement variables ; ils sont équipés d'une pompe de refoulement.

Leur capacité de cuve varie de 50 à 70 L et leur tension d'utilisation est de 220 volts. Leur rendement est compris entre 0 m^3 et 15 m^3/h pour des hauteurs de refoulement de 8 m maximum et la hauteur d'eau ne doit pas dépasser 5 cm environ.

FICHE 3

LES ANIMAUX

En France, les sorties pour faits d'animaux (hyménoptères inclus) représentent 35 % des interventions diverses, soit plus de 8 % de la totalité des interventions des sapeurs-pompiers.

1 Les animaux en lien avec les sapeurs-pompiers

Les interventions présentent toutes des risques pour la sécurité des intervenants. Les principales natures d'intervention sont les suivantes.

Animaux	Types de risque/d'intervention
Chiens et chats	Agressifs ou blessés, parfois impliqués dans un accident de la circulation
Chevaux	Enlisement, accident de transport
Animaux de la faune sauvage	Animal en divagation ou blessé suite à un accident de la circulation
Nouveaux animaux de compagnie	Divagation d'animal exotique
Rapaces	Dans des conduits de cheminée ou blessés
Animaux de ferme ou de parc animalier	Évasion ou accident

Les différentes espèces animales sont légalement classifiées : la loi n° 99-5 du 6 janvier 1999 relative aux animaux dangereux et errants et à la protection des animaux, promulguée le 7 janvier 1999, définit dans son article 25 l'animal comme étant un « bien meuble ».

2 Les différentes espèces animales : comportement et danger

A| Les animaux domestiques

1| Les chiens

Les **morsures** sont le risque principal mais également les **griffures** et le **risque infectieux** (rages, autres parasites).

Il existe différentes catégories de chiens en fonction des espèces et de leurs caractéristiques morphologiques. La loi du 6 janvier 1999 précitée classe les chiens potentiellement dangereux. Ainsi, on retrouve en première catégorie les chiens d'attaque et en deuxième catégorie les chiens de garde ou de défense.

La liste complète des races est précisée par l'arrêté ministériel du 27 avril 1999 publié au *Journal officiel* du 30 avril 1999.

Il est important de prendre toutes les précautions de rigueur sur intervention, même si le chien concerné n'est pas classé au regard de cet arrêté, le risque de blessure restant toujours présent.

2| Les chats

Attention aux **griffures** particulièrement dangereuses au niveau du visage. Le chat étant très vif et très agile, une attaque rapide avant la fuite ne doit pas être négligée.

3| Les équidés (chevaux, ânes...)

Le cheval, même s'il a généralement un comportement très placide en centre équestre, reste un animal craintif, sur le qui-vive, pouvant avoir une réaction de peur assez violente.

On peut craindre ainsi ses **coups de sabot** lors de ruades, mais aussi les **morsures** ou les **blessures par écrasement** du fait de son poids.

4| Les bovidés (vaches, taureaux, veaux...)

Généralement en troupeau mené par un mâle dominant, ces animaux, en phase de stress, ont souvent tendance à charger. Les **blessures par coup de corne ou coup de tête** ne sont pas rares, tout comme les **coups de sabot** (coup de fauche) au passage de l'animal.

5| Les ovins et caprins (moutons, chèvres, béliers...)

Même si le risque semble moindre, les **coups de tête ou de corne** (plus ou moins longues et affûtées) peuvent occasionner des blessures sérieuses lors de la charge.

6 | Les porcins

Animal craintif, pouvant peser jusqu'à près de 300 kg, un porc ou une truie avec des petits n'hésitera pas à mordre ou à bousculer l'intervenant.

7 | Les nouveaux animaux de compagnie (NAC)

Le terme NAC est plutôt récent et se rapporte à des **animaux domestiques moins conventionnels**. On y trouve des mammifères (petits rongeurs, furets...), des reptiles (serpents, tortues, lézards...), des arthropodes (scorpions, araignées...), des amphibiens (grenouilles...), des oiseaux (perruches, perroquets...), des poissons et des mollusques (escargots...).

Le commerce et la détention des NAC sont réglementés par la convention internationale de Washington du 3 mars 1973 ratifiée par la loi du 27 décembre 1977.

Si la réglementation n'empêche pas de détenir ces animaux, elle précise, par l'arrêté du 10 août 2004 relatif à la détention et à l'élevage d'espèces animales non domestiques, les conditions pour détenir certains de ces animaux en fonction de leur dangerosité pour l'homme et du degré de protection de l'espèce animale concernée.

Ces animaux génèrent des risques de **morsures** ou **griffures** plus ou moins graves, et certains peuvent être **venimeux**, voire mortels pour l'homme.

B | Les espèces sauvages

1 | Les cervidés (cerfs, chevreuils, rennes, daims...)

Ce sont des animaux sauvages très craintifs qui prennent la fuite dès qu'ils ressentent un danger. Toute contention est extrêmement stressante pour l'animal et peut lui être fatale par crise cardiaque.

Il n'en reste pas moins qu'il faut se méfier d'un **coup de tête ou de pied** lors d'une tentative de fuite. De plus, ces animaux sont souvent porteurs de **parasites** (tiques, puces, poux...).

2 | Le sanglier (famille des suidés)

Le sanglier, animal grégaire et peureux, n'hésite pas à charger, à blesser avec ses défenses et à mordre s'il est acculé ou blessé. Ses coups de défenses peuvent être très graves.

3 | Le renard

C'est un animal classé comme nuisible dans certains départements. Il n'a alors d'autre avenir lorsqu'il est capturé qu'une mise à mort. Il génère également de gros **risques sanitaires** pour les intervenants. Outre des maladies comme la rage ou la gale dont il est un des vecteurs de contamination, il peut être porteur de l'échinococcose alvéolaire. Il s'agit d'une zoonose redoutable et transmissible à l'homme pouvant entraîner la mort.

Il est préconisé d'utiliser des protections respiratoires et des gants latex lors de toute manipulation.

4 | Les rapaces et autres oiseaux

Selon l'animal, les risques à craindre sont liés aux **griffures** des serres, aux **coups de bec ou aux coups d'aile**. Certains ont des becs très puissants (par exemple, les charognards), d'autres des serres dangereuses (oiseaux de proie). D'autres, en raison de leur envergure, pincent avec leur bec ou frappent avec leurs ailes.

5 | Les hyménoptères (guêpes, frelons, abeilles...)

- La **guêpe** : abdomen jaune rayé de noir, mesurant entre 1 et 2 cm, elle peut piquer plusieurs fois, son dard ne s'arrachant pas.
- L'**abeille** : plus petite qu'une guêpe, de couleur marron, avec un duvet soyeux ; elle perd son dard et meurt après avoir piqué.
- Le **frelon** : sorte de grosse guêpe de 3 à 4 cm dont la piqûre est très douloureuse.

La réaction aux piqûres d'hyménoptères peut être assez vive, conduisant parfois au malaise. Les réactions anaphylactiques de certaines personnes sensibles sont de plus en plus fortes à chaque nouvelle piqûre. Elles peuvent conduire à la mort.

6 | Les cnidaires

Les **méduses** présentent des filaments urticants. La réaction aux piqûres de méduses peut être comparable à celle des hyménoptères.

FICHE 4 LES RISQUES ANIMALIERS : MATÉRIELS ET TECHNIQUES

Les sapeurs-pompiers sont souvent amenés à intervenir en présence d'animaux, soit lors d'une opération classique dans laquelle des animaux sont impliqués, soit pour capturer, soit pour porter assistance ou secours à des animaux (dangereux ou non), sauvages ou domestiques, parfois même blessés.

1 Les missions des sapeurs-pompiers

Toute mission animalière présente un danger pour le public présent et nécessite des moyens humains ou matériels conséquents. Face à l'importance médiatique et la fréquence de ces interventions, plusieurs **services départementaux d'incendie et de secours (SDIS)** ont renforcé la formation de leurs personnels par la création d'équipes opérationnelles spécialisées en risque animalier. Toutefois, aucun guide national de référence ne réglemente cette activité spécialisée.

Les **missions relevant des sapeurs-pompiers** sont le sauvetage d'animaux menacés, blessés ou piégés, en danger sur la voie publique ou ceux présentant un risque pour la population. En absence de danger ou de caractère urgent, les sapeurs-pompiers n'ont pas à intervenir. Ainsi un animal errant, en divagation sur la voie publique, ne doit pas générer l'intervention des sapeurs-pompiers.

Les corps de sapeurs-pompiers comptent souvent dans leurs effectifs des **vétérinaires de sapeurs-pompiers, officiers volontaires**. Leurs missions consistent à prodiguer les soins aux animaux blessés et à intervenir dans des domaines qui relèvent de la santé publique. Le vétérinaire est responsable de la télé-anesthésie et reste le conseiller technique du commandant des opérations de secours (COS) pour tout ce qui relève de la prise en charge médicale ou sanitaire des animaux.

2 Les matériels à disposition

A| La tenue d'intervention

La tenue de base doit toujours être adaptée au risque rencontré. Les équipements de protection individuelle (EPI) de type vêtements de feu ne protègent en aucun cas contre les morsures ou les coups de griffe…

Il s'agit d'un minimum auquel doivent s'ajouter des **éléments complémentaires** :

- casque F2 ;
- lunettes de protection ;
- masque contre le risque infectieux ;
- gants spécialisés ;
- tablier de protection…

B| Le matériel du véhicule tout usage (VTU)

Selon les départements, l'armement de base des véhicules adaptés aux interventions diverses diffère. En général, on y trouve un lasso, une pince à chat, une cage, une combinaison contre les hyménoptères et une échelle à coulisse.

Cette liste peut se compléter par des **matériels plus spécialisés** : bouclier d'approche, costume de protection (chiens), gants renforcés et spécialisés (singes, chats, serpents…), combinaison de plongée, clôture électrique, filets (à marcher, à lancer…), pince pour petits animaux, crochets à serpents, sangles de levage, fusils hypodermiques (usage réglementé), brancard de relevage et harnais de sauvetage pour chien, matériel et médicaments vétérinaires, etc.

3 Les consignes générales d'intervention

Le **premier réflexe** est de figer la scène d'intervention au plus vite par la mise en place d'un périmètre de sécurité adapté à l'animal.

A| Les zones virtuelles

L'attitude de l'animal dépend de plusieurs zones virtuelles :

- une **zone d'indifférence** qui permet de délimiter le périmètre de sécurité ;
- une **zone d'alerte** où l'animal a pris en compte la présence des intervenants ;

- une **zone d'évitement ou de fuite** où l'animal cherche à éviter le contact des intervenants qui s'approchent ;
- une **zone d'attaque ou zone critique** dans laquelle toute présence déclenche l'attaque de l'animal.

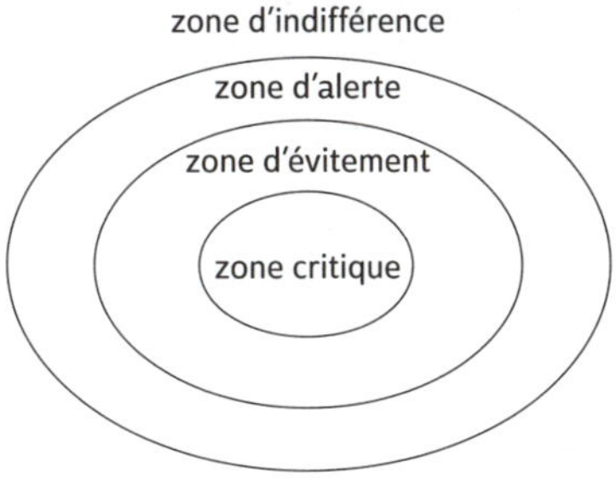

B| L'analyse de zone

Elle doit être suffisamment poussée pour répondre aux questions suivantes :

- quel est l'animal concerné (espèce, caractéristiques, dangers) et son état (stressé, blessé, bloqué, agressif...) ?
- quelles sont les possibilités qui s'offrent à lui ?
- quels sont les éléments qui pourraient gêner le bon déroulement de l'intervention et la capture de l'animal ?
- l'effectif intervenant est-il suffisant pour procéder à la capture ?
- le matériel à disposition est-il adapté et suffisant pour capturer l'animal ? À qui confier l'animal une fois capturé ?

C| Les consignes de prudence

Il faut également respecter certaines **consignes particulières de prudence** :

- l'utilisation des avertisseurs lumineux et sonores peut stresser ou apeurer davantage l'animal. Attention à leur utilisation aux abords de la zone d'intervention ;
- tout animal est potentiellement dangereux, surtout s'il a peur, s'il est blessé ou si les petits sont avec leur mère ;
- ne jamais sous-estimer les capacités d'un animal. Il est généralement plus rapide, plus puissant ou plus endurant que les intervenants ;
- ne pas se précipiter ou faire de gestes brusques, mais s'approcher doucement ;
- ne pas soutenir le regard de l'animal ;
- rester calme et respirer régulièrement.

L'**attitude des animaux** est un signe à prendre en compte. Ainsi la position de la tête, le plissement du museau, la position des oreilles, les mouvements de la queue, le poil hérissé sont autant de signes exprimant son humeur.

4 La méthodologie opérationnelle

La **marche générale des opérations** obéit à un canevas précis.

» Étape 1 – Préparation de l'intervention

- Précautions à prendre :
– établir un périmètre de sécurité adapté ;
– porter la tenue appropriée au risque ;
– éviter le suraccident ;
– rester calme et ne pas se précipiter ou faire de gestes brusques.
- Que faire de l'animal capturé ?
– création d'un enclos, mise en cage ;
– prise en charge par les services de la commune ou intercommunaux (qu'il faut prévenir) ;
– transport vers une structure vétérinaire ou fourrière ;
– enlèvement du cadavre par une société d'équarrissage.
- Matériel de capture à préparer et à vérifier pour éviter un dysfonctionnement intempestif.

» Étape 2 – Contention de l'animal

La contention est un procédé employé pour immobiliser les animaux afin d'effectuer un bilan, d'appliquer des soins ou de pratiquer une intervention chirurgicale. Elle peut être mécanique ou chimique :

- la **contention mécanique** comprend tous les dispositifs permettant **de contrôler, de guider ou d'entraver un animal**. Par exemple :
  - la muselière, qui peut être réalisée de manière provisoire au moyen d'un lien plat. Sa mise en place est un acte difficile,
  - le licol et sa longe, en faisant attention à ne pas coincer sa main entre le licol et la tête de l'animal. Il est plus raisonnable d'utiliser une longe de grande taille pour pouvoir maîtriser l'animal si celui-ci s'emballe,
  - les entraves permettent d'attacher entre elles les pattes de l'animal debout ou couché. Elles peuvent servir également à lever l'animal,
  - le tord-nez : c'est une boucle de cuir fixée à un bâton avec laquelle on serre la lèvre supérieure des équidés ou des bovins afin de libérer des endorphines aux effets analgésiques ;
- la **contention chimique** est un **acte vétérinaire qui consiste à endormir l'animal à distance**. Cette injection se réalise à l'aide d'une fléchette tirée par un projecteur hypodermique. Son utilisation peut être faite sous certaines conditions par un sapeur-pompier, mais seul un vétérinaire en est responsable.

» Étape 3 – Bilan de l'animal et soins si besoin

» Étape 4 – Transport de l'animal

À réaliser dans un contenant adapté et le plus souvent dans l'obscurité, pour diminuer son stress.

» Étape 5 – Remise en état du matériel et suivi sanitaire des intervenants

L'animal peut être porteur de parasites pour l'homme. Il est important de prendre toutes les mesures sanitaires d'usage avant et après être entré en contact avec un animal. L'utilisation de gants, de masque de protection respiratoire, le nettoyage des mains et des outils sont importants pour limiter ce risque sanitaire. Toute blessure doit être signalée au service de santé et de secours médical du SDIS et suivie avec une attention particulière.

5 Des exemples de cas concrets

A| Un cheval dans un puits

- Établir rapidement le contact avec l'animal pour le rassurer, lui parler calmement.
- Utiliser une main courante si besoin.
- Poser un licol et une longe et lui cacher la vue afin de faciliter les manipulations.
- Prévoir un moyen de levage pour le sortir de son piège. Pour cela, lui passer les sangles de levage sous l'abdomen et l'aider à maintenir sa tête hors de l'eau (attention au risque d'écrasement sur les parois du puits ou de coup de tête si le cheval se débat).
- Procéder au levage rapidement et de manière régulière en prêtant une attention particulière au moment où le cheval va reprendre pied : il peut partir au galop.
- Prévoir de réchauffer le cheval qui peut être en hypothermie et certainement épuisé (couverture, séchage avec de la paille, aide médicale, etc.).

À SAVOIR
La présence d'un vétérinaire est nécessaire tout au long de l'intervention.

B| Un chien agressif dans un véhicule accidenté avec victime humaine

- Baliser et caler le véhicule avant d'engager l'« écureuil » au plus près de la victime. Le chien, défendant son maître, empêchera tout sauveteur de s'introduire dans l'habitacle. Il est donc indispensable de l'isoler.
- Si la capture au lasso n'est pas réalisable, le plan dur ou le matelas coquille dépressurisé peuvent faire un écran entre le chien et la victime alors qu'un équipier détourne l'attention du chien. Cette manœuvre est dangereuse et doit

se faire rapidement sans se faire surprendre par le chien qui pourrait se jeter sur la portière en cours d'ouverture.

- Le chien défend son territoire ; il aura souvent un comportement plus docile à l'extérieur du véhicule.

C | La capture d'un serpent échappé du terrarium

- Se faire confirmer la présence du serpent par un témoin (propriétaire présent) ainsi que son espèce et sa dangerosité.
- Établir un périmètre de sécurité.
- Investir précautionneusement les lieux, en cherchant dans chaque recoin, du haut vers le bas. Par mesure de sécurité, ne faire aucune recherche main nue mais utiliser le matériel adapté (crochet, pince à reptile, bâton de fixation, raclette...). Le serpent peut rester caché tout comme il peut s'enrouler autour d'un point fixe ou attaquer. Il existe des gants spéciaux contre le risque d'envenimation par morsure.
- Mettre l'animal capturé en boîte ; il doit faire l'objet d'une identification précise.

Lorsque la capture est trop dangereuse ou doit se faire en urgence, l'utilisation d'un extincteur au CO_2 est efficace à distance mais peut être fatale pour l'animal.

FICHE 5

LE DÉGAGEMENT DE PERSONNE D'UN ASCENSEUR

Les interventions liées aux ascenseurs sont courantes. Elles mobilisent de deux à six sapeurs-pompiers selon le type de moyens engagés et ont souvent un caractère unique en raison de la configuration des lieux, le type d'ascenseur, la marque, etc. Les sapeurs-pompiers sont compétents pour toutes les missions relevant de l'urgence (malaise, danger avéré), les opérations d'entretien étant à la charge des sociétés de maintenance.

1 La description générale d'un ascenseur

A| Les deux grandes familles d'ascenseur

Il y a deux grandes familles d'ascenseur : **électriques** et **hydrauliques**. Cependant, les règles de sécurité sont en général les mêmes. Il faut retenir que toute intervention au niveau de la gaine et/ou de la cabine représente un danger lorsque le courant force n'est pas coupé.

Si l'on extrait une personne sans avoir coupé le courant force, la cabine peut se déplacer, avec toutes les conséquences auxquelles ce mouvement pourrait conduire.

B| Le système de frein de la cabine

Durant une utilisation normale, les mâchoires ne sont pas en contact avec le tambour (grâce à l'électro-aimant de frein). Dès le moindre problème technique et/ou coupure du courant force, les mâchoires viennent en contact avec le tambour de frein, immobilisant la cabine.

Pour mobiliser la cabine, il convient d'actionner le levier de manœuvre pour désolidariser les mâchoires du tambour, puis d'actionner le volant de manœuvre dans le sens voulu pour monter ou descendre la cabine jusqu'à alignement des repères visuels situés sur les câbles et sur un point fixe.

ATTENTION
Bien penser à couper le courant force avant toute manipulation de la cabine ou du volant de manœuvre.

C | Le système de parachutes

La chute de la cabine en cas de rupture de câbles est impossible. Au pire, si la cabine est très lourdement lestée, elle peut descendre au maximum de 5 à 10 cm et se bloquer par l'action directe des freins sur les rails verticaux.

2 Les risques

Les **risques** sont les suivants :
- personne bloquée dans une cabine arrêtée entre deux étages ;
- personne coincée entre la cabine et le palier ;
- personne engagée sous une cabine ;
- personne tombée dans une cage d'ascenseur.

Les **causes** peuvent être : un défaut technique, une surcharge, une panne de courant.

Conduite à tenir :
- entrouvrir la première porte palière pour effectuer une rapide reconnaissance ;
- prendre contact oralement avec la ou les personnes coincées dans la cabine ;
- se renseigner sur leur nombre et leur état (demande de moyens complémentaires si besoin, par exemple : un VSAV si malaise) ;
- les rassurer ;
- les inviter à se positionner au fond de la cabine (pour limiter les risques de précipitation lors de l'ouverture des portes) ;
- couper le courant force (accessible en machinerie) ; la lumière cabine est indépendante ;
- aligner la cabine (suivre les instructions en machinerie) ;
- ouvrir la porte palière ;
- ouvrir la porte cabine si elle ne s'est pas ouverte seule. Si blocage, déplacer de 20-30 cm la cabine ;
- sortir les personnes, les éloigner de la cabine ;
- ne pas remettre le courant force.

ATTENTION

Après une manœuvre manuelle de la cabine, vérifier que toutes les portes palières sont bien refermées.

3 Une mesure de sécurité récente

En vertu des dispositions de la **norme NF P 82-812** relative aux règles de sécurité pour la construction et l'installation des ascenseurs électriques, les nouveaux ascenseurs peuvent être équipés d'un **dispositif de protection contre le vandalisme**.

Ce dispositif empêche l'ouverture manuelle de la porte palière en l'absence de cabine à l'étage et a pour objectif de limiter les tentatives d'effraction ou de dégradation de ces appareils, surtout situés dans les zones dites « sensibles ».

L'identification du dispositif de désactivation doit être affichée de façon permanente auprès de l'ascenseur, au niveau de chaque porte palière.

Ce dispositif de protection ne peut être désactivé qu'à partir de la machinerie.

FICHE 6 LA FUITE DE GAZ

Régulièrement, les conduits acheminant le gaz naturel sont endommagés à l'occasion de travaux ou d'accidents. Les fuites ainsi occasionnées concernent principalement le réseau de distribution en moyenne ou basse pression et, plus rarement, le transport en haute pression.

1 La présentation du réseau

L'acheminement du gaz sur le territoire est divisé en deux types :

- le réseau « transport » ;
- le réseau « distribution ».

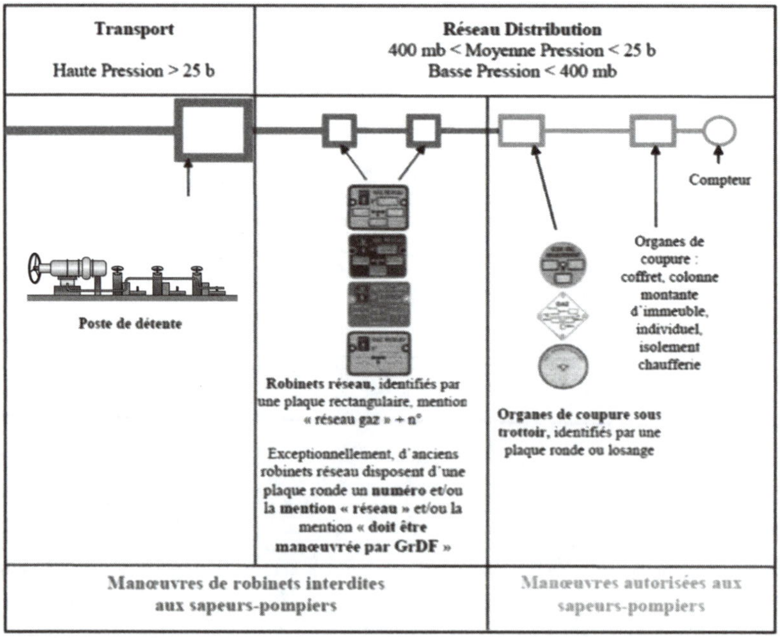

Lors d'une intervention pour fuite de gaz, les sapeurs-pompiers ne peuvent manipuler que les organes de coupure alimentant un immeuble ou un pavillon en fin de réseau de distribution. Dans ce cas, l'organe de coupure doit être consigné et seul un agent GDF est habilité à réaliser la remise en gaz. Toute intervention sur les robinets réseau ou sur le transport ne peut être réalisé que par du personnel GDF. Le schéma précise la limite de l'intervention des sapeurs-pompiers.

2 La conduite opérationnelle

A| Avant l'arrivée sur les lieux (en cours de transit)

- Retirer les appareils électriques et électroniques à l'ensemble des intervenants (bips, téléphones…).
- Préparer un binôme de reconnaissance en tenue de feu complète avec ARI et explosimètre.
- Préparer un binôme de sécurité en tenue de feu avec ARI.
- Rappeler les consignes de sécurité pour l'ensemble des intervenants (éviter toutes sources d'ignition telles que sonnette, téléphone, lumière…).

B| Sur les lieux

- Stationner l'engin (les engins) 50 mètres avant l'adresse, si possible derrière un écran (façade de bâtiment, par exemple).
- Alimenter l'engin-pompe.
- Faire établir une lance par le binôme de sécurité suffisamment éloignée de la zone d'intervention, sans la mettre en eau (car un établissement sec sera plus facile à déplacer pour rejoindre un point d'attaque éventuel).
- Engager le minimum de personnel pour les reconnaissances avec explosimètre.

3 La conduite à tenir selon la circonstance rencontrée

A| Fuite sur voie publique

1| Fuite avérée et localisée

- Établir un périmètre de sécurité réflexe de 50 mètres autour de la fuite.
- Mettre en œuvre si besoin une lance pour accélérer la dilution du nuage, en évitant les écoulements d'eau dans la tranchée où se trouve la fuite.

- Empêcher le gaz de pénétrer à l'intérieur des bâtiments proches (fermetures des portes et fenêtres).
- Relever les mesures à l'aide d'un explosimètre pour affiner le périmètre de sécurité.

2 | Fuite non localisée

- Réaliser des relevés en portant une attention particulière à l'ensemble des regards, soubassements, caves, réseaux de conduites enterrées.
- Ventiler en cas de détection positive.
- Évacuer les personnes exposées au risque.
- Rechercher les sources de gaz possibles dans l'environnement proche.

3 | Fuite dite « fermée »

Mêmes consignes que précédemment.

B | Fuite dans un bâtiment

- En cas de détection positive, procéder à l'évacuation des personnes exposées.
- Fermer l'organe de coupure le plus proche de la fuite.
- Engager le minimum de personnel avec EPI et ARI pour ventiler les locaux.
- Couper l'électricité seulement si le sectionneur ne se trouve pas dans une atmosphère explosive.

C | Fuite enflammée

- Ne pas chercher à éteindre le feu, sauf si un organe de coupure est facilement accessible et manœuvrable immédiatement après l'extinction.
- Protéger l'environnement de tout risque de propagation et adapter le périmètre de sécurité en conséquence.

D | Fuite sur réseau de transport

Une fuite sur réseau de transport GRT Gaz présente un risque majeur au regard de la quantité de gaz libérée et de la durée potentielle d'arrêt de la fuite. Sur le terrain, l'emplacement des canalisations est matérialisé par des bornes jaunes numérotées.

- Réaliser un périmètre de sécurité de 200 mètres avec évacuation totale.
- Engager un minimum de personnel.
- Mettre en place des moyens hydrauliques pour protection.
- Neutraliser les sources d'ignition.

FICHE 7 LES AUTRES INTERVENTIONS

Les sapeurs-pompiers sont confrontés à d'autres opérations diverses dans les domaines des risques technologiques et du risque naturel.

1 Les risques technologiques

A| Le risque chimique

Les risques sont divers : industriels sur les sites de production, accidents lors du transport de matières dangereuses, terrorisme.

L'identification du risque chimique à l'occasion d'accidents de transport de matières dangereuses se réalise au moyen :

- de l'étiquette de danger qui se décline en 9 classes ;

Exemple

Classe 5 = matières comburantes et peroxydes organiques

Classe 6 = matières toxiques

– de la plaque orange (rectangle supérieur = code danger, appelé code Kemler) :

Exemple

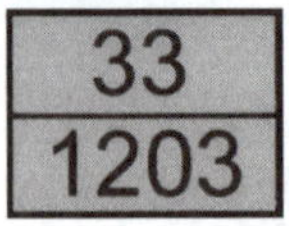

- 0 : absence de danger secondaire,
- 1 : matières explosives,
- 2 : émanation de gaz résultant de la pression ou d'une réaction chimique,
- 3 : inflammabilité de liquide et gaz, ou liquide auto-échauffant,
- 4 : inflammabilité de solide ou solide auto-échauffant,
- 5 : comburant (favorise l'incendie),
- 6 : toxicité ou danger d'infection,
- 7 : radioactivité,
- 8 : corrosivité,
- 9 : danger de réaction violente spontanée,

IMPORTANT

La répétition d'un chiffre indique une intensification du danger, sauf cas particuliers :
- 22 : gaz liquéfié réfrigéré, asphyxiant ;
- 33 : liquide très inflammable (point d'éclair < 21 °C) ;
- 44 : solide inflammable qui se trouve à l'état fondu à température élevée ;
- 99 : matières dangereuses diverses transportées à chaud.

Un code danger précédé d'un x signifie « réaction dangereuse avec l'eau ». Rectangle inférieur = n° du produit (exemple : 1203 = essence).

B| Le risque radiologique

1| Les définitions

Irradiation à distance : la source n'est pas au contact de la peau, mais agit à distance. Toute personne soumise au rayonnement peut s'éloigner et donc s'en soustraire.

Contamination : la source est au contact direct de l'organisme, la seule manière de se soustraire aux rayonnements est d'être décontaminé. La contamination est transmissible.

Exemples

Quelques types de contamination :
- source radioactive liquide contenue dans un flacon qui se brise ;
- rupture de l'enveloppe d'une source radioactive pulvérulente (en poudre).

On distingue :
- la **contamination externe** : la source est déposée sur la peau ;
- la **contamination interne** : la source a pénétré dans l'organisme par les voies aériennes, digestives, par des blessures ou en traversant la peau.

2 | Les moyens de protection

a. Contre l'irradiation

Le **temps** : plus l'exposition est longue, plus la dose est importante et, en conséquence, la nocivité aussi. Il est donc impératif de rester le moins de temps possible exposé aux rayonnements.

Les **écrans** : il est possible d'atténuer en partie les rayonnements en se protégeant derrière un écran. Ces écrans doivent être le plus massif possible.

La **distance** : plus on se tient éloigné de la source, moins on est atteint par les rayonnements.

b. Contre la contamination

L'objectif est d'éviter que la matière radioactive se dépose sur la peau ou pénètre dans l'organisme. Les sapeurs-pompiers portent une tenue de protection adaptée, complétée par un appareil respiratoire isolant ou un appareil respiratoire filtrant.

3 | Deux types de sources

Les **sources scellées** : la substance radioactive est solidement incorporée avec des matières inactives, scellées dans une enveloppe. Cette dernière présente une résistance suffisante pour éviter toute dispersion dans des conditions normales d'emploi.

Les **sources non scellées** : pas de garantie de l'absence de dispersion radioactive.

4 | Les différents types d'étiquettes

Il existe **trois types d'étiquettes** sur les emballages. Elles fournissent des informations très importantes. Chacune porte la mention « RADIOACTIVE » suivie d'un, deux ou trois traits verticaux rouges :
- « RADIOACTIVE I » est entièrement blanche ;
- « RADIOACTIVE II » et « RADIOACTIVE III » sont jaunes et blanches.

Chaque étiquette indique le « contenu » et « l'activité ».

Les étiquettes « RADIOACTIVE II » et « RADIOACTIVE III » ont en bas un petit rectangle qui indique l'indice de transport.

Exemple

2 Les risques naturels

A| Les effondrements de terrain

1| Les mouvements

Les mouvements lents	Les mouvements rapides
- Effondrement du toit d'une cavité - Vide souterrain (dissolution des roches) - Carrière souterraine (charbon, pierre) - Ouvrage souterrain (mal solidifié) - Tassement du terrain par diminution de la résistance du sol sous l'effet des charges (vase, tourbe, argile) - Glissement suite au changement de l'humidité des sols - Termites	- Tremblements de terre - Toutes explosions - Afflux des eaux - Coulées de boue

2| Les cas particuliers

Le **fontis** (ou fondis) est un éboulement qui débouche brusquement en surface, créant un entonnoir dont le diamètre varie de quelques mètres à plusieurs dizaines de mètres.

Les **marnières** sont d'anciennes cavités souterraines creusées par l'homme pour en extraire la craie, le gypse… Sous l'effet de l'infiltration de l'eau, la solidité du puits et des piliers est menacée.

B| Le glissement de terrain

Un glissement de terrain est un versant instable d'une montagne ou d'une colline qui se détache à la faveur d'une surface de faiblesse, et glisse dans le sens de la pente. Le volume de matériaux mobilisés dans un glissement varie de quelques mètres cubes de matériaux à plusieurs dizaines de millions de mètres cubes.

Étant donné la rapidité, la soudaineté et le caractère souvent imprévisible de ces phénomènes, les instabilités rocheuses constituent des dangers pour les installations et les vies humaines. En général, le volume des matériaux rocheux impliqués dans un éboulement détermine la gravité du sinistre.

C| Les pollutions

On peut opérer la distinction suivante :

- **polluants chimiques** : déchets industriels minéraux, hydrocarbures, détergents, engrais agricoles, phosphates (lessives)... ;
- **polluants organiques** : origines diverses, industrielle, domestique ou agricole tels que rejets d'égouts, abattoirs, porcheries, laiteries, tanneries, papeteries...

Type de pollution	Effets directs et indirects	Signes caractéristiques
Pollution des eaux	Conséquences sur le milieu et sur l'homme, sur la chaîne alimentaire	Odeur, couleur, matières en suspension, poissons morts...
Pollution solide	Conséquences sur le milieu (odeurs, aspects), infiltrations, ruissellements	Absence de végétation, environnement visuel...
Pollution atmosphérique	Conséquences sur la santé de l'homme et sur l'environnement, effet de serre (modifications climatiques, réchauffements)	Irritations, allergies, odeurs, animaux morts ou malades...

Les **mesures conservatoires** sont :

- alerter les populations, les mettre en sécurité (confiner ou évacuer) ;
- établir un périmètre de sécurité ;
- limiter l'extension de l'événement ;
- effectuer des prélèvements.

D| Les inondations

L'inondation est la submersion d'une zone, plus ou moins rapide, avec des hauteurs d'eau variables. Elle est due à l'augmentation du débit d'un cours d'eau provoquée par des pluies importantes et durables.

Ce phénomène, naturel ou non, est plus ou moins prévisible en fonction de la vitesse de la montée des eaux. Les inondations peuvent avoir des effets catastrophiques sur les espaces occupés ou exploités par les hommes.

1| Les différents modes d'inondation

- Stagnation des eaux pluviales.
- Submersion des zones littorales ou lacustres, tsunami.
- Destruction d'ouvrages.
- Débordement des bassins d'orage ou de rétention.
- Coulées de boue sur les versants naturels ou urbanisés, à la suite de précipitations ou de situations exceptionnelles.

2 | Les différents types d'inondation

- **Par débordement direct** : le cours d'eau sort de son lit mineur pour occuper son lit majeur.
- **Par débordement indirect** : les eaux remontent par les nappes alluviales (phréatiques), les réseaux d'assainissement d'eau pluviale, etc.
- **Par ruissellement trop rapide** sur bassins.

3 | Les conséquences

- **Sur l'homme** : noyade, blessures, électrocution des personnes blessées, isolées ou déplacées.
- **Sur les biens et les animaux** : détériorations et dommages sur les habitations dont la stabilité peut être affaiblie, les véhicules, les ouvrages publics (ponts, routes, voies ferrées, submersion de stations de pompage) ; réaction violente de certains matériaux (sodium, acétylène...) avec l'eau, pouvant entraîner des explosions ou des incendies ; destruction de cultures ; noyade, déplacement, maladie du bétail.
- **Sur l'environnement** : destruction de la faune et de la flore, pollutions diverses (égouts, réseau d'eau) pouvant entraîner des accidents technologiques, répartition sur de longues distances de débris ou de liquides dangereux ou toxiques (pesticides, hydrates).
- **Sur les services** : la détérioration de certains ouvrages peut entraîner la paralysie des services publics mobilisés à cette occasion (sapeurs-pompiers, centre hospitalier, EDF/GDF, télécommunications, etc.).

FICHE 8 LA LUTTE CONTRE LES INCENDIES

Afin de lutter efficacement contre les incendies, il est indispensable de connaître les fondamentaux de la combustion ainsi que les modes de développement d'un feu et ses dangers.

1 La combustion

A| Les définitions

1| La combustion

C'est une réaction chimique exothermique au cours de laquelle un combustible combiné avec un comburant dégage de la chaleur sous l'effet d'une énergie d'activation.

Ce dégagement de chaleur se traduit par une **élévation de température** et une **émission de rayonnements thermiques**. Pour qu'une combustion puisse avoir lieu, il est nécessaire d'avoir les trois éléments ci-après réunis dans de bonnes proportions, formant le triangle du feu :

- **combustible** : toutes matières ayant la propriété de « brûler » ou de se consumer (exemples : bois, solvants, gaz...) ;
- **comburant** : corps se combinant avec un autre donnant lieu à la combustion (exemple : oxygène) ;
- **énergie d'activation** : énergie nécessaire pour faire démarrer la combustion (exemples : thermique, chimique...).

2 | Combustion complète ou incomplète

Selon l'alimentation en air du foyer, la combustion peut être complète ou incomplète :

- **combustion complète** : le comburant est présent en quantité suffisante ; les flammes sont bleues, peu éclairantes et les produits de combustion sont principalement formés de dioxyde de carbone et d'eau ;
- **combustion incomplète** : le comburant est insuffisant ; les flammes sont oranges et très éclairantes. Les produits de combustion sont incomplètement brûlés. Les fumées, souvent noires, renferment d'autres produits tels que le monoxyde de carbone.

3 | Les différents types de combustion

On distingue plusieurs types de combustion :

- **lente** : il y a échauffement du corps combustible mais la température est insuffisante pour qu'il y ait émission de lumière (exemple : oxydation) ;
- **vive** : il y a émission simultanée de lumière, de gaz et de fumée, avec élévation de la température ;
- **très vive** : la vitesse de réaction est grande sans dépasser la vitesse du son, il y a déflagration ;
- **instantanée** : la vitesse de réaction est supérieure à celle du son, il y a détonation.

4 | Les seuils de démarrage

Le combustible devant atteindre une certaine température afin qu'il y ait combustion, différents seuils de démarrage sont définis :

- **point éclair (ou point d'éclair)** : température minimale à partir de laquelle un combustible émet suffisamment de vapeurs inflammables qui, au contact d'une flamme pilote, s'enflamment spontanément et s'éteignent après le retrait de celle-ci ;
- **point d'inflammation** : température minimale à partir de laquelle un combustible émet suffisamment de vapeurs inflammables qui, au contact d'une flamme pilote, s'enflamment spontanément et se maintiennent après le retrait de celle-ci ;
- **point d'auto-inflammation** : température à laquelle un combustible émet suffisamment de vapeurs inflammables pour s'enflammer spontanément sans apport de flamme pilote.

5 | L'atmosphère explosive

Une atmosphère est dite « explosible » lorsqu'il y a présence d'un gaz inflammable et d'un comburant. Pour qu'il y ait explosion au contact d'une énergie d'activation, ce mélange doit se situer dans la zone d'explosivité (comprise entre la LIE et la LSE) :

- **limite inférieure d'explosivité (LIE)** : limite en dessous de laquelle la concentration de gaz dans l'air est trop faible pour qu'il y ait une réaction du mélange en présence d'une énergie d'activation ;

- **limite supérieure d'explosivité (LSE)** : limite au-dessus de laquelle la concentration de gaz dans l'air est trop importante pour qu'il y ait une réaction du mélange en présence d'une énergie d'activation ;
- **zone d'explosivité (ZE)** : zone comprise entre la LIE et la LSE où le combustible (gaz) et le comburant (air) sont dans des proportions données qui, en présence d'une source d'ignition ou de chaleur, donnent lieu à une combustion très vive.

L'**explosimètre** est un appareil portatif utilisé afin de vérifier la teneur en gaz inflammable d'une atmosphère. Il permet de déterminer le taux de concentration d'un gaz entre 0 et 100 % de la LIE.

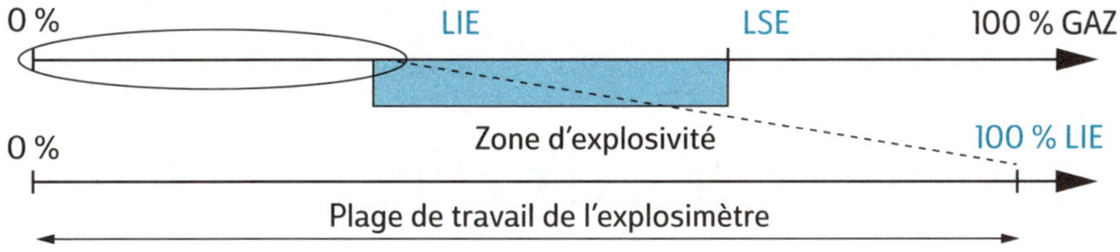

6 | Les cinq classes de feux

La **norme européenne EN 2** range les feux en cinq classes selon la nature du combustible :

- classe A (feux « secs ») : feux de matières solides, généralement de nature organique dont la combustion se fait normalement avec la formation de braises (bois, papier, tissu…) ;
- classe B (feux « gras ») : feux de liquides ou de solides liquéfiables (hydrocarbures, alcool, solvants, acétone…) ;
- classe C : feux de gaz (propane, butane, gaz naturel…) ;
- classe D : feux de métaux (limaille de fer, poudre d'aluminium, de magnésium…) ;
- classe F : feux liés aux auxiliaires de cuisson (huiles et graisses végétales et animales) sur les appareils de cuisson (exemples : friteuse, cocotte-minute…).

B | La propagation et les effets

1 | Les modes de propagation

Les incendies sont déclenchés soit par l'homme (imprudence, ignorance, malveillance…), soit par un facteur naturel (foudre, soleil, fermentation…), soit par un facteur énergétique (étincelle, arc électrique, réaction chimique…).

La **propagation d'un incendie** se fait par un transfert de chaleur d'un point ou d'un objet à un autre. Les modes de propagation peuvent se faire par :

- **convection** : transfert de chaleur par le mouvement d'un fluide du bas vers le haut ;
- **conduction** : transfert de chaleur à travers la masse d'un matériau en suivant sa forme ;

- **rayonnement** : transfert de chaleur suite à l'énergie dégagée par un corps chaud sans direction particulière ;
- **projection** : transfert de chaleur par projection de matériaux enflammés.

2 | Les effets

Les incendies peuvent entraîner :

- sur les personnes, des brûlures ou des intoxications dues aux fumées ;
- la destruction de biens (particuliers ou industriels), pouvant avoir des impacts économiques (disparition d'entreprises, chômage...), écologiques (pollution, destruction de forêts...) ou historiques (perte de patrimoine).

2 Les procédés d'extinction

A | Les différents procédés

Afin de procéder à l'extinction d'un feu, il faut agir sur un ou plusieurs éléments du triangle du feu. Il existe différents procédés d'extinction :

- **refroidissement** : action de projeter un agent extincteur afin d'abaisser la température du combustible en dessous de sa température d'inflammation (exemple : eau). On agit sur l'énergie d'activation ;
- **étouffement** : action de soustraire le foyer au contact de l'air en créant une barrière physique entre le combustible et le comburant (exemple : serpillière humide pour un feu de friteuse). On agit sur le comburant ;
- **soufflage** : création d'une surpression importante au niveau du foyer afin de perturber l'air et de souffler la flamme (exemple : explosif sur puits de pétrole). On agit sur l'énergie d'activation ;
- **dispersion** : action de séparer le foyer principal en plusieurs foyers différents, permettant l'abaissement de la température (exemple : dispersion mécanique). On agit sur l'énergie d'activation ;
- **coupure du courant électrique** : on coupe l'alimentation électrique étant à l'origine de la source de chaleur du foyer (exemple : disjoncteur). On agit sur l'énergie d'activation ;
- **obstruction d'une conduite ou fermeture d'un robinet** : on coupe l'alimentation en combustible d'une canalisation (exemple : fermeture d'une vanne pour fuite de gaz enflammée). On agit sur le combustible ;
- **réduction de la part du feu** : action de séparer physiquement les matériaux en feu de ceux étant intacts (exemple : tranchée en feux de forêts). On agit sur le combustible ;
- **inhibition** : action de projeter un agent extincteur ayant la propriété de réduire ou de stopper l'interaction du comburant dans le phénomène de combustion (exemple : extinction des salles informatiques). On agit sur le comburant.

B| Les agents extincteurs

Afin d'éteindre les incendies et selon la nature des matériaux en feu, différents agents extincteurs peuvent être utilisés :

- l'**eau**, agent d'extinction le plus généralement employé, agit **par refroidissement**, **par soufflage** (jet d'eau violent et abondant), **par étouffement** (vapeur d'eau isolant le combustible de l'air) ou **par dispersion** (sous l'action des jets pleins des lances) ;
- la **mousse** agit **par isolement** en formant un tapis ou une enveloppe isolant les vapeurs inflammables comme l'oxygène. La mousse agit également **par refroidissement** et **par étouffement** (forme une barrière physique entre l'oxygène de l'air et le combustible) ;
- la **poudre** agit **par étouffement et par isolement**. Néanmoins, elle a aussi une action inhibitrice sur les réactions chimiques au sein de la combustion ;
- le **dioxyde de carbone (CO_2)** agit **par étouffement et par refroidissement**, la température de sortie du gaz pouvant aller jusqu'à – 78 °C.

D'autres moyens peuvent être utilisés selon les circonstances, comme de la terre, du sable, de la sciure de bois, du ciment, des couvertures pour les feux de personnes...

3 Le comportement et la réaction au feu

Les bâtiments doivent être construits ou aménagés avec des matériaux présentant des caractéristiques de réaction et de résistance au feu réglementaires.

A| La résistance au feu des matériaux

C'est le temps pendant lequel les éléments de construction peuvent jouer le rôle qui leur est dévolu malgré l'action de l'incendie.

Pour ce faire, trois critères sont pris en compte :

- résistance mécanique ;
- étanchéité aux flammes et absence d'émission de gaz inflammables ;
- isolation thermique.

À SAVOIR

- Stable au feu (SF) : résistance mécanique.
- Pare-flamme (PF) : SF + étanchéité aux flammes.
- Coupe-feu (CF) : PF + isolation thermique.

B| La réaction au feu

C'est le comportement au feu du matériau quand il est lui-même soumis en tant que combustible.

Un classement européen dénommé **EUROCLASSES** répertorie les matériaux de la manière suivante :

- A1 et A2 : produit non combustible ;
- B : produit faiblement combustible ;
- C : produit combustible ;
- D : produit très combustible ;
- E : produit très inflammable et propagateur de flamme ;
- F : produit non classé ou non testé.

4 Les phénomènes thermiques en volumes clos ou semi-ouverts

Le guide national de référence (GNR) « Explosion de fumées – embrasement généralisé éclair » explicite en détail ces phénomènes thermiques.

Synthèse du GNR « Explosion de fumées – embrasement généralisé éclair »

	Explosion de fumées (*backdraft*)	Embrasement généralisé éclair (*flash-over*)
Définition	Fumées surchauffées, accumulées dans un volume clos, explosant lors d'un apport d'air	Dans un volume semi-ouvert, passage instantané d'une situation de feu localisé à un embrasement généralisé des matériaux combustibles qui s'y trouvent
Enveloppe bâtimentaire	Locaux clos	Locaux semi-ouverts
Facteur déclenchant	Apport d'air (O_2)	Chaleur
Fumées	- Très denses, grasses - Sortant sous pression (pulsées) - Couleurs inhabituelles (jaunâtres, brunâtres, verdâtres)	- Denses, créant une couche de fumées - Sortant facilement - Couleurs classiques
Flammes	- Aucune - Lueurs colorées	- Visibles (bien jaunes) - Vives, petites flammes très visibles - Rouleaux de flammes
Chaleur	- Importante - Répartie	- Importante et écrasante - Provient du haut du volume

	Explosion de fumées (*backdraft*)	Embrasement généralisé éclair (*flash-over*)
Sons	Assourdis	Nets
Structures	- Fenêtres noircies très chaudes - Murs et volets chauds - Vibrations des portes, des baies	Ouvertures importantes alimentant le foyer en air frais
Type de feu	Couvant	Vif
Risques majeurs	- Blast - Effondrement	- Brûlures - Propagation du feu

5 La marche générale des opérations (MGO)

La marche générale des opérations (MGO) est un **ensemble de phases d'action** pouvant se dérouler de manière chronologique ou en simultané, mais qu'il convient de respecter judicieusement :

- **reconnaissance** : consiste à explorer les endroits exposés à l'incendie, de manière à effectuer tout de suite les sauvetages, à discerner les matières qui brûlent, à déterminer les points d'attaque et les cheminements à suivre pour y parvenir. La reconnaissance se poursuit tout au long de l'intervention ;
- **sauvetage** : opération visant à soustraire d'un péril direct ou imminent une victime se trouvant dans l'incapacité ou l'impossibilité de s'y soustraire d'elle-même ;
- **établissement** : mise en place des tuyaux pour alimenter les lances (cf. GNR « Établissement des lances ») ;
- **attaque** : phase d'action destinée à éteindre le foyer et/ou stopper la propagation ;
- **protection** : vise à éviter ou limiter les dégâts que pourraient occasionner l'eau, le feu et les fumées ;
- **déblai** : permet de faciliter l'extinction durant la phase d'attaque. Le déblai permet de s'assurer de l'absence de foyer résiduel une fois le feu éteint ;
- **surveillance** : vise à s'assurer que tout danger est définitivement écarté.

Plusieurs étapes de la MGO peuvent se dérouler en simultané.

Exemple

Établissement d'une lance pour protéger un sauvetage, protection de biens durant une phase d'attaque afin de limiter les dégâts de l'incendie, déblai durant l'attaque afin d'effectuer la part du feu…

6 Les moyens facilitant l'intervention des sapeurs-pompiers

La prévention incendie a pour objectifs de :

- réduire les risques de naissance d'un incendie ;
- limiter la propagation d'un incendie ;
- permettre aux occupants d'évacuer les locaux ;
- faciliter l'intervention des secours.

Un certain nombre de **mesures** sont à la disposition des sapeurs-pompiers en cas d'intervention tels que :

- moyens d'extinction (extincteurs, RIA, hydrauts = bouches et poteaux d'incendie, système d'extinction automatique, colonnes sèches et humides) ;
- système de sécurité incendie (SSI) et service de sécurité ;
- désenfumage (naturel ou mécanique) ;
- plan d'intervention (se situant à l'entrée du bâtiment) ;
- organes de coupures sur les installations techniques (électricité, gaz, fluides).

FICHE 9

LE MATÉRIEL ET LES ENGINS D'INCENDIE

Les engins d'incendie sont équipés de plusieurs matériels, notamment ceux servant à la lutte contre les incendies. Ces matériels sont utilisés par les sapeurs-pompiers en fonction de la mission à réaliser, de la nature et de l'envergure du sinistre.

1 Les extincteurs

Les extincteurs sont des appareils étanches qui permettent de projeter et de diriger un agent extincteur sous l'effet d'une pression interne, correspondant à la classe de feux à laquelle ils sont destinés.

Sur chaque extincteur, on retrouve :

- le type d'appareil et sa contenance (exemple : 9 kg à eau pulvérisée) ;
- son homologation ;
- les pictogrammes correspondant aux classes de feux ;
- le mode et les précautions d'emploi ;
- le nom du fabricant.

Il existe **deux types d'extincteurs** :

- **extincteur à pression permanente** : l'appareil est toujours sous pression (exemple : CO_2, fixe à eau ou à gaz) ;
- **extincteur à pression auxiliaire** : l'appareil est sous pression après avoir actionné un percuteur, dénommé aussi « sparklet » (exemple : eau pulvérisée, poudre).

Pour toute **mise en œuvre**, il faut :

- choisir l'extincteur approprié à la classe de feux ;
- enlever la goupille ;
- percuter la sparklet pour libérer le gaz comprimé dans la cartouche (si extincteur auxiliaire) ;

– tester l'extincteur avant de procéder à l'extinction ;

– attaquer le foyer en visant la base des flammes en se protégeant du rayonnement.

Une fois la sparklet actionnée, l'extincteur doit être obligatoirement rechargé et vérifié. Les extincteurs ont une obligation de révision annuelle par un organisme agréé.

2 Les pièces de jonction

Les pièces de jonction permettent de relier les éléments nécessaires à un établissement (tuyaux, accessoires hydrauliques, prises d'eau, pompes incendie). Elles comprennent :

- les **raccords** permettant d'assembler entre eux les tuyaux, les pièces de jonction ou accessoires hydrauliques. On les distingue par leur diamètre et leur type :
  - les **raccords symétriques** :
    - raccord DSP (Dubois Spécial Paris) en diamètre de 40 et 65 mm,
    - raccord AR (Aspiration Refoulement) en diamètre de 40, 65 et 100 mm,
  - les **raccords non symétriques** :
    - raccord à vis GFR (Gros Filet Rond) constitué d'une partie mâle et d'une partie femelle,
    - raccord à levier Keyser destiné à coiffer les bouches d'incendie de diamètre 100 mm,
  - les **raccords intermédiaires** servent à réunir entre eux deux tuyaux ou un tuyau et une pièce de jonction n'étant pas équipés du même raccord,
  - les **raccords de réduction et de transformation** servent à raccorder entre eux des raccords de types différents n'ayant pas le même diamètre nominal ;
- les **coudes d'alimentation**, dénommés aussi « cols de cygne », permettent l'alimentation des engins d'incendie. Ils sont constitués d'un demi-raccord d'entrée de type Keyser qui se raccorde à la bouche d'incendie et d'une sortie pour tuyaux de 110 mm ;
- les **retenues** permettent l'alimentation des engins d'incendie. Elles se raccordent sur une bouche d'incendie et sont composées de deux sorties de 65 mm ;
- les **divisions** permettent de transformer un établissement de tuyaux en plusieurs établissements de tuyaux plus petits ou identiques. Il en existe plusieurs modèles tels que : 40/1 × 40 et 2 × 20 (dite « division feux de forêts »), 65/2 × 40, 65/1 × 65 et 2 × 40 (dite « division mixte »), 100/2 × 65, 100/3 × 65, 100/1 × 100 et 2 × 65... ;
- les **collecteurs d'alimentation** servent à alimenter, par un ou deux établissements de 70 mm, un engin ou une colonne sèche de 100 mm ;

- les **vannes** servent à stopper le passage de l'eau dans un établissement (essentiellement sur des établissements de grande longueur). Lorsqu'elles sont équipées d'une purge et mises sur des établissements verticaux, elles permettent la vidange de l'établissement et sont nommées « vannes de pied d'échelle ».

3 Les accessoires hydrauliques

Les accessoires hydrauliques contribuent à la distribution de l'eau dans les établissements. En voici une liste non exhaustive :

- **clé de poteau** (dénommé « la fédérale ») : ouvre et manœuvre les poteaux d'incendie ;
- **clé de barrage** : manœuvre les bouches d'incendie ;
- **tricoises et polycoises** : serrent les demi-raccords et ouvrent coffrets, portes, fenêtres… ;
- **obturateurs et sangles à fuites** : aveuglent une fuite sur un tuyau ;
- **étrangleur** : stoppe la circulation de l'eau le temps de remplacer un tuyau sans couper l'alimentation ;
- **pèse-bouche et pèse-poteaux** : contrôle la pression statique à la sortie des hydrants ;
- **contrôleur de débit** : mesure le débit en eau d'un hydrant ou d'un établissement ;
- **bouchons obturateurs** : demi-raccords servant à obturer un orifice de pompe ou d'hydrant ;
- **crépines d'aspiration** : évitent la remontée de boue et de corps étranger dans la ligne d'aspiration ;
- **flotteurs** : fixés sur la crépine d'aspiration, évitent que cette dernière repose au fond ;
- **filtres amovibles** : empêchent l'insertion d'objets ou d'impuretés dans la pompe ;
- **crochet et collier d'amarre** : servent à amarrer des tuyaux sur des établissements verticaux ;
- **dispositif de franchissement de tuyaux (DFT)**, également dénommé « madrier de franchissement » : permet le passage de véhicule sans endommager les tuyaux présents sur la voie de circulation ;
- **hydro-éjecteur et vide-cave** : épuisent et pompent l'eau ;
- **pompe d'épuisement électrique** : épuise des locaux lorsque l'on ne peut utiliser une pompe thermique ;
- **sceau-pompe** : permet à une seule personne de projeter de l'eau en faible quantité.

4 Les tuyaux

Les tuyaux servent à acheminer l'eau d'un point à un autre. Il en existe trois sortes :

Type de tuyaux	Ø extérieur	Longueur	Structure du tuyau
Refoulement Achemine l'eau de la pompe aux lances	22 mm 45 mm 70 mm 110 mm	20 m 20 m 20 et 40 m 40 m	Semi-rigide Souple (PIL) Souple (PIL) Souple (PIL)
Alimentation Achemine l'eau de l'hydrant à la prise d'eau	70 mm 110 mm	20 m 10 et 20 m	Souple (PIL) Souple (PIL)
Aspiration Conduit l'eau d'un point d'aspiration à la pompe	45 mm 70 mm 110 mm	4 m 4 m 2 et 4 m	Semi-rigide Semi-rigide Semi-rigide

Les tuyaux de 22 et 45 mm sont des petits tuyaux. Ceux de 70 et 110 mm sont des gros tuyaux.
PIL : paroi interne lisse.
Les tuyaux d'aspiration sont semi-rigides ; ainsi ils ne s'aplatissent pas lors d'une mise en aspiration.

5 Les lances

Montées à l'extrémité des tuyaux, les lances servent à former et à diriger le jet. On distingue les **lances traditionnelles** (peu utilisées de nos jours) et les **lances à débit variable (LDV)**.

A| Les lances traditionnelles

Type de lance	Ø d'entrée en mm	Ø de sortie (ajutage) en mm	Débit nominal en L/min	Pression en bars
LDT (lance du dévidoir tournant) ou Q1	20	7	58	3,5
PL (petite lance) ou Q2	40	14	250	3,5
GL (grosse lance) ou Q3	65	18	500	5,7
LGP (lance grande puissance) ou Q4	100	25	1 000	6,1

B| Les lances à débit variable

Les LDV ont une **plage de débit importante**, ajustable à la lance, et ont besoin d'une pression à la lance de 6 à 7 bars. Les données peuvent varier selon les constructeurs. On distingue :

- diffuseur mixte réglable (DMR) : débit ajustable manuellement par une bague à la lance ;
- diffuseur mixte stabilisé (DMS) : la pression est constante en ajustant le débit dans la lance ;
- diffuseur mixte réglable stabilisé (DMRS) : fonctionnement similaire de la DMS avec ajustement du débit par la poignée de commande ouverture/fermeture.

En pivotant la tête de diffusion d'une LDV, il est possible d'obtenir **trois jets distincts** :

- jet droit (ou plein ou bâton) : portée maximale et effet de pénétration ;
- jet diffusé d'attaque (JDA) : attaque d'un foyer principal en formant un cône de 15° à 45° d'angle ;
- jet de protection (JDP) : écran de protection en formant un cône très large, rideaux d'eau.

C| Les lances spéciales

Il existe également des **lances spéciales**, telles que la lance canon (employée sur des feux de grande ampleur), la lance « bourgeois » (pénétration dans une masse en ignition) et la lance « queue de paon » (rideaux d'eau).

6 Les dévidoirs

Afin de **gagner du temps dans l'établissement des tuyaux**, les sapeurs-pompiers utilisent des dévidoirs. On distingue :

- les **dévidoirs tournants** : fixés à l'arrière des engins (FPT et CCF) en tuyaux de 22 mm et d'une longueur de 80 m + 2 m (liaison entre les tuyaux et la pompe) ;
- les **dévidoirs mobiles** : situés à l'arrière des engins, ils se composent de 200 m de tuyaux de 70 mm (cinq tuyaux de 40 m) avec une division mixte ;
- les **dévidoirs automobiles** : destinés à l'alimentation en eau sur des feux nécessitant un établissement important. Ils sont composés de plusieurs milliers de mètres de tuyaux de 110 mm et 70 mm.

7 Les moyens de production de mousse

La mousse extinctrice est un agrégat de bulles de gaz emprisonné dans une mince pellicule liquide. Pour fabriquer de la mousse, il est nécessaire d'avoir de l'eau, de l'émulseur dosé par un injecteur-proportionneur fonctionnant par un système de venturi, et de l'air. Le mélange eau et émulseur se dénomme solution moussante.

Mousse = solution moussante (eau + émulseur) + air

La mousse est caractérisée par :

- son **taux de concentration** : volume d'émulseur/volume de solution moussante (exemple : 4 L/100 L = 4 %) ;
- son **rendement** : volume de mousse/volume d'émulseur (exemple : 1 000 L/4 L = 250) ;
- son **taux de foisonnement** : volume de mousse/volume de solution moussante (exemple : 1 000 L/100 L = 10).

Le **foisonnement** est classé en bas s'il est inférieur à 20 – en moyenne s'il est compris entre 20 et 200 – et en haut s'il est compris entre 200 et 1 000. Pour fabriquer de la mousse à bas foisonnement, il faut utiliser des lances génératrices de mousse (LM2, LM4, lance canon, LDV).

Des générateurs différents peuvent être utilisés pour fabriquer du moyen ou du haut foisonnement.

8 Les engins d'incendie

Les engins d'incendie répondent à des normes, tant en capacités qu'en fonction de leurs spécificités. Ils peuvent cependant être intégrés dans plusieurs familles, comme :

- les engins de lutte contre l'incendie ;
- les moyens aériens ;
- les véhicules sanitaires ;
- les cellules...

Liste non exhaustive d'abréviations d'engins

ABE : avion bombardier d'eau

AR : ambulance de réanimation

CBEA : camion-bras élévateur articulé

CCF : camion-citerne feu de forêt

CCGC : camion-citerne grande capacité

CDHR : camion-dévidoir hors route

CEAR : cellule d'assistance respiratoire

CEEM : cellule émulseur

EPC : échelle pivotante combinée

FPT : fourgon-pompe tonne

FPTL : fourgon-pompe tonne léger

FSR : fourgon de secours routier

MPR : moto-pompe remorquable

VTP : véhicule de transport de personnel

VTU : véhicule tous usages

VSAV : véhicule de secours et d'assistance aux victimes

FICHE 10

LA RECONNAISSANCE

L'objectif de la reconnaissance est d'informer la hiérarchie sur les éléments qui lui permettront d'établir des priorités et d'organiser les actions à mettre en œuvre. Le sinistre évolue constamment ; ainsi, cette démarche est continue dans le temps et différente selon le rôle opérationnel de chacun.

1 Le rôle du binôme de reconnaissance

Le binôme de reconnaissance doit **renseigner le chef d'agrès**, dans le secteur géographique qui lui est précisé.

La **priorité** doit rester la **détection**, la **localisation** et le **sauvetage des vies humaines**.

Le **chef du binôme** de reconnaissance doit explorer tous les volumes rencontrés (pièces, meubles, réduits...), renouveler les appels verbaux vers d'éventuelles victimes, communiquer à son équipier les résultats de ses recherches et ses intentions.

L'**équipier** veille à la sécurité du binôme. Il doit assister au mieux son chef d'équipe dans l'exploration des volumes et assurer un lien permanent avec la ligne de vie dont il doit assurer l'arrimage pour faciliter un retour vers la sortie et le cheminement éventuel d'un autre binôme de reconnaissance.

Chaque action ou découverte d'élément(s) important(s) doit faire l'objet d'un compte rendu au chef d'agrès.

2 Les différents éléments à rechercher

Le binôme de reconnaissance doit :

- rechercher la présence, le nombre et la localisation précise d'éventuelles victimes ; **la mission de sauvetage devient alors prioritaire à toute autre** ;
- rechercher la localisation, l'étendue et la nature du foyer ;
- évaluer les risques de propagation (horizontale et verticale) du sinistre ;
- identifier des risques secondaires (effondrement, présence de produits chimiques ou radiologiques, etc.) ;
- identifier les points d'attaque ;
- identifier les cheminements d'accès au sinistre ;
- anticiper les itinéraires de repli et de secours.

3 L'équipement recommandé

Tout engagement pour une mission dans le bâtiment concerné doit se faire avec un **équipement de protection individuelle complet, ajusté et vérifié** (casque, cagoule, veste de protection, surpantalon, gants, bottes de feu, appareil respiratoire isolant) ainsi qu'avec le matériel d'éclairage.

Si possible, le binôme de reconnaissance doit être équipé de matériel de communication (radio), de forcement d'accès, de sauvetage (cagoule d'évacuation par exemple) et de recherche (caméra thermique par exemple).

4 Le déroulement type d'une reconnaissance

On différencie les reconnaissances primaire et secondaire.

A| La reconnaissance primaire

La reconnaissance primaire est **immédiate**, **systématique**, à la fois **rapide** et **rigoureuse**. Cette recherche expose les binômes engagés car elle est réalisée alors même que le sinistre n'est pas maîtrisé.

On explore prioritairement les endroits où les victimes potentielles sont le plus exposées aux effets du sinistre :

- au plus près du feu ;

- au niveau immédiatement supérieur ;
- au niveau le plus élevé du bâtiment ;
- en repartant du plus haut vers le niveau du sinistre ;
- en dessous du niveau sinistré.

La reconnaissance primaire doit s'effectuer **pièce par pièce**, en inspectant chaque volume (sous les lits, dans les meubles, les placards, derrière les portes). Il faut, dans la mesure du possible, sortir par la porte par laquelle on est entré :

- dans les petites structures, on peut utiliser le mur comme guide. Il faut alors choisir de le suivre « à gauche » ou « à droite » et s'y tenir. On peut également s'aider d'outils à disposition pour couvrir plus d'espace ;
- dans les structures importantes et lorsque la situation l'exige, il est nécessaire d'employer une ligne de vie et une liaison personnelle, comme définis dans le GNR relatif aux appareils respiratoires isolants (avril 1999, voir fiche 16, Les appareils respiratoires isolants).

B| La reconnaissance secondaire

La reconnaissance secondaire est **systématique**, **complète**, **minutieuse** et **menée moins rapidement** que la reconnaissance primaire. Réalisée après la maîtrise du sinistre, elle permet de s'assurer que toutes les victimes ont été découvertes et prises en compte, tous les locaux visités et tous les risques secondaires identifiés et traités. Si possible, elle est effectuée par des équipes différentes de celle de la reconnaissance primaire, afin d'apporter un « œil neuf » sur les éléments recherchés.

C| Le marquage

L'analyse de la situation opérationnelle peut amener la chaîne de commandement à ordonner la reconnaissance de nombreux volumes. Il devient alors nécessaire d'identifier rapidement et efficacement les locaux déjà inspectés.

Un **code de marquage** répond à cet objectif :

- les locaux ayant fait l'objet d'une reconnaissance primaire sont marqués d'une croix ;

- le marquage des locaux ayant fait l'objet d'une reconnaissance secondaire est complété d'un cercle.

Si un local n'a pas pu être visité en première intention (par exemple, une porte blindée), il est recommandé de définir un code spécifique. Par exemple, un triangle peut être choisi pour indiquer une reconnaissance non effectuée.

5 Les règles de sécurité lors de la reconnaissance

Chaque mission de reconnaissance comporte deux types de risques.

A| Les risques liés au sinistre

Pour se prémunir des risques liés au sinistre, il convient d'observer les règles suivantes :

- toujours porter des équipements de protection individuelle complets, ajustés et vérifiés ;
- toujours travailler en binôme ;
- connaître et anticiper le développement du sinistre ;
- avancer si possible le long des murs ;
- vérifier la stabilité de la structure ;
- utiliser, suivant la configuration, une ligne de vie et des liaisons personnelles dans les conditions fixées par le guide national de référence relatif aux appareils respiratoires (avril 1999) ;
- bénéficier si possible de la protection ou de l'usage par le binôme de reconnaissance d'un établissement d'attaque quand il faut mener une mission de reconnaissance au niveau du sinistre.

B| Les risques liés au comportement du sapeur-pompier

La charge émotionnelle liée à la nature d'une mission de reconnaissance est d'autant plus forte qu'elle implique la découverte potentielle de victimes. Cet état psychologique peut amener le sapeur-pompier à dépasser la notion de risque acceptable. Ainsi, il faut en toutes circonstances :

- se prémunir contre l'« effet tunnel », où seule la mission compte, en évinçant l'application des règles de sécurité ;
- garder tous ses sens en éveil ;
- respecter les consignes du chef d'agrès ;
- le cas échéant, vérifier régulièrement son autonomie en air respirable ;
- rendre compte de toute difficulté particulière et de l'accomplissement de sa mission.

FICHE 11

LE SAUVETAGE

La préservation des vies humaines est la priorité des services d'incendie et de secours (sauvetage en hauteur, en excavation, extraction de milieu hostile, poches de gaz toxique par exemple). Les missions de sauvetage représentent alors une situation extrême d'engagement tant physique que psychologique.

1 La spécificité des sauvetages lors des incendies

Par sa nature violente et chaotique, l'incendie implique des dangers évidents de brûlure et d'asphyxie, mais également des dangers secondaires tels que l'effondrement des structures.

Le premier commandant des opérations de secours doit donc prendre des mesures immédiates de recherche et de sauvetage d'éventuelles victimes, tout en veillant à l'intégrité des binômes engagés. Éventuellement, cette action doit être menée de front ou protégée par des actions d'extinction.

Le **sauvetage** est une **action d'urgence** : c'est le fait de soustraire une victime à un danger mortel et immédiat, dont elle ne peut se dégager elle-même.

La **mise en sécurité** est une **action de prévention** : c'est le fait de déplacer des personnes dont l'intégrité physique est menacée par un danger potentiel.

Exemple

Un sapeur-pompier peut être désigné pour rassurer les victimes et les maintenir dans une zone de sécurité en attendant leur évacuation par les moyens adaptés.

2 Le rôle du chef d'agrès et du binôme

Le **chef d'agrès** détermine la nécessité et la conduite des sauvetages. Il doit, de façon claire et précise :

- désigner le personnel ;
- choisir la méthode ;
- indiquer les cheminements d'accès et d'évacuation ;
- contrôler les actions et veiller à la sécurité du personnel ;
- anticiper la prise en charge des victimes évacuées ;
- demander des renforts si nécessaire ;
- poursuivre les autres étapes de la marche générale des opérations.

Le **binôme** désigné doit mettre en œuvre l'ensemble des techniques qui permettent de satisfaire l'ordre reçu. Le binôme ne doit pas être dissocié. Il doit veiller à sa coordination et communiquer de façon claire et concise. Il doit rechercher les gestes et des attitudes les plus sûrs possible pour lui et la (les) victime(s) désignée(s).

3 Les différentes méthodes de sauvetage

Il suffit parfois de déplacer une personne de quelques mètres pour assurer sa sécurité. La méthode la plus simple et la plus rapide doit être privilégiée. Comme dans chaque action, le bon sens doit être appliqué.

A| Sans matériel

Un sapeur-pompier ou un binôme peuvent, si l'état de la victime le permet, la porter (technique du « porter pompier » ou de la chaise ou sur le dos).

B| Avec matériel

Le guide national de référence relatif à l'utilisation du lot de sauvetage décrit les méthodes à mettre en œuvre lorsque la situation l'exige :

- les **échelles à main** permettent d'évacuer des victimes jusqu'au deuxième étage ;
- les **moyens aériens** (échelles avec ou sans nacelle/plate-forme, bras élévateur automatique articulé) ne doivent être utilisés que si les capacités des moyens à main sont dépassées.

C| Par les communications existantes

Les couloirs ou escaliers sont les cheminements les plus rapides, qui doivent être privilégiés à chaque fois que cela est possible. Le binôme respecte les accès, cheminements et sorties désignés par le chef d'agrès.

D| Par les échelles

Le binôme dresse les moyens à main ordonnés par le chef d'agrès, à l'emplacement indiqué pour mener à bien ses missions. Ces agrès sont ensuite déplacés pour assurer d'autres évacuations ou servir d'itinéraire de secours pour les sapeurs-pompiers engagés à l'intérieur du bâtiment :

- les échelles aériennes sans plate-forme permettent de faire descendre des personnes valides en les rassurant. Les techniques de descente des personnes invalides mettent en œuvre des matériels du lot de sauvetage et de protection contre les chutes (sangles ou harnais) ;
- les sauvetages avec les échelles qui disposent de plate-forme relèvent de la compétence de l'équipage de l'engin. En fonction de la situation, un ou deux sapeurs-pompiers peuvent rassurer et accompagner la victime.

E| Prise en charge des victimes en adoptant une attitude rassurante

Chaque action menée pour l'évacuation doit être expliquée aux victimes conscientes afin qu'elles soient rassurées et qu'elles entendent les consignes de sécurité.

En cas d'utilisation de cagoule d'évacuation, l'équipier raccorde correctement les flexibles d'air, puis accompagne la victime au point désigné par le chef d'agrès.

4 La recherche de victime en milieu enfumé

Muni de ses équipements de protection individuelle complets ajustés et vérifiés, le binôme engagé en recherche de victime en milieu enfumé doit appliquer les techniques et procédures étudiées dans la fiche 10 et dans le guide national de référence relatif aux appareils respiratoires isolants.

5 La réalisation conjointe de l'attaque et des sauvetages

La mission de sauvetage doit parfois être menée en même temps qu'une mission d'attaque, pour protéger la victime et les intervenants des effets de l'incendie.

La coordination de ces actions conjointes relève du chef d'agrès et doit être effectuée parfaitement pour assurer la sécurité de tous.

Cette situation extrême doit faire l'objet d'entraînements spécifiques pour être menée efficacement.

6 Les règles de sécurité et les précautions à prendre

Outre le respect des techniques et l'emploi adapté des matériels à disposition, la mission de sauvetage revêt toujours un caractère dangereux pour les équipes engagées, et évidemment pour les victimes.

La panique et les premiers effets possibles du flux thermique ou des fumées sur les victimes peuvent entraîner un comportement mettant les sauveteurs en péril. En effet, il est possible que la victime tente de rejoindre l'échelle avant que celle-ci soit complètement dressée et d'enjamber les ouvrants avant que l'agrès soit prêt à la prendre en charge. Il faut tenter d'établir un contact visuel et verbal afin de rassurer la personne et lui indiquer la conduite à adopter pour éviter une chute.

FICHE 12 LES BESOINS EN EAU ET L'ÉTABLISSEMENT DE TUYAUX

L'eau est l'agent extincteur le plus communément utilisé pour lutter contre les incendies. Il existe de nombreux points d'eau de types différents qu'il faut savoir utiliser et contrôler afin d'être efficace dans l'alimentation et l'établissement des tuyaux.

1 La connaissance des besoins et des ressources en eau

A| Le risque moyen

Une circulaire interministérielle du 10 décembre 1951 précise les modalités d'application des besoins en eau pour un risque moyen.

Le risque moyen (dénommé aussi « risque courant »), correspondant au cas le plus fréquent, justifie la mise en œuvre de deux lances de 500 L/min pendant 2 heures. Pour ce faire, tout point d'eau utilisé doit être en mesure de fournir 120 m^3 d'eau en 2 heures.

B| Les réseaux de distribution

Les réseaux de distribution d'eau permettent aux sapeurs-pompiers de disposer de prises d'eau correspondant aux besoins en eau pour lutter contre un incendie. Ces prises d'eau sont des poteaux et bouches d'incendie, regroupés sont le nom d'« hydrant ».

On distingue **deux sortes de réseaux** :

- les **réseaux ramifiés (ou palmés)** : canalisations d'eau partant d'un réservoir et finissant en cul-de-sac. Ces réseaux présentent l'inconvénient majeur de n'avoir qu'un seul sens de circulation de l'eau et donc de condamner plusieurs hydrants en cas de problème sur une des canalisations ;

- les **réseaux maillés** : les canalisations d'eau communiquent entre elles pour former un maillage et une circulation de l'eau dans tous les sens. Ce type de réseau a pour avantage d'assurer une permanence de l'eau aux hydrants, même en cas de coupure sur une canalisation, ceci grâce au maillage du réseau.

C| Les points d'eau naturels

On trouve dans la nature un certain nombre de points d'eau (cours d'eau, canaux, rivière, étangs, puits...) qu'il ne faut pas négliger, sous réserve qu'ils correspondent au besoin en eau pour un risque moyen.

Cependant, avant toute utilisation d'un point d'eau naturel, il convient de s'assurer qu'il est en mesure de fournir en 2 heures les 120 m^3 nécessaires, qu'il se situe à 400 m maximum des risques à défendre, que la hauteur géométrique d'aspiration (différence de niveau entre l'axe de la pompe et le niveau de l'eau) ne soit pas supérieure à 6 m et que le point d'eau soit toujours accessible à l'engin-pompe.

Il est possible de créer des aires d'aménagement afin de pouvoir exploiter certains de ces points d'eau. Leur superficie est de 12 m^2 (4×3) pour les motopompes et de 32 m^2 (8×4) pour les engins-pompes. Elles doivent être bordées du côté de l'eau par un talus et établies en pente douce (2 cm par mètre environ) afin de permettre l'évacuation de l'eau.

D| Les points d'eau artificiels

Il s'agit des réserves d'eau créées par l'homme. Elles doivent correspondre aux mêmes critères d'utilisation que les points d'eau naturels. Il s'agit des piscines, bassins, citernes, lavoirs, barrages, puisards...

E| Les hydrants

Les hydrants regroupent des poteaux d'incendies (PI) définis par la norme NFS 61-213 et des bouches d'incendies (BI) définies par la norme NFS 61-211.

Tout hydrant, afin d'être utilisé dans de bonnes conditions, doit répondre aux critères suivants :

- débit minimum de 60 m^3/h sous 1 bar de pression ;
- pression dynamique minimale de 1 bar ;
- distance maximum des risques à défendre de 400 m ;
- être incongelable ;
- être accessible en toutes circonstances ;
- être signalé.

2 La mise en œuvre des dispositifs d'alimentation

A| La bouche d'incendie (BI)

La BI se compose d'un tuyau métallique de 100 mm de diamètre intérieur, branché sur la conduite de ville et montant verticalement jusqu'à la surface du sol où il se termine par un orifice d'écoulement (demi-raccord Keyser de 100 mm).

Afin de manœuvrer la BI, il convient de se munir d'une clé de barrage, d'un coude d'alimentation (si l'engin-pompe est à moins de 20 m) ou d'une retenue (si l'engin-pompe est à plus de 20 m). Il faut ensuite ouvrir le coffre de la bouche, purger à l'aide de la clé de barrage en faisant jaillir l'eau à une dizaine de centimètres puis refermer, monter la pièce de jonction et ouvrir complètement (13 tours).

B| Le poteau d'incendie (PI)

Le PI est conçu sur le même principe de fonctionnement que la BI. Il en diffère par une partie saillante au-dessus du niveau du sol présentant des demi-raccords symétriques fixes de 100 mm et de 65 mm équipés de bouchons obturateurs.

Afin de manœuvrer le PI, il convient de se munir d'une clé de poteau. Il faut ensuite ouvrir les demi-coquilles et le bouchon obturateur désiré, purger le PI en faisant jaillir l'eau puis refermer, brancher le tuyau à la prise correspondante et ouvrir complètement (13 tours).

C| Les colonnes

Les **colonnes sèches** sont des canalisations fixes et rigides destinées à faciliter l'intervention des sapeurs-pompiers. Elles sont installées à demeure dans certaines constructions. Elles sont alimentées par l'extérieur et mises en charge au moment de l'emploi. Elles disposent à chaque niveau de deux demi-raccords de 40 mm ou d'un demi-raccord de 65 mm avec deux demi-raccords de 40 mm.

Les **colonnes humides** sont comparables aux colonnes sèches mais sont maintenues en charge en permanence au moyen de réservoirs d'eau, avec pompes, surpresseurs ou autres dispositifs.

3 La procédure pour le contrôle des hydrants

Les épreuves des BI et PI ont pour but de vérifier l'existence, la signalisation et le bon fonctionnement des appareils. Ces contrôles sont mentionnés dans un registre qui récapitule le débit, la pression, l'accessibilité et l'état de l'hydrant. Ils permettent aussi au personnel des centres de secours d'en connaître les emplacements et doivent être effectués au moins une fois par an.

Afin de réaliser un contrôle, il convient :

- de purger l'hydrant jusqu'à l'apparition d'eau propre, puis refermer lentement ;
- de regarder qu'il ne reste pas de corps étranger à l'entrée du raccord ;
- de vérifier l'état des joints et des bouchons obturateurs ;
- d'installer l'appareil de mesure (pèse-bouche) ;
- d'ouvrir lentement l'hydrant (13 tours dans le sens inverse des aiguilles d'une montre) : lire la pression statique ;
- de mesurer la pression dynamique une fois l'obtention d'un débit de 60 m^3/h ;
- de mesurer le débit en m^3/h ;
- de fermer lentement l'hydrant, de refermer les bouchons et le capot.

4 L'établissement des tuyaux

Les établissements sont la disposition donnée aux tuyaux pour amener l'eau aux lances. Ils peuvent être :

- **horizontaux** : lorsqu'ils reposent sur un sol sensiblement plat ou sur un plancher ;
- **verticaux** : lorsqu'ils s'élèvent verticalement dans une cage d'escalier, le long d'un mur ou d'une échelle, on compte alors 3 à 4 m par niveau ;
- **rampants** : lorsqu'ils s'élèvent sur les marches d'un escalier ou sur un terrain très incliné ; on compte alors 6 à 8 m par niveau.

A| Les règles à respecter

Pour que ces établissements soient réalisés au mieux, il convient de respecter les règles suivantes :

- faire une grande réserve en boucle au point d'attaque ou à la division pour les gros tuyaux et au point d'attaque pour les petits ;
- dérouler le premier tuyau et successivement tous les autres en serrant le plus près possible la bordure du trottoir ;
- éviter, si possible, de couper les rues ;

- employer le moins possible de tuyaux ;
- éviter l'enchevêtrement des tuyaux ;
- éviter les torsions, les plis, les coudes brusques ;
- ne pas laisser les tuyaux reposer sur des décombres brûlants ou des matériaux coupants ou pointus, les mettre à l'abri de la chute des matériaux.

B| Les précautions d'emploi

Afin d'éviter de détériorer les tuyaux, il faut observer les précautions suivantes :

- éviter de poser les tuyaux sur une partie angulaire ;
- si les tuyaux doivent être déplacés ou hissés, veiller à ce qu'ils ne puissent pas se détériorer près des coudes, notamment aux angles vifs ;
- ne pas marcher sur les tuyaux, même pour les rouler ;
- ne pas les laisser franchir par des véhicules sans avoir placé au préalable des dispositifs de franchissement de tuyaux (DFT) ;
- les rouler et les mettre à l'abri dès lors qu'ils ne sont plus utilisés, en évitant de les traîner à terre ;
- ne pas heurter les raccords ;
- manœuvrer doucement les robinets des lances, divisions et retenues pour éviter l'arrivée brutale et massive d'eau qui aurait tendance à faire crever les tuyaux, et qui pourrait surtout déséquilibrer les porte-lances ;
- ne pas plier les tuyaux quand ils sont gelés.

5 L'établissement de lances

Les procédures opérationnelles d'établissement des lances sont détaillées dans le guide national de référence « Établissement des lances : équipes en binômes ». De plus, chaque département peut avoir son propre guide de référence explicitant davantage de manœuvres.

A| Le cadre général d'intervention

L'ensemble des manœuvres d'établissement des lances repose sur une unité composée de deux sapeurs-pompiers constituant le binôme. Le binôme est composé d'un chef d'équipe et d'un équipier. Un engin est servi par un ou plusieurs binômes. Pour des raisons d'efficacité et de sécurité, le binôme effectue une seule action à la fois.

Au sein d'un engin d'incendie, il existe **deux binômes** :

- le **binôme d'attaque (BAT)** qui procède à l'attaque du sinistre à l'aide d'une lance ;
- le **binôme d'alimentation (BAL)** qui procède à l'alimentation de l'établissement.

Les binômes ne sont pas figés et peuvent changer de fonction sur ordre du chef d'agrès (le BAL réalise sa mission et peut devenir BAT par la suite).

B| Les règles de base

Tout commandement d'exécution d'une lance indique un point d'attaque et une prise d'eau, qui peut être un engin, un PI, une BI, une colonne sèche, une colonne humide ou une division. Une lance est toujours alimentée par une prise d'eau et une prise d'eau peut être alimentée par une autre prise d'eau.

Le matériel de base de chacun des binômes est le suivant (mais peut varier selon les procédures en vigueur dans chaque SDIS) :

BAT	ARI	Lance	Tuyaux	Commande	Projecteur	BAL	Dévidoir + division + matériel sur ordre
Chef	1	1	1	0	1	Chef	
Équipier	1	0	2	1	0	Équipier	

L'organigramme des manœuvres en binôme

M1 : établissement de la lance du dévidoir tournant (LDT)

M2 : alimentation d'une prise d'eau

M3 : établissement d'une lance sur une prise d'eau

M4 : alimentation de l'engin

M5 : établissement d'une lance à mousse

M6 : remplacement/prolongation de tuyau

FICHE 13

L'ATTAQUE ET L'EXTINCTION DES FEUX

Les connaissances théoriques indispensables à la maîtrise des incendies sont exposées dans la fiche 8 traitant des généralités. Seule la pratique permet de garantir l'efficacité des missions confiées aux binômes.

1 Les méthodes d'extinction

La nature et l'intensité du foyer amènent le chef d'agrès à faire le choix des matériels les plus adaptés à la lutte. Ainsi, les binômes doivent connaître le fonctionnement et maîtriser les techniques d'attaque à l'aide de matériels aussi divers que les extincteurs et les lances canon remorquables.

Deux guides nationaux de référence sont incontournables :

- « Équipes en binômes : utilisation des lances à eau à main » (arrêté du 1er août 2007 fixant le guide national de référence des techniques professionnelles relatif à l'utilisation des lances à eau à main). En effet, la technicité des outils à disposition des sapeurs évolue. Il est désormais possible, par une bonne maîtrise des lances, d'être plus efficace dans l'attaque des foyers, et aussi de disposer d'un moyen de protection efficace face aux développements rapides d'incendies et au flux thermique associé. Ce document indique également les méthodes d'attaque à mettre en œuvre ;
- « Explosion de fumées – embrasement généralisé éclair » (arrêté du 3 février 2003 fixant le guide national de référence relatif à l'explosion de fumées et à l'embrasement généralisé éclair). Ce guide présente la dynamique des incendies pouvant évoluer vers des phénomènes thermiques violents, ainsi que les éléments à connaître et à évaluer pour « lire » et anticiper ces développements. Enfin, les conduites à tenir y sont définies et illustrées.

2 Les différents binômes intervenant dans l'attaque

A| Le binôme, unité de base

Le binôme, composé d'un chef et d'un équipier, est l'unité de base de toute manœuvre. En fonction des dispositions locales, un engin peut être servi par un ou plusieurs binômes qui se voient ordonner des missions différentes.

Sauf ordre contraire, chaque binôme est équipé d'un appareil respiratoire par personne.

Un binôme exécute une mission à la fois. Il se remet ensuite à disposition du chef d'agrès afin de se voir confier d'autres tâches. Cet usage garantit la sécurité et l'efficacité nécessaire à l'action.

B| Le binôme d'attaque (BAT)

Le binôme d'attaque procède principalement à l'**attaque du sinistre** à partir du point désigné par le chef d'agrès.

Il veille à utiliser l'eau nécessaire, sans excès, afin de réduire au maximum l'impact de l'opération sur les biens qui n'ont pas été atteints par les flammes ou les fumées. Pour cela, il applique les techniques apprises et maîtrise son débit et la forme de son jet (jet droit ou diffusé selon l'effet recherché).

Sa mission peut également consister à empêcher une propagation en refroidissant des fumées ou en maintenant un rideau d'eau.

Le BAT rend compte de l'efficacité de son action sur le secteur qui lui est attribué.

La vigilance du chef et de l'équipier participe à la sécurité du binôme.

C| Le binôme d'alimentation (BAL)

Le binôme d'alimentation procède sur ordre à l'**alimentation de l'établissement de la prise d'eau** pour l'attaque ou à l'alimentation de l'engin.

Une fois cette mission effectuée, il peut recevoir l'ordre de participer à l'attaque et constitue à cet instant un nouveau binôme d'attaque.

D| Le binôme de sécurité

Le binôme de sécurité se tient à disposition du chef d'agrès pour **intervenir au bénéfice d'un autre binôme en difficulté**.

Son rôle, *a priori* passif, impose qu'il soit continuellement prêt à être engagé (équipement de protection individuelle complet, port de l'appareil respiratoire non capelé afin de maintenir son autonomie en air respirable).

E| Le binôme d'appui et de soutien (BAS)

Lorsqu'il est désigné, le binôme d'appui et de soutien établit une ligne d'attaque avec une large réserve pour la progression. Il assure la protection des binômes engagés.

Il se tient à la disposition du chef d'agrès qui ordonne son intervention.

Cette équipe peut utilement être dotée d'une caméra thermique afin de surveiller à la fois les binômes engagés et l'évolution du sinistre.

F| Le binôme de reconnaissance (BREC)

Engagé par le chef d'agrès pour définir si des personnes sont menacées et reconnaître les cheminements, la nature et l'intensité du sinistre ainsi que les itinéraires de repli et de secours, le binôme de reconnaissance a une mission essentielle au bon déroulement de l'intervention.

Les techniques employées sont présentées dans la fiche 10 et dans le guide national de référence relatif à l'utilisation des appareils respiratoires isolants.

G| Le binôme de sauvetage

Le binôme de sauvetage s'équipe des matériels nécessaires au sauvetage et ou à la mise en sécurité des victimes désignées par le chef d'agrès.

Il emploie les cheminements ou agrès d'accès (échelles à main) définis.

3 La prise en compte de la mission

C'est la reconnaissance du chef d'agrès qui détermine le nombre de binômes nécessaire et leur mission.

Ainsi, il est possible que son évaluation de la situation implique un seul binôme d'attaque, sans binôme d'alimentation, ou au contraire la désignation immédiate de deux binômes d'attaque pour à la fois stopper la propagation et attaquer le foyer principal.

Chaque binôme doit intégrer les ordres qui comprennent en général :

- la mission (quoi ?) ;
- l'emplacement (où ?) ;
- l'accès et les cheminements (par où ?) ;
- le matériel spécifique si nécessaire (avec quoi ?).

4 Le compte rendu au chef d'agrès

Afin de conduire l'opération, le chef d'agrès doit connaître l'évolution du sinistre suite aux actions menées. Chaque binôme a ainsi le devoir de rendre compte de sa mission dans le secteur qui lui est attribué.

En particulier, il doit savoir évaluer l'efficacité de son action afin que les mesures nécessaires soient étudiées et mises en œuvre :

- renforcement du dispositif ;
- maintien en l'état ;
- allégement.

FICHE 14

LA PROTECTION DES BIENS, DÉBLAIS ET SURVEILLANCE

Le feu est par nature un élément destructeur. Les sapeurs-pompiers ont pour mission de limiter au maximum les atteintes aux biens par les flammes et les fumées. Cependant, il est impératif de prendre également en compte les dégâts qui peuvent être occasionnés par les actions d'extinction.

1 La protection des biens lors des incendies

A| La nécessité de la protection des biens pendant et après l'attaque

La protection des biens recouvre l'ensemble des actions qui limitent les dommages causés par le feu et les actions des sapeurs-pompiers.

À ce titre, elle peut être menée parallèlement à l'attaque, si l'effectif présent et les priorités de la chaîne de commandement le permettent.

Enfin, en cas d'atteinte à la toiture, les sapeurs-pompiers doivent s'efforcer de protéger le bâtiment des intempéries.

B| Les techniques à mettre en œuvre

Si l'utilisation du juste volume d'eau est un élément primordial dans les actions de protection des biens, il est parfois nécessaire de mettre en œuvre des moyens souvent simples pour limiter les dégâts liés au ruissellement.

Il suffit parfois de déplacer les meubles dans les locaux situés sous le sinistre pour les mettre à l'abri. On doit parfois les couvrir au moyen de bâches prévues à cet effet.

Afin de limiter le nombre de bâches nécessaire, on rassemble les meubles au milieu de la pièce. Si les meubles reposent sur les sols humides, on tente de les surélever. De même, si des ruissellements importants ne peuvent être évités (rupture de conduite non obturable), il faut tenter de les canaliser vers l'extérieur.

C| Les principes de sécurité à respecter

L'eau peut s'infiltrer dans les éléments entreposés et les éléments de construction. Les sapeurs-pompiers doivent veiller à un possible effondrement.

Le port d'un appareil respiratoire isolant peut être nécessaire.

Enfin, le déplacement de charges lourdes peut être effectué par des engins dédiés. Leur parfaite maîtrise doit être assurée par des conducteurs formés et entraînés. Il faut parfois faire appel à des professionnels si les conditions de sécurité le permettent.

2 La nécessité du déblai lors des incendies

Le déblai peut participer à l'extinction durant la phase d'attaque.

Une fois le ou les foyers principaux éteints, un travail méticuleux de refroidissement des points chauds reste à accomplir. En effet, les amas de matière combustible peuvent cacher des éléments susceptibles de s'enflammer plusieurs heures après l'extinction initiale.

Le déblai a pour objet de déplacer les décombres qui pourraient encore cacher des foyers et d'écarter ainsi tout risque de reprise de feu (règlement d'instruction et de manœuvre des sapeurs-pompiers communaux, 1978). Il comporte le déplacement des parties embrasées pour en parfaire l'extinction.

A| Les techniques à mettre en œuvre

Les lances nécessaires doivent être utilisées par intermittence avec un débit réduit.

Tous les éléments combustibles doivent être vérifiés afin de rendre la zone désignée la plus sûre possible. Ainsi, les éléments tels que les huisseries, plafonds et faux plafonds, poutres et charpentes doivent être visuellement contrôlés et, le cas échéant, grattés ou abattus. Il faut contrôler également le dessus des meubles.

Les matériaux isolants doivent faire l'objet d'une attention particulière. Récemment, les techniques d'isolation ont changé et peuvent représenter des pièges à calories qui doivent, dans la mesure du possible, être retirés (ouate de cellulose, etc.).

Les outils à main constituent les principaux matériels à employer (pelles, fourches, râteaux, haches, etc.).

La détection des derniers points chauds peut être réalisée au moyen d'outils performants tels que les caméras thermiques, dont l'utilisation et les limites d'emploi doivent avoir fait l'objet d'une formation spécifique.

En fin de mission, un contrôle tactile permet de s'assurer que tous les risques sont écartés, en utilisant le revers de la main afin de se prémunir contre tout risque de brûlure.

B| Les principes de sécurité à respecter

1| Rester vigilant

Après une phase d'attaque active intense, la vigilance des intervenants peut baisser. Il faut pourtant s'imposer de continuer sa mission avec rigueur et garder à l'esprit que la zone d'intervention n'est pas encore sûre.

Lors du refroidissement, la stabilité des structures soumises au rayonnement peut évoluer défavorablement et doit requérir l'attention des personnels affectés aux opérations de déblai.

2| Travailler sous protection respiratoire

Pendant une combustion lente (phase de déblai) ou lorsque des éléments carbonisés sont déplacés, des gaz toxiques (dérivés cyanhydrés, monoxyde de carbone, etc.) et des particules fines sont encore émis en grande quantité. Il est donc nécessaire de travailler sous protection respiratoire.

3| Utiliser le matériel approprié

L'emploi de matériel de ventilation permet d'améliorer la visibilité et de baisser la concentration de ces émanations. Il faut pourtant veiller à éviter l'introduction de gaz d'échappement lors de l'utilisation de moteurs thermiques.

Des relevés de toxicité doivent être effectués par le chef d'agrès afin de définir la protection la plus adaptée à la situation.

C| Les relèves

En cas d'intervention de longue durée, le commandant des opérations de secours (COS) peut demander le remplacement du personnel engagé. La durée des engagements est généralement organisée par tranches de 4 à 5 heures.

Les personnels assurant cette relève doivent se munir de l'ensemble de leur équipement de protection individuelle.

La continuité des déblais est souvent vécue comme une tâche ingrate. Elle nécessite pourtant la même rigueur et implication que lors de la phase d'attaque.

3 La surveillance

Malgré les actions de noyage et de déblai, des amas de produits combustibles peuvent présenter des points chauds pendant plusieurs heures, voire plusieurs jours.

La surveillance a pour objet d'empêcher toute reprise de feu après le départ des secours.

Le **dispositif de surveillance** varie en fonction de l'étendue du sinistre. Il comprend au minimum deux sapeurs-pompiers, avec un moyen d'extinction et un moyen de communication.

Il ne faut pas confondre la mission de surveillance, qui impose une présence effective sur les lieux du sinistre, **avec les rondes** effectuées par un sapeur-pompier gradé. La ronde a pour objet d'adapter le dispositif de surveillance à l'évolution du nombre et de l'activité de points chauds. Lorsqu'il le juge opportun, le gradé lève le dispositif et indique que l'opération est terminée.

Les personnels affectés à la mission de surveillance doivent disposer de leur **équipement de protection individuelle complet**. Ils s'équipent sur ordre le cas échéant.

La **vigilance** doit guider les actions et les visites régulières sur le sinistre. Un feu couvant ne doit pas pouvoir s'étendre.

FICHE 15

LES ÉQUIPEMENTS DE PROTECTION INDIVIDUELLE

Un équipement de protection individuelle (EPI) est un dispositif ou moyen destiné à être porté ou tenu par une personne de façon qu'elle soit protégée contre un ou plusieurs risques susceptibles de menacer sa sécurité ou sa santé, principalement au travail.

1 Les textes législatifs et réglementaires

Les EPI répondent à la législation européenne, notamment à la **directive 89/686/CEE** qui fixe les conditions de leur mise sur le marché, de leur libre circulation et les exigences essentielles auxquelles ils doivent répondre afin de préserver la santé et la sécurité des utilisateurs.

Ils répondent également à la législation française, fixée par des décrets et des arrêtés, particulièrement l'**arrêté du 6 mai 2000** qui réglemente les tenues, insignes et attributs des sapeurs-pompiers, par le **code du travail** qui en fixe l'utilisation (art. R. 233-1, art. R. 233-1-1 et art. R. 233-42) et enfin par des **normes destinées aux fabricants** pour leur permettre de concevoir et de mettre sur le marché leurs productions.

Les **normes** sont élaborées par les organes compétents en matière de normalisation. Leur rôle est de définir des prescriptions techniques pour respecter les exigences essentielles :

- les exigences générales sont définies par la **norme NF EN 340** ;
- les exigences spécifiques par rapport aux dangers/risques sont définies par des normes répondant aux caractéristiques de protection adéquates.

2 La classification des EPI

A| Un large éventail

Complémentaires aux moyens de protection collective, les équipements de protection individuelle regroupent un large éventail d'équipements. Les EPI vont du casque aux chaussures de sécurité, en passant par les lunettes, les masques de protection respiratoire, les bouchons d'oreille, les gants, les vêtements de protection, les harnais, etc.

Ils sont destinés à protéger du (des) risque(s) à un poste de travail : exposition cutanée ou respiratoire à un agent chimique ou biologique, chaleur, rayonnements, bruit, écrasement, choc, électrocution…

La réglementation définit **huit familles** : protection de la tête, de l'ouïe, des yeux et du visage, des voies respiratoires, des mains et des bras, des pieds et des jambes, du tronc et de l'abdomen et du corps entier.

B| Les trois catégories d'EPI

Il existe trois catégories d'EPI définies en fonction de la gravité des risques encourus :

- les EPI de la **catégorie 1** protègent contre les agressions (mécaniques, physiques ou chimiques), les petits chocs ou vibrations n'affectant pas les parties vitales du corps et non susceptibles de provoquer des lésions irréversibles et contre le rayonnement solaire ;
- les EPI de la **catégorie 2** protègent contre les agressions (mécaniques, physiques ou chimiques) graves et les chocs affectant les parties vitales du corps et susceptibles de provoquer des lésions irréversibles ;
- les EPI de la **catégorie 3** protègent contre les dangers mortels.

3 Les différents types de tenues

- **Les tenues de base :**

- tenue d'exercice et d'intervention ;
- tenue de feux urbains ;
- tenue de feux de forêts ;
- tenue d'interventions diverses.

- **Les tenues de spécialités :**

- tenue de sauvetage aquatique ;
- tenue d'intervention en milieu périlleux ;

- tenue face aux risques chimiques, corrosifs et radioactifs ;
- tenue légère de décontamination.

• **Les tenues spécifiques :**
- tenue d'approche face aux feux à haut pouvoir rayonnant ;
- tenue de protection contre la pollution par les hydrocarbures.

• **Les autres tenues :**
- tenue de sport ;
- tenue de cérémonie et tenue de sortie.

La liste des EPI énumérée n'est pas exhaustive, elle indique les principaux équipements rencontrés dans la plupart des SDIS.

4 Contrôle, entretien et traçabilité

Certains EPI (dispositifs antichute, casques, tenues d'intervention pour feux urbains, etc.) doivent être contrôlés périodiquement par des agents spécialement formés, par un organisme agréé ou par le fabricant.

Ces vérifications doivent avoir lieu lors de la mise en service initiale ainsi qu'après chaque incident ou accident ou réparation de l'EPI. Les EPI ne satisfaisant plus au niveau de sécurité minimum doivent être remplacés.

Les SDIS ont obligation de doter leurs effectifs de tenues adaptées aux missions et aux normes de sécurité, mais aussi d'établir un règlement d'habillement.

Les sapeurs-pompiers sont tenus de se conformer aux instructions (règlement intérieur, notes de service, consignes...) qui leur sont données par leur employeur. Ils doivent veiller à ce que l'usage des EPI soit conforme à leur destination et réservé uniquement à une utilisation professionnelle.

Chaque effet d'habillement peut être doté d'un numéro particulier qui identifie son propriétaire et détermine le suivi des contrôles et des entretiens.

Bibliographie

- TOP 1 / Équipements vestimentaires de protection individuelle.
- Direction générale de la sécurité civile et de la gestion des crises.

FICHE 16 LES APPAREILS RESPIRATOIRES ISOLANTS

Les appareils respiratoires isolants (ARI) ont pour but de créer et de maintenir une atmosphère respirable isolée de l'air extérieur pollué ou infecté et d'assurer une protection oculaire. Les atmosphères non respirables comprennent : les fumées d'incendie (inflammables, toxiques, rayonnantes, opaques, envahissantes) et les épandages ou atmosphères toxiques.

1 Les contraintes physiologiques

Les **perturbations sensorielles dues aux ARI** sont de trois types :

- **modifications du schéma corporel** : modification des capacités de mobilisation du tronc ou du cou, augmentation du gabarit du porteur, modification du centre de gravité ;
- **déficits sensoriels** : la vue, l'audition, l'odorat ;
- **vie en relation** : le casque perturbe l'audition ; le masque ne rend la voix audible qu'à faible distance, la communication est difficile.

Les conséquences opérationnelles pour le porteur sont l'obligation d'arrêter son activité et d'être très attentif lors des phases de communication.

2 L'augmentation du travail et des efforts du porteur d'ARI

A| Les résistances respiratoires et expiratoires

Avec un ARI, on doit « lutter » contre une résistance inspiratoire (lors de l'inspiration, le porteur doit créer une dépression à l'intérieur du masque pour actionner la soupape à la demande) et expiratoire (effort nécessaire pour vaincre la résistance de la soupape d'expiration).

B| Le stress émotif

Il augmente la fréquence cardiaque du porteur et génère une perte de lucidité, augmentant ainsi les efforts du porteur et sa consommation d'air.

C| L'augmentation du poids du porteur

Le poids d'un appareil respiratoire isolant à circuit ouvert peut varier entre 10 et 16 kg sans excéder les 18 kg (norme NF EN137). Cela influe sur la marche (moins aisée) et les mouvements du corps (plus éprouvants), les déplacements verticaux (plus difficiles), générant une augmentation de la dépense d'énergie pour un travail donné.

D| La thermorégulation

Lors d'un effort physique, le travail musculaire participe à l'élévation de la température, la diminution de la chaleur corporelle étant alors assurée par la sudation. Sous ARI, trois facteurs interviennent sur l'équilibre thermique : l'exposition aux très fortes températures, la perte d'efficacité de la sudation (à cause des EPI) et l'effort physique. La seule possibilité physiologique permettant la perte de chaleur est la ventilation. Cela reste insuffisant, même en accélérant la fréquence ventilatoire.

E| L'espace mort

C'est le volume d'air restant non expiré présent depuis les alvéoles pulmonaires jusqu'à la soupape d'expiration. Il comprend : les bronchioles, les bronches et les voies aériennes supérieures ainsi que le volume restant libre à l'intérieur du demi-masque. L'espace mort génère deux effets négatifs pour le porteur d'ARI : il augmente le volume d'air nécessaire à la bonne ventilation du porteur et une partie de l'air riche en CO_2 est inspirée à nouveau. Le CO_2 provoque une hyperventilation et une sécrétion d'hormones, et augmente la consommation d'air.

3 Le matériel

Deux types d'appareils peuvent être utilisés :

- les **appareils respiratoires isolants à circuit ouvert (ARICO)**, dans lesquels l'air expiratoire est rejeté à l'extérieur du circuit ;
- les **appareils respiratoires isolants à circuit fermé (ARICF)**, pour lesquels l'air expiratoire est réinjecté dans le circuit, après avoir été appauvri en CO_2, enrichi en O_2, desséché et réfrigéré avant d'être réutilisé.

A| Les ARICO

1| Les éléments principaux

Les ARICO sont composés de **huit éléments principaux** :

- le **harnais** (NF EN 137) est le châssis de l'appareil respiratoire. Il a une double fonction : répartir le poids de l'ARI et supporter l'ensemble des éléments de sécurité ;
- la **pièce faciale** (NF EN 136-10 – classe 3) : le masque est un élément essentiel de l'ARI car la sécurité de l'intervention en dépend ;
- la **bouteille** constitue la réserve d'air. Elle peut être munie d'un dispositif permettant de différencier les vides des pleines ;
- le **détendeur HP/MP** (NF EN 137) a pour but d'abaisser la pression de la bouteille à +/– 7 bars tout en conservant un débit continu et régulier. Il reçoit le manomètre et le sifflet de fin de charge. Il alimente la SAD ;
- la **soupape à la demande (SAD)** (NF EN 137) a pour fonctions d'abaisser la pression (à une valeur légèrement supérieure à celle de la pression atmosphérique), de délivrer de l'air à la demande et de délivrer de l'air supplémentaire en continu *via* le bouton d'apport d'air additionnel (*by-pass*) ;
- la **plaque de contrôle** facilite le contrôle des porteurs d'ARI ;
- le **système sonore de détresse** : il en existe de nombreuses sortes (corne d'appel, balise sonore...). Le principe est d'augmenter la sécurité *via* un système de détection d'immobilité qui déclenche une alarme audible. Cette alarme peut être activée manuellement. Ce dispositif est souvent couplé à un détecteur de chaleur, voire au manomètre ;
- la **liaison personnelle**, en dotation individuelle, permet de se déplacer le long de la ligne guide, et au binôme de rester en liaison. La liaison personnelle mesure 6 m de longueur totale et 4 mm de diamètre. L'extrémité est équipée d'un mousqueton. Elle se compose de deux parties : une courte de 1,25 m et une longue de 4,75 m déblocable.

2| Les autres éléments

En sus de l'ARI peut être utilisée, lors de grandes reconnaissances, la **ligne guide**. Elle permet d'avoir une liaison avec le contrôleur et de revenir au point d'entrée. C'est une cordelette de 50 m de long et de 6 à 8 mm de diamètre, dotée à chaque extrémité d'un mousqueton, équipée de repères tactiles indiquant le sens de la progression.

> Ligne de vie = liaison personnelle + ligne guide

Les **dispositifs de dérivation** sont destinés à établir de nouvelles lignes guides (lignes secondaires) à partir d'une ligne guide principale ; au nombre de trois, ils sont accrochés sur le sac de transport.

Le **tableau de contrôle** permet au contrôleur de regrouper les plaques de contrôle des binômes, de surveiller les personnels engagés, de suivre et de contrôler le temps d'engagement des porteurs.

La **plaque de contrôle** est l'unique moyen d'enregistrement et de contrôle des porteurs qui s'engagent. Dessus, sont notés le nom, la pression d'engagement et l'heure d'entrée. Elle se fixe au tableau de contrôle.

B| Les ARI CF (NF EN 145)

Ce matériel est utilisé le plus souvent par des équipes spécialisées pour de longues reconnaissances. Il se compose des éléments suivants :

- le **masque** (ou pièce faciale) est un masque respiratoire avec panorama à doubles lèvres d'étanchéité, membrane phonique, avec essuie-glace et oculaire ;
- le **détendeur** assure plusieurs fonctions : il abaisse la pression de la bouteille à 4 bars environ à un débit de 1,5 L/min et reçoit le manomètre ;
- le **sac respiratoire** possède une capacité de 5 L et comprend les raccordements d'arrivée d'oxygène et d'air ;
- la **cartouche régénératrice** contient environ 2,2 L de chaux sodée pour absorber le CO_2 ;
- la **bouteille d'oxygène** a une capacité de 1 L à une pression de 200 bars ;
- la **boîte à valves** contient les valves de commande, la pulmo-commande, la valve de surpression et le signal d'alarme.

4 Le mode opératoire et les règles de base

A| Avant l'engagement

Le **contrôleur** est l'élément essentiel du dispositif de reconnaissance ; son rôle est primordial. Ses **missions** sont les suivantes :

- l'enregistrement et la supervision des actions initiales des personnels :
  - il s'assure du port correct des EPI,
  - il établit un code de communication,
  - il récupère les plaques de contrôle et enregistre les binômes avant l'engagement,

  - il renseigne les fonctions et les secteurs d'exploration des binômes,
  - il s'assure du respect de la pression minimale d'engagement,
  - il renseigne l'heure de sortie prévisible des binômes ;
- il calcule l'heure de sortie prévisible : sur le tableau de contrôle, le contrôleur doit renseigner l'heure prévisible de sortie pour chaque binôme, se basant sur la plus faible autonomie (théorique).

T(durée maxi) = P(pression initiale) × V(volume bouteille)/ C(consommation connue du porteur)

Les **porteurs** opèrent des vérifications individuelles : avant de s'engager, chaque porteur doit individuellement s'assurer de **respecter le moyen mnémotechnique RAPACE** :

- R : ouverture du **R**obinet ;
- A : **A**justement du harnais ;
- P : **P**ression au manomètre ;
- A : **A**rmement du système sonore de détresse ;
- C : **C**ode de communication ;
- E : **É**tanchéité du masque.

B| Pendant l'engagement

À SAVOIR
Règle essentielle : pendant l'engagement, toujours travailler en binôme !

Pendant que les équipes sont engagées, **le contrôleur est seul responsable de la sécurité des porteurs**. Il doit :

- ne contrôler qu'un seul point d'accès ;
- superviser cinq binômes au maximum, dont le binôme de sécurité ;
- faire assurer l'approvisionnement en bouteilles d'air de rechange ;
- garder un binôme de sécurité prêt à intervenir immédiatement ;
- rester en relation avec son chef d'agrès et le tenir informé du déroulement de la reconnaissance ;
- prendre les mesures d'urgence en cas de besoin.

Les binômes assurent les missions suivantes :

- **utilisation de la ligne de vie** : en règle générale, le binôme d'exploration doit avoir une ligne de vie dès que la longueur d'exploration dans les étages est susceptible de dépasser 20 m ou dès que le binôme doit s'engager en sous-sol ;

- **utilisation de la liaison personnelle** : le mousqueton de la liaison personnelle du chef est accroché sur l'anneau d'amarrage de la liaison de l'équipier. L'équipier, quant à lui, se raccorde directement sur la ligne guide par le biais de son mousqueton. En configuration normale, seul le chef débloque sa portion longue, celle de l'équipier ne l'étant que sur ordre, ou si le chef se trouve en difficulté ou encore si une victime est visible du chef et nécessite un plus grand éloignement de la ligne guide ;
- **utilisation de la ligne guide** : durant la reconnaissance, le binôme d'exploration établit la ligne guide afin de s'assurer un retour sûr et rapide vers la sortie.

Si l'équipe doit se retirer avant la fin de la reconnaissance, le binôme doit amarrer la ligne guide avant de faire demi-tour :

- **reconnaissance simple** : l'équipier est relié à la ligne guide par sa portion courte. Le chef est relié à son équipier par sa portion courte ;
- **travaux ou prise en charge d'une victime** : chaque membre du binôme est relié à la ligne guide au moyen de sa portion courte ;
- **reconnaissance latérale** : le chef est relié à l'équipier au moyen de ses 6 m de liaison personnelle, par sa portion courte ;
- **opération complexe** : les équipes qui sortent sont prioritaires sur celles qui entrent. Des ramifications sont installées au moyen des dispositifs de dérivation ;
- **exploration d'une pièce** : il n'y a pas de méthodologie particulière. Il faut être ordonné pour reconnaître l'ensemble du volume.

C| Après l'engagement

- Vérification, pointage et regroupement du matériel.
- Remise en service de l'ARI.
- Contrôle visuel du masque.
- Signalement de toute anomalie.

À SAVOIR

Les notions de cette fiche et des schémas font l'objet d'un guide national de référence (GNR) téléchargeable sur le site du ministère de l'Intérieur : https://www.interieur.gouv.fr/Le-ministere/Securite-civile/Documentation-technique/Les-sapeurs-pompiers/Doctrines-et-techniques-professionnelles/Guides-nationaux-de-reference-des-techniques-professionnelles.

FICHE 17

LES LSPCC

Les **lots de sauvetage et protection contre les chutes (LSPCC)** sont destinés, d'une part, au sauvetage ou à la mise en sécurité de personnes par l'extérieur des immeubles ou se trouvant dans des puits, fosses ou excavation et, d'autre part, à la protection des sapeurs-pompiers eux-mêmes contre les chutes de hauteur.

1 Les possibilités et les limites d'utilisation des LSPCC

Le lien de sécurité utilisé doit permettre, dans tous les cas de figure, de ne pas heurter le sol en cas de chute.

A| Le sauvetage

Lors du sauvetage d'une personne par l'extérieur, le LSPCC permet l'évacuation verticale de victimes dans la limite de la longueur utile de la corde.

Lors d'un sauvetage dans un puits, une fosse ou une excavation, il permet de remonter à la verticale des victimes conscientes ou inconscientes dans la limite de la longueur utile de la corde.

À SAVOIR
Lorsque la victime ne répond pas aux appels, le port de l'ARI doit être systématique.

B| La protection individuelle contre les chutes

Le LSPCC permet de parer les chutes du personnel lors de déplacement dans un environnement hostile dans les limites suivantes :

- la distance entre les amarrages est déterminée par la hauteur libre sous la personne en progression ;
- les points permettant de s'assurer doivent impérativement être au-dessus ou au même niveau que l'axe de déplacement.

C| La reconnaissance d'appartement ou l'ouverture de porte

Le LSPCC permet la descente d'un sauveteur, dans la limite de la longueur utile de la corde, lorsque la façade n'est pas accessible aux échelles. Avant de procéder à cette manœuvre, il convient de déterminer l'itinéraire de sortie du sauveteur.

2 Le matériel

Chaque lot contenu par un engin est composé du matériel suivant :
- 1 sac de transport : de couleur jaune citron ou bleue, il est destiné au rangement et au transport du matériel ;
- 1 corde de 30 m avec son mousqueton à double verrouillage automatique ;
- 1 corde statique de 30 m pour le lot engin, 60 m pour le lot échelle ; diamètre 12 à 13 mm ; charge à la rupture > 3 000 kg ; allongement inférieur ou égal à 4 % ; avec, à chacune des extrémités, une ganse indémontable coiffée d'une gaine thermo-rétractable ;
- 1 descendeur de type « huit » (résistance 2 000 kg) pour : contrôler la vitesse de descente ; s'assurer lors de la montée ou lors de la protection contre les chutes. Il doit être utilisé exclusivement en point fixe ;
- 1 harnais-cuissard muni d'un mousqueton à double verrouillage automatique, que le sapeur-pompier enfile pour disposer de solides points de préhension répartissant les efforts sur son corps ;
- 1 triangle d'évacuation, à faire enfiler par la victime, pour la tenir pendant la montée ou la descente ;
- 3 anneaux cousus bleus de 0,80 m ; 3 anneaux cousus rouges de 1,50 m ;
- 6 mousquetons symétriques à vis, qui servent à connecter entre eux les différents éléments d'un dispositif (résistance : grand axe, 2 000 kg ; petit axe, 750 kg) ;
- 1 poulie (résistance : 2 000 kg ; diamètre de la gorge : 12 à 13 mm) ;
- 1 protection de corde, qui protège à la demande la corde du frottement sur des angles vifs ou sur des matériaux coupants ;
- 2 cordelettes, qui se présentent sous la forme d'un anneau fermé par deux nœuds de pêcheur doubles ;
- 1 commande de 30 m en sac (longueur : 30 ou 40 m ; diamètre : 7 mm ; résistance à la rupture : 2 780 kg), qui permet d'écarter la victime d'une façade ou d'un obstacle lors de sa descente ou de sa montée.

3 L’entretien et le contrôle du matériel

Le matériel doit être contrôlé par un responsable avant remise en service.

A| La corde

Il convient de se référer aux recommandations du constructeur. De manière générale :

- entretien : la laver à grande eau, la sécher à plat et à l’ombre ;
- contrôle : sa durée de vie maximale est de 7 ans.

Causes de réforme immédiate des agrès en fibres synthétiques :

- exposition en atmosphère corrosive ;
- partie brûlée et fondue ;
- souillure par produits corrosifs ;
- gaine coupée ou usée et laissant apparaître l’âme de la corde. La gaine présente une trame de repère d’usure en fil de couleur ;
- lorsque l’état de l’âme présente soit une zone de réduction de diamètre soit une perte de souplesse localisée.

B| Les pièces métalliques

Elles doivent être nettoyées et contrôlées après chaque utilisation.

Causes de réforme immédiate :

- chute de grande hauteur ;
- mécanisme grippé ;
- usure de l’alliage prononcé ;
- microfissure ;
- non-fermeture d’un mousqueton ouvert en charge à 80 kg.

C| Les points fixes, les amarrages et les nœuds

Est considéré comme **point fixe** tout objet ou structure offrant une résistance suffisante à l’effort demandé.

L’**amarrage** est réalisé à l’aide d’anneaux cousus et de mousquetons. Un amarrage principal doit être doublé sur un même point fixe si celui-ci est assez résistant, sinon il est nécessaire de choisir deux points fixes distincts.

Les **nœuds** :

- le **nœud de huit double** peut servir de nœud de sécurité et de nœud d’amarre ;

- le **nœud français** est réalisé avec une cordelette et sert à aménager une poignée de traction ;
- la **clé d'arrêt** permet de stopper le mouvement de la corde dans le huit descendeur pour assurer le sauveteur ou la victime.

4 Les règles de base de l'usage du LSPCC

A| Avant l'engagement

Il est obligatoire de procéder :

- à la vérification du contenu du sac ;
- à la désignation du personnel ;
- à l'évaluation de la difficulté technique due à l'environnement ;
- à l'évaluation de la hauteur ou de la profondeur ;
- à l'évaluation de l'état de la victime ;
- au choix de la méthode de sauvetage : l'équipe peut réaliser elle-même l'opération avec le LSPCC, ou elle doit faire sans attendre appel à un renfort spécialisé (GRIMP, secours en montagne, etc.).

Qui prend quoi ?

BAL/BAT	Chef	Équipier
ARI	4	4
Radio	4	
LSPCC	4	
Commande		4
Moyen d'éclairage	4	

Dans le cas d'un sauvetage par l'extérieur, seul le binôme d'attaque (BAT) se munit de ces équipements. Dans le cas d'un sauvetage en excavation, les deux binômes se munissent de ce matériel.

B| Pendant l'engagement

Il est obligatoire :

- de choisir judicieusement les points fixes. Ils doivent obligatoirement être doublés pour les amarrages principaux ;
- d'interdire l'utilisation des cordes et autres matériels du lot de sauvetage pour des opérations autres que la descente, la remontée ou la sécurité des personnes ;

- de surveiller attentivement la corde ;
- de porter une attention toute particulière sur les coutures des anneaux cousus et les nœuds ;
- de visser les mousquetons ;
- de contrôler le bon fonctionnement des appareils de freinage ;
- d'utiliser le descendeur en point fixe ;
- de réaliser un double amarrage ;
- d'utiliser un mousqueton pour prolonger les anneaux cousus.

C| Après l'engagement

Il est obligatoire :

- de regrouper le matériel par lot de sauvetage en vue de le contrôler ;
- de nettoyer sommairement le matériel ;
- de vérifier sommairement, sur les lieux de l'opération, l'état du matériel :
  - vérification tactile,
  - vérification visuelle des pièces métalliques et des agrès en fibres synthétiques,
  - rangement du matériel dans le(s) sac(s).

À SAVOIR

Visualisez le LSPCC en vous reportant au guide national de référence (GNR), annexé à l'arrêté ministériel du 3 février 1999, téléchargeable sur le site Internet du ministère de l'Intérieur https://www.interieur.gouv.fr/Le-ministere/Securite-civile/Documentation-technique/Les-sapeurs-pompiers/Doctrines-et-techniques-professionnelles/Guides-nationaux-de-reference-des-techniques-professionnelles.

FICHE 18

ÉCHELLES, POMPES ET AMORCEURS

La variété des missions dévolues aux sapeurs-pompiers les amène à devoir employer des outils divers. Ces outils et techniques sont regroupés dans le module TOP, qui englobe notamment la manipulation et la connaissance des échelles à main, mais aussi les pompes et amorceurs qui équipent les engins d'incendie.

1 Les échelles

A| Les échelles à mains

Composées en alliage d'aluminium, elles sont plus légères et plus maniables que leurs ancêtres en bois et nécessitent moins d'entretien. En revanche, elles sont conductrices d'électricité et de chaleur. Elles sont utilisées lors des sauvetages et des reconnaissances en l'absence de communications praticables. Elles arment certains véhicules, comme les fourgons d'incendie, les véhicules tout usage ou encore les véhicules de secours routiers. Il en existe **deux modèles**.

1| L'échelle à crochets

Agrès de sauvetage, elle est utilisée pour monter d'étage en étage par l'extérieur des habitations lorsque les communications sont impraticables ou inexistantes. Elle peut être utilisée en échelle de toit, en prolongement des échelles à coulisses ou aériennes, ainsi que pour accéder aux toits terrasses.

Alliage	Aluminium
Longueur	4 m
Poids	8 kg
Nombre d'échelons	13 à 14
Largeur entre les crochets	30 cm
Largeur entre les échelons	25 cm

Caractéristiques :

- 2 pointes à l'extrémité des crochets ;
- résistance verticale suspendue : un homme sans saccades ;
- résistance horizontale nulle.

Règles d'emploi : elle est portée par un homme seul et doit être suspendue sans reposer sur le sol où elle risque la rupture des montants.

2 | L'échelle à coulisses

Agrès de reconnaissance, de sauvetage et d'établissement de tuyaux, elle permet d'accéder aux premier et deuxième étages des constructions ainsi qu'aux toits de même hauteur. Elle assure également d'autres fonctions lors d'interventions spécifiques.

Alliage	Aluminium
Longueur reployée	5 m
Longueur déployée	8,75 m
Poids	32 à 45 kg
Largeur	45 cm
Nombre d'échelons	15 à 19

Caractéristiques :

- elle comprend également 1 poulie, 1 cordelette, 2 parachutes, 2 sabots à la base et en option 2 roulettes à l'extrémité du petit plan servant à faciliter le déploiement ;
- résistance déployée : 1 homme par plan ou 2 hommes sur le dernier plan ;
- résistance horizontale : reployée, elle supporte alors 2 hommes.

Règles d'emploi :

- elle peut être manœuvrée par un homme seul ou à deux ;
- le petit plan repose toujours contre la façade ou le toit du FPT ;
- s'assurer du pied d'échelle avant d'amarrer la cordelette et/ou de monter.

L'échelle à coulisses doit être dressée à une distance définie par rapport à son point d'appui. On appelle **pied d'échelle** la distance (en mètres) entre l'aplomb du point d'appui et le pied de l'échelle. Cette distance est indispensable pour monter ou descendre en sécurité.

Calcul du pied d'échelle = 1/5e de la hauteur développée + 0,60 m

B | L'évolution sur une échelle aérienne

Pour effectuer des missions de sauvetage, de reconnaissance et d'attaque de feux, on utilise des échelles aériennes.

L'échelle aérienne peut être pivotante semi-automatique, pivotante automatique, dite à mouvements combinés, ou sur porteur. Sa longueur varie de 18 à 60 m et elle peut être équipée à son extrémité d'une nacelle ou d'une plateforme.

À SAVOIR

Le port du harnais de sécurité ou du ceinturon avec longe est obligatoire lors d'une évolution sur une échelle aérienne.

Hormis les manœuvres à partir d'une plate-forme ou d'une nacelle, la montée ou la descente sur une échelle aérienne doit se faire sur l'échelle dressée, moteur à l'arrêt.

1 | Les domaines d'emploi

- Pont aérien (en support d'établissement de tuyaux).
- Mât d'éclairage.
- Point fixe pour des évacuations.
- Plate-forme d'observation.

2 | Pour l'ascension

- Regarder l'échelon et le saisir à hauteur des yeux, paume des mains vers le sol.
- Monter sans saccade dans un mouvement dissymétrique en élevant le pied et la main opposée en même temps et bras tendus.
- Continuer l'ascension en regardant toujours vers le haut et en engageant le pied jusqu'à la semelle du talon.

3 | Position statique

- Une fois arrivé à la hauteur souhaitée, passer une jambe entre deux échelons et engager le pied sur l'échelon inférieur.
- Descendre ensuite le pied opposé d'un échelon.
- S'amarrer avec la longe du harnais.

4 | En descente

Remonter d'un échelon le pied non engagé et dégager la jambe opposée, puis descendre en appliquant le même principe qu'à l'ascension.

5 | Les croisements

Lors des opérations de secours, il arrive parfois que deux sapeurs-pompiers se croisent sur une échelle. Le sapeur-pompier descendant est alors prioritaire :

- à l'approche du sapeur-pompier descendant, le sapeur-pompier montant lui donne une tape sur la cheville et s'efface en plaçant sa main gauche et son pied gauche en extrémité d'échelon, puis pivote sur son pied gauche, dos en appui contre l'armature du parc échelle, le pied droit engagé sur l'extérieur de cette dernière ;
- le sapeur-pompier descendant se serre du côté droit au signal du sapeur-pompier montant et poursuit sa descente.

2 Quelques rappels d'hydraulique

Dans le cadre des actions du sapeur-pompier, il y a deux grandeurs physiques à garder en tête lorsque l'on manipule de l'eau :

- la **pression** : rapport de l'intensité de la **force F** exercée perpendiculairement à une **surface S**. Ainsi, la **pression P** est donnée par : **P = F/S**. Dans le système international d'unités, la pression s'exprime en Pascal (Pa) : **1 Pa = 1 N/m²**. La pression atmosphérique est de 1 013 millibars au niveau de la mer (1,013 bar). Un bar vaut 10^5 Pa ;
- le **débit** correspond au déplacement d'un volume en un temps donné exprimé en m^3 par heure ou en litres par minute. Le volume est égal à la section du tuyau multiplié par la longueur.

Il ne faut jamais perdre de vue la relation entre le débit entrant et le débit sortant. Lorsqu'une pompe refoule, la capacité de débit du tuyau d'alimentation doit être supérieure ou égale à celui de refoulement.

Pertes de charges : dès qu'un fluide est mis en mouvement dans une canalisation, des frottements sont engendrés créant une perte de la pression appelée perte de charges, symbolisées par la lettre J. On distingue :

- les **pertes de charges régulières** : les frottements dans les tuyaux (seules ces dernières sont prises en compte dans les problèmes hydrauliques) ;
- les **pertes de charges singulières** : frottements dans les coudes, les pièces de jonction et les accessoires hydrauliques.

Diverses lois s'appliquent aux pertes de charges régulières. Elles sont :

- directement proportionnelles à la longueur de l'établissement ;
- inversement proportionnelles au diamètre du tuyau ;
- directement proportionnelles au carré du débit ;
- influencées par la qualité du tuyau ;
- indépendantes de la pression.

La **dénivellation** agit directement sur la pression : à raison de 1 bar pour 10 m de dénivelé, que l'on gagne ou perd selon que celle-ci est positive ou négative.

3 Les pompes

A| La pompe centrifuge

Elle possède un rendement élevé avec des possibilités de débit et de pression importantes. Elle est caractérisée par une courbe débit-pression dont les essais et performances sont définis par la norme NFS 63125. Une pompe centrifuge est caractérisée également par son débit nominal et sa pression nominale, qui sont le débit et la pression minimum pour une aspiration avec un dénivelé de 3 m.

La pompe est intégrée à un circuit qui permet d'utiliser deux sources d'alimentation différentes : la tonne de l'engin et une réserve d'eau extérieure. Ce circuit permet à l'engin de procéder au refroidissement de la pompe en pleine activité par un circuit fermé repassant dans la tonne, ainsi que de faire le plein de la tonne sans interrompre la tâche en cours.

B| Le principe de fonctionnement

Plus la pompe tourne vite, plus l'eau prend de la vitesse, plus grand est l'effet ralentisseur des diffuseurs et de la volute. La vitesse de l'eau se casse sur les diffuseurs et diminue lors de son passage dans la volute du fait de l'augmentation du volume de celle-ci. Au moment du ralentissement de la vitesse de l'eau intervient une perte d'énergie hydraulique générant un gain d'énergie sous forme de pression.

C| Les organes de la pompe

La pompe est constituée de **trois organes principaux** :

- le **distributeur** est l'orifice qui permet à l'eau d'accéder à la turbine par l'intermédiaire de l'ouïe constituée pour favoriser l'arrivée de l'eau à une vitesse et dans une direction convenables ;
- la **turbine** (ou roue à aubes), organe essentiel, est une roue mobile dans laquelle l'eau arrive et reçoit un travail mécanique. Elle est constituée de l'ouïe, partie centrale par laquelle arrive l'eau, et de deux ailes entre lesquelles se trouvent les aubes ; celles-ci transmettent à l'eau la force centrifuge et lui donnent sa vitesse ;
- le **diffuseur** est l'organe dans lequel l'énergie cinétique est transformée en énergie potentielle (pression) par le phénomène de ralentissement de la vitesse.

D| Le système de régulation de pompe

Les engins-pompes peuvent disposer de l'installation d'un système de régulation de pompe, défini par la norme NFS 61510 de septembre 1990 « Véhicules de service de secours et de lutte contre l'incendie ». Cette régulation automatique est un plus pour le conducteur de l'engin-pompe. Elle a pour but de maintenir la pression constante affichée par le conducteur, d'éviter les coups de bélier et de garantir un fonctionnement optimal des lances.

4 Les amorceurs

Dans le cas où ils ne disposent pas de poteau ou de bouche d'incendie, les sapeurs-pompiers doivent utiliser un point d'eau artificiel ou naturel. Il s'agit alors de réaliser une aspiration qui n'est possible que grâce à l'amorceur. Le travail de l'amorceur consiste à aspirer l'air situé dans la ligne d'aspiration et dans le corps de la pompe afin de créer le vide, et de permettre à l'eau de monter sous l'action de la pression atmosphérique dans la ligne d'aspiration et le corps de pompe.

A| Les types d'amorceurs

- L'amorceur à anneau d'eau (entraînement par la boîte de transfert).
- L'amorceur rotatif à palette (entraînement par un moteur électrique indépendant).
- L'amorceur à palette à huile.
- L'amorceur à piston
- L'amorceur à piston-membrane.

B| Le mode opératoire de l'aspiration

- Stationner l'engin parallèlement au plan d'eau et le caler.
- Contrôler la fermeture de toutes les purges et vannes.
- Disposer les tuyaux les uns derrière les autres à l'arrière de la pompe.
- Contrôler les joints des raccords des tuyaux assemblés.
- Fixer la crépine à l'extrémité de la ligne d'aspiration.
- Fixer la ligne d'aspiration au raccord d'alimentation de la pompe avant la mise à l'eau :

– lors de la mise à l'eau, les personnels se placent à l'extérieur de la ligne d'aspiration par rapport au plan d'eau afin d'éviter tout risque de chute ;

– pour réaliser l'amorçage, il faut ouvrir la vanne d'aspiration, puis accélérer progressivement le moteur et contrôler les paramètres sur le tableau de régulation automatique.

FICHE 19 LA MAÎTRISE DES RISQUES

Les connaissances nécessaires à la maîtrise des risques auxquels sont confrontés les sapeurs-pompiers sont hétérogènes et complexes. Ces savoirs s'acquièrent par l'expérience et des formations complémentaires. Pourtant, chaque soldat du feu doit intégrer des connaissances de base dans chaque discipline.

1 Les éléments de construction

Connaître les caractéristiques des éléments constitutifs d'un bâtiment permet à la fois d'anticiper le développement du feu et d'agir en sécurité.

A| Les principales parties d'un bâtiment et les procédés de construction

On distingue les éléments de gros œuvre, de second œuvre et les éléments techniques.

1| Les éléments de gros œuvre

Ils structurent le bâtiment. Ils incluent :

- les **fondations**. Elles permettent la répartition des charges dans le sol. Elles comprennent l'ensemble des ouvrages enterrés qui assurent la stabilité de l'édifice ;
- les **éléments verticaux**. Ce sont les murs (maçonnés ou coulés) qui assurent le rôle de support (pignons, de refend et gouttereaux dans les bâtiments dits traditionnels) et les cloisons qui participent à la distribution intérieure, sans fonction structurelle ;
- les **éléments horizontaux**. Les planchers supportent les cloisons et constituent les différents niveaux de la construction. On distingue les planchers maçonnés (en pierres, briques ou sous forme de dalles) des planchers à ossature (poutres ou poutrelles et ourdis ou remplissage) ;

- les **toitures**. Elles protègent les constructions des intempéries et canalisent les eaux de ruissellement. Il existe autant de formes possibles que de types de bâtiment. En général, la toiture est composée d'une structure de support (charpente – en bois, fer, mixte, etc.) et d'un revêtement d'étanchéité (chaume, tuile, ardoise, etc.) ;
- les **gaines** et **conduits**. Ces éléments sont liés à l'activité du bâtiment. Une gaine est un volume encloisonné qui peut contenir plusieurs conduits. Chaque conduit est dédié à l'amenée ou à l'évacuation d'un fluide donné (gaz, eau, électricité).

2 | Les éléments de second œuvre

Ils participent essentiellement à l'hygiène et au confort des occupants :

- les **menuiseries** et **huisseries** en bois, PVC, produits verriers ou métalliques ferment les baies (portes et fenêtres) ;
- les **revêtements intérieurs** sont des éléments esthétiques ou d'isolement thermique et phonique.

3 | Les éléments techniques

Ils comprennent :

- les **installations sanitaires**, qui alimentent le bâtiment en eau et assurent l'évacuation des eaux usées ;
- les **installations de gaz** (gaz de ville ou gaz liquéfié) ;
- les **installations électriques** (organes généraux d'alimentation, circuits d'éclairage et de distribution et prises de courant) ;
- les **appareils de levage** (ascenseurs, monte-charges, escaliers mécaniques) ;
- les **installations de génie climatique** (chauffage, ventilation et aération).

B | Le comportement au feu des matériaux d'aménagement et des éléments de construction

L'impact de l'incendie sur les structures dépend de différents éléments tels que l'intensité du sinistre, la durée d'exposition, sa localisation, la nature de la structure.

1 | La réaction au feu

C'est la capacité des matériaux à participer au développement du feu. On classe les matériaux d'aménagement selon la directive « Euroclasse » en fonction de leur combustibilité, de leur pouvoir fumigène et de leur tendance à produire des gouttes ou des débris enflammés.

2 | La résistance au feu

C'est la capacité d'un élément de construction à résister au feu pendant un temps donné. Les éléments, soumis à un feu type, sont classés selon :

- leur résistance mécanique (stabilité au feu) ;
- leur étanchéité (critère pare-flamme) ;
- leur isolation thermique (critère coupe-feu).

3 | Les risques d'effondrement

La solidité d'une construction dépend de la stabilité de sa partie la plus faible. Dans tous les secteurs et pendant toute l'opération, une attention particulière doit être portée sur l'évolution de la structure.

De façon générale :

- **à l'extérieur**, on se tient loin des murs ;
- **à l'intérieur**, on chemine près des murs.

2 La topographie

Le fait de savoir lire et interpréter une carte est également nécessaire à la rapidité et l'efficacité des secours.

Une **carte** est une représentation plane d'une partie de la surface terrestre. Elle indique les éléments constituants du terrain (routes, villes, cours d'eau, etc.) et le relief. C'est donc une **projection en trois dimensions**.

Plus que les systèmes de positionnement par satellite, les cartes sont des outils indispensables aux sapeurs-pompiers par l'aide qu'elles leur fournissent dans l'étude des accès à un sinistre. De plus, elles permettent par exemple d'identifier les zones de poser possibles des moyens aériens, les établissements sensibles, etc.

Savoir lire et interpréter une carte s'acquiert par l'étude attentive et régulière des signes représentés.

A | Les signes conventionnels

On appelle **planimétrie** la représentation sur une carte de l'ensemble des détails naturels et artificiels de la partie de terrain considérée. Chaque élément est représenté par un signe et une couleur conventionnels. On retrouve dans la légende de la carte le rappel de chaque signe utilisé. Ce cadre est appelé cartouche.

B| Les notions de nivellement

C'est la **représentation du relief sur la carte**. Le nivellement identifie les altitudes, les pentes et les formes.

Les **courbes de niveaux** relient les points de même altitude.

Les **points cotés** indiquent l'altitude de points particuliers ou remarquables.

L'**estompage** facilite la compréhension du relief par la création d'une ombre plus ou moins sombre en fonction de la pente, en considérant une source de lumière placée au nord-ouest.

Les **lignes caractéristiques de changement de pente** indiquent la ligne de partage des eaux (ligne de crête ou de faîte, représentée en rouge) ou la ligne de réunion des eaux (ligne de talweg, représentée en bleu).

C| Les échelles

On appelle « échelle d'une carte » le rapport entre les longueurs mesurées sur la carte et les distances correspondantes sur le terrain. On parle d'**échelle numérique**.

Exemple

L'échelle 1/x indique que 1 cm mesuré sur la carte représente x cm sur le terrain.
Ainsi, 1 cm mesuré sur une carte à l'échelle 1/25 000 représente 250 m sur le terrain (25 000 cm).

Une **échelle graphique** est un tracé gradué représentant les équivalences longueur de carte/distance sur le terrain. Elle permet d'apprécier la valeur des distances sans faire de calcul et est représentée en général en bas de la carte.

D| Les points cardinaux

Il existe **quatre points cardinaux** : nord, est, sud et ouest, qui peuvent être complétés de points intermédiaires (nord-est, sud-sud-est, etc.).

Une **rose des vents** stylisée indique *a minima* le nord sur chaque carte. Ceci permet de définir la direction à prendre pour se rendre à un point défini.

On distingue :
- le **nord géographique**, indiqué par l'étoile polaire ;
- le **nord magnétique**, pointé par l'aiguille aimanté d'une boussole ;
- le **nord de la carte**, représenté par l'axe des ordonnées du quadrillage de la carte.

On peut donc orienter une carte :
- avec une boussole ;
- à l'aide de l'étoile polaire ;

– à l'aide du soleil (et d'une montre analogique) ;
– à l'aide de points remarquables du terrain.

3 Les outils de prévision

La prévision est l'ensemble des mesures destinées à limiter le développement et les conséquences d'un sinistre. C'est une démarche anticipative par l'analyse du risque.

A| Les objectifs et l'apport de la prévision

L'étude des risques liés à un lieu ou une activité particulière permet de mettre en place des barrières techniques ou organisationnelles pour limiter leurs effets.

L'exploitant, avant l'arrivée des secours, peut équiper ses locaux de moyens de détection, alarme, alerte et lutte contre le phénomène. Il peut aussi préparer une réponse organisationnelle (plan d'opération interne ou, plus simplement, organisation de l'évacuation). On parle de **prévision technique**.

Les sapeurs-pompiers doivent préparer leur réponse opérationnelle. Cette phase préalable à l'intervention est appelée **prévision tactique** et s'appuie notamment sur la bonne connaissance du secteur d'intervention.

La **répertorisation des risques** repose sur l'étude des enjeux :
– humains (hôpitaux, écoles, établissements recevant du public) ;
– économiques (industries, dépôts pétroliers, gares, aéroports) ;
– patrimoniaux (châteaux, musées), etc.

Ce travail peut entraîner des évolutions des matériels des sapeurs-pompiers, de leur formation, de leurs techniques d'intervention, de leur organisation opérationnelle.

B| Les outils cartographiques

Les cartes topographiques ou routières ne contiennent pas tous les éléments nécessaires à l'intervention efficace des sapeurs-pompiers (emplacement des bâtiments à risques, hydrants, etc.). Il est donc nécessaire de disposer d'outils de représentation graphiques adaptés au risque courant dans un secteur déterminé.

Les services de **système d'information géographique (SIG)** produisent, à différentes échelles, les documents adaptés aux besoins du terrain. Ces outils se présentent sous différentes formes, souvent appelés « parcellaires ».

C| Le plan d'établissement répertorié

En complément d'une cartographie adaptée, il est parfois nécessaire de préparer l'action du service de secours sur un établissement ou un risque particulier. On doit retrouver sur un plan d'établissement répertorié :

- une page de garde avec les consignes particulières et l'engagement *a priori* des engins de secours ;
- un plan de situation permettant de visualiser l'environnement et les accès au site ;
- un plan de masse indiquant l'implantation, les hydrants à proximité et les accès au bâtiment ;
- les plans par niveau avec les risques particuliers et les organes de coupure des fluides (énergies et process) ;
- l'emplacement *a priori* des engins de lutte et de commandement s'ils sont définis.

D| Notion de mise à jour des outils de prévision

L'environnement économique, technologique et institutionnel des SDIS évolue en permanence. Il convient donc de revoir continuellement les éléments qui participent à la préparation opérationnelle. C'est le devoir de chaque sapeur-pompier, qui commence par la vérification de l'emplacement des hydrants à disposition des services de secours.

FICHE 20 LES TRANSMISSIONS

Les transmissions servent à faire passer des informations d'un lieu à un autre. Indispensables pour assurer une liaison permanente entre les équipes sur le terrain et les centres opérationnels de gestion, elles permettent de remonter des informations, de demander des renforts, etc.

1 L'organisation des transmissions chez les sapeurs-pompiers

Afin de communiquer, peuvent être utilisés :

- les **supports filaires** : ligne téléphonique, liaison numérique, liaison par fibre optique, réseaux informatiques ;
- les **supports hertziens** : transmission d'ondes entre deux endroits.

A| Le mode de transmission

Le mode de transmission le plus fréquemment utilisé par les sapeurs-pompiers est la **radio**, pour laquelle il est nécessaire d'avoir un émetteur et un récepteur.

Des relais sont installés afin de faire face aux **perturbations des ondes** telles que :

- l'éloignement entre l'émetteur et le récepteur ;
- les obstacles sur le parcours des ondes ;
- l'absorption des ondes par la configuration du terrain (bâtiments, relief...) ;
- les conditions météorologiques ;
- la gamme de fréquence utilisée.

B| Les modes d'exploitation des transmissions

Il existe **deux modes d'exploitation des transmissions par voie radio** :

- **Alternat mono fréquence ou simple fréquence (A1F)** : communication à vue ou de poste à poste ;
- **Alternat bi-fréquence (A2F)** : communication par l'intermédiaire d'un relais et uniquement dans la zone de couverture du relais utilisé (émetteurs-récepteurs pouvant communiquer simultanément).

2 Les différents réseaux

A| Les stations

Une station est un équipement ou un ensemble d'équipements radioélectriques assurant un service de radiocommunication dans le cadre d'un réseau. On distingue :

- les **stations fixes** qui sont installées au CODIS, CTA, CIS ;
- les **stations mobiles** au sein des moyens opérationnels ;
- les **stations portatives**.

B| Les régimes d'exploitation des réseaux

Lorsque plusieurs stations communiquent entre elles, l'ensemble de ces stations constitue un réseau. Il existe **deux régimes d'exploitation des réseaux** :

- le réseau dirigé lorsqu'une liaison ne peut être établie entre deux stations qu'avec l'autorisation préalable de la station directrice ;
- le réseau libre lorsqu'une station peut communiquer avec n'importe quelle autre station du réseau, sans autorisation préalable de la station directrice.

3 L'organisation des réseaux

Les transmissions sont organisées autour d'un ordre de base national des systèmes d'information et de communication de sécurité civile (OBNSIC) pour l'ensemble des services qui concourent aux missions de sécurité civile.

ANTARES (adaptation nationale aux transmissions aux risques et aux secours) est le réseau numérique national dédié aux communications opérationnelles, permettant une interopérabilité entre les différents acteurs de sécurité civile.

Ce réseau permet d'utiliser différents modes de communication comme :

- **opérationnel** : échange d'information entre le CODIS et les moyens opérationnels du SDIS ;
- **commandement** : échange d'information entre le CODIS et un COS *via* un poste de commandement ;
- **spécialisé** : canaux supplémentaires utilisés sur opération particulière (par exemple, nombreuses victimes) ;
- **urgence** : échange d'information entre le CODIS et un moyen opérationnel en situation critique ;
- **accueil** : échange d'information entre le CODIS et des moyens venant en renfort ;
- **tactique** : canaux hiérarchisés (quatre niveaux) et mis en place selon l'organisation des transmissions sur l'opération. Ils permettent l'échange d'informations entre les différents intervenants sans interférer sur les canaux opérationnels.

4 Le langage et les procédures

A| Les indicatifs radio

Toute transmission fait appel à un **indicatif radio** destiné à identifier soit une station, soit une fonction, soit une autorité, comme :

- préfet : ARAMIS + numéro du département ;
- directeur de cabinet du préfet : PORTHOS + numéro du département ;
- DDSIS : LANCELOT + numéro du département ;
- chef de centre : MERLIN + nom du centre ;
- médecin-chef du SSSM : HYPOCRATE + numéro du département ;
- médecin-chef du SAMU : HERACLES + numéro du département.

B| L'alphabet phonétique

Lorsqu'il y a lieu d'identifier une lettre ou d'épeler un nom propre ou des mots pouvant porter à confusion, on utilise l'**alphabet phonétique** (OACI – Organisation de l'aviation civile internationale) suivant :

ALPHA	GOLF	MIKE	SIERRA	YANKEE
BRAVO	HOTEL	NOVEMBER	TANGO	ZOULOU
CHARLIE	INDIA	OSCAR	UNIFORM	
DELTA	JULIET	PAPA	VICTOR	
ECHO	KILO	QUEBEC	WHISKY	
FOX-TROT	LIMA	ROMEO	XRAY	

L'épellation doit être précédée de l'indication « J'épelle » et le mot doit être répété une fois l'épellation terminée.

Exemple

POZIKA – J'épelle Papa, Oscar, Zoulou, India, Kilo, Alpha – POZIKA.

Pour distinguer clairement les chiffres et éviter toute ambiguïté, les épellations suivantes sont employées :

0 Zéro comme rien 1 Un tout seul 2 Un et un 3 Deux et un	4 Deux fois deux 5 Trois et deux 6 Deux fois trois 7 Quatre et trois	8 Deux fois quatre 9 Cinq et quatre

Les nombres sont prononcés normalement et la décomposition doit être précédée de l'indication : « je décompose ».

Exemple

27 – Je décompose Deux (un et un), Sept (quatre et trois).

Seuls les groupes horaires ont une décomposition sous forme de nombres.

Exemple

18 h 10 sera prononcé « mille huit cent dix ».

C| Les messages

1| Les types de messages

Chaque information relative à une opération de secours est formatée sous forme de message. Pour ce faire, différents types de messages existent :
- message de position ou d'état (départ en intervention, arrivée sur les lieux, retour disponible) ;
- message d'ambiance ;
- message de demande de renforts ;
- message de renseignements (compte rendu).

2| Le déroulé du message

Les messages comprennent un **entête**, un **corps** et un **final** :
- l'**entête** comprend un groupe horaire de départ, l'indicatif d'origine du message, les destinataires, le numéro de message et le degré d'urgence s'il y a lieu. En

cas de demande urgente de prise de parole sur un réseau encombré, la prise de parole devra être précédée de « URGENT, URGENT, URGENT » ;

- le **corps** du message se structure ainsi :
  - JE SUIS : donne la position précise de l'intervention ;
  - JE VOIS : décrit le sinistre (nature, importance, victimes) ;
  - JE FAIS : décrit les actions prises ou en cours et les moyens sur les lieux du sinistre ;
  - JE DEMANDE : exprime les demandes de moyens supplémentaires ;
- enfin, le **final** clôture le message en redonnant la parole au récepteur *via* le terme « PARLEZ » ou « TERMINÉ ».

5 La prise d'appel de secours

Si une demande de secours arrive directement au centre de secours, tout sapeur-pompier se doit de savoir la recevoir en renseignant tous les items suivants :

- localisation précise de l'événement (commune, adresse, numéro, étage, digicode…) ;
- nature de l'événement (secours à personne, incendie, accident…) ;
- risques particuliers (gaz, matières dangereuses, véhicules au GPL…) ;
- nombre de personnes concernées (personnes incarcérées, sauvetage en cas d'incendie…) ;
- premières mesures réalisées et conseils le cas échéant (gestes de secourisme…) ;
- identité et numéro de téléphone du requérant ;
- indiquer le moment où le requérant peut raccrocher.

FICHE 21

LES TECHNIQUES, LES MANŒUVRES ET LES MATÉRIELS

Les secours sont amenés à intervenir dans des situations multiples. De ce fait, ils doivent pouvoir mettre en œuvre une multitude de techniques et/ou de matériels.

1 La manœuvre de force

A| Les objectifs

Lorsqu'il s'agit de modifier la position ou de déplacer une charge, une reconnaissance permet :
- de définir les efforts à réaliser (masse, volume de la charge) ;
- de trouver les points fixes ;
- d'estimer la nature du terrain et/ou des matériaux ;
- de choisir le matériel et le personnel utile ;
- de déterminer les idées de manœuvre.

B| Le déroulement de la manœuvre

Au cours de la manœuvre, le chef commande. Le système est mis en traction avant chaque nouvelle manœuvre (contrôle visuel de sécurité). Seul le personnel utile est présent. La manœuvre se déroule lentement (contrôle des matériels et limitation des effets dynamiques). Le matériel est contrôlé et remis en état à l'issue.

C| Le matériel

Les **matériels courants** sont les suivants : câbles, manilles (droites ou en lyre), poulies (à corde ou à câbles, simples ou à chape ouvrante), élingues (en acier ou en textile), chaînes (calibrées ou à câbles), plaques, agrès de traction (tire-câble ou tire-fort, treuil), écarteurs, vérins, coussins gonflables, crics.

Les **points fixes naturels courants** sont les suivants : véhicules, arbres, voies ferrées, édifices.

Les **points fixes artificiels courants** sont les suivants : corps-mort, roue de secours, ancrage avec des piquets et/ou des plaques (en I, Y ou V).

Afin de limiter les efforts de traction, on peut effectuer des mouflages. La force est ainsi démultipliée.

2 Les étaiements provisoires

Lorsqu'un élément menace de tomber, il faut le soutenir avec un étai. Il s'agit également de veiller à aborder les victimes, de sécuriser un chantier, de consolider une structure bâtimentaire, de maintenir un accès.

Les étais sont classés en deux catégories : les **étais élémentaires** (vertical, oblique, croisillon) et les **étrésillonnements**. Ils sont réalisés soit en bois soit en métal (étais métalliques), ils peuvent être statiques, pneumatiques ou hydrauliques.

Mise en œuvre :

- l'étai doit reposer sur un plan dur (+ semelle et chapeau sur l'étai) ;
- il doit être placé perpendiculairement à la charge ;
- aucun vide ne doit être toléré entre la charge et le soutènement.

Principes de base :

- un étai carré est plus résistant qu'un étai rectangulaire (à section égale) ;
- plus un étai est court, plus il résiste.

Mesures de sécurité :

- s'équiper de ses EPI adaptés ;
- rester vigilant à son environnement ;
- ne pas s'aventurer dans des zones non sécurisées.

3 Les cordages et les nœuds

Les cordages et les commandes ne servent qu'à des missions de manutention, d'arrimage ou de sécurité.

A| Le cordage

Longueur	20 m
Poids	3,250 kg
Diamètre	15 mm
Résistance à la rupture	4 000 kg

Utilisation et règles d'usage :

- le cordage sert à monter ou descendre du matériel ; à arrimer du matériel ou un véhicule ;
- il est muni à une extrémité d'un anneau et à l'autre d'un mousqueton ;
- il doit être roulé en double et se porte en bandoulière ;
- il doit être testé après chaque utilisation et tous les 6 mois ;
- après emploi, il est lavé à grande eau, brossé et mis à sécher à l'ombre.

Épreuve : les cordages d'instruction sont éprouvés tous les mois ; les autres cordages deux fois par an (si non-utilisation).

B| La commande de manutention

Longueur	25 m
Poids	1,3 kg
Diamètre	8 mm
Résistance à la rupture	2 780 kg

Utilisation et règles d'usage :

- la commande sert à :
  - monter ou descendre du matériel,
  - amarrer une échelle à coulisses ou un tuyau sur un balcon,
  - à amarrer une ligne d'aspiration ou du matériel d'épuisement ;
- elle est munie à chaque extrémité d'un mousqueton ;
- elle est généralement lovée en sac ;
- elle se porte en bandoulière ;
- après emploi, elle est lavée à grande eau, brossée et mise à sécher à l'ombre.

Épreuve : elle doit être testée après chaque utilisation et tous les mois.

C| Les nœuds

Ils servent à la mise en œuvre des cordages et des commandes :

- le **nœud plat** est un nœud de jonction qui sert à réunir provisoirement deux cordages de même diamètre et de rigidité identique ;
- le **nœud de batelier** est un nœud d'amarrage qui sert à fixer un cordage ou une commande sur un point fixe, une barre ou un anneau. Il sert également à l'amarrage d'un tuyau ou d'une échelle sur un balcon, ou encore d'une ligne d'aspiration sur un engin-pompe, ou à amarrer du matériel ;
- le **nœud d'amarre** est un nœud en boucle qui sert à attacher solidement un objet ou une personne dans les endroits périlleux.

La mise en place de nœuds sur des cordages réduit la résistance à la rupture de ceux-ci. Suivant le nœud effectué, elle peut être réduite jusqu'à 50 %.

4 L'abattage, l'élagage et le tronçonnage

A| Les tronçonneuses

Elles permettent l'abattage, l'élagage et le tronçonnage des arbres ainsi que la coupe de toute autre partie en bois. Elles sont soit électriques, soit thermiques.

Les interventions de tronçonnage sont dangereuses en raison de leur contexte et des risques liés à l'utilisation du matériel. Le premier danger est directement lié à la machine : coupures dues à la chaîne, des atteintes plus bénignes (brûlure due au pot d'échappement). Le second danger est lié au bois à couper : il n'est pas rare de voir un arbre tourner sur lui-même pendant sa chute, puis tomber sur le tronçonneur. Seule l'urgence peut autoriser le travail dans des conditions qui ne soient pas idéales.

Revêtir la tenue de protection appropriée :

- casque avec protection auditive ;
- veste de protection ;
- gants, jambières, bottes ou bottes à lacets.

Le **frein de chaîne** peut être déclenché manuellement ou automatiquement. Le lancement du moteur s'effectue seul, la coupe n'est activée qu'ensuite.

B| Les techniques de coupe

L'abattage consiste à couper un arbre pour le faire tomber ; l'élagage et l'ébranchage à enlever ses branches.

1 | L'abattage

Lors de l'**abattage d'un arbre**, il faut :

- faire attention aux lignes électriques et aux bâtiments ;
- tenir les spectateurs à bonne distance (deux fois la hauteur de l'arbre) ;
- si on travaille à deux, s'espacer de 4,50 m environ ;
- tenir compte de la répartition des grosses branches (attention aux branches mortes) ;
- débroussailler autour de l'arbre ;
- prévoir un itinéraire de fuite ;
- tenir compte du sens du vent.

L'abattage s'effectue en **deux étapes** :

- pour l'entaille d'abattage, toujours commencer par le trait diagonal de l'entaille d'abattage, du côté choisi pour la chute de l'arbre, à une profondeur d'environ 1/5e à 1/4 du diamètre du tronc ;
- puis scier le trait d'abattage de l'autre côté du tronc, 3 à 5 cm au-dessus de l'angle de l'entaille d'abattage. Ne jamais scier le tronc de part en part : il faut laisser environ 1/10e du diamètre du tronc qui sera la zone de rupture et agira comme une charnière.

ATTENTION

Avant de terminer la coupe, il faut bien s'assurer que personne ne se trouve dans la zone d'abattage.

2 | L'élagage

Lors de l'élagage, il faut procéder en **deux temps** :

- 1re coupe : à 30 à 40 cm du tronc en entaillant d'abord en dessous sur 3 à 4 cm de profondeur ;
- 2e coupe : au-dessus, un peu plus loin du tronc jusqu'à la chute de la branche.

3 | L'ébranchage

Lors de l'ébranchage, il faut :

- se placer de telle sorte que l'arbre se trouve entre la chaîne et l'utilisateur ;
- se placer du côté opposé de la branche à couper ;
- avoir une assise stable et laisser reposer le poids de la tronçonneuse sur le tronc ;
- ne jamais monter dans un arbre pour ébrancher ou élaguer ;
- ne pas se tenir sur une échelle, une plate-forme ou un rondin sans se tenir dans une position empêchant une perte d'équilibre ou une perte de contrôle de la machine ;
- faire attention aux branches pliées qui risquent de frapper en se dépliant.

5 Les déblais

Le déblai consiste à parfaire l'extinction des foyers résiduels après que le feu a été maîtrisé et à soustraire toutes les parties brûlées afin d'en empêcher les reprises. Cette phase est très importante, elle permet de s'assurer que toute trace de feu est désormais éteinte.

Les **outils courants** pour le déblai sont les suivants : pelle, balai de cantonnier, gaffe, pioche, outils de forcement petit et grand modèles, croc ou fourche recourbée, fourche droite.

A| Les techniques de mise en œuvre

Le déblai consiste à :

- éliminer toutes les traces de feu ; pour cela il est nécessaire de gratter, refroidir en arrosant toutes les parties en bois noircies ;
- procéder à des ouvertures dans les planchers et plafonds afin d'y éteindre les propagations possibles sans en affaiblir la structure ;
- dégarnir les parties recouvertes de matériaux isolants ;
- éteindre tous les matériaux encore en combustion et sortir les objets consumés.

Pendant toutes ces actions, il est nécessaire que les sapeurs-pompiers fassent attention à la découverte des foyers cachés. Pour ce faire, ils doivent :

- **observer** : les fumées résiduelles mais aussi les matériaux et leurs déformations ;
- **toucher** : avec le revers de la main ou éventuellement avec une lance (jet diffusé de protection ou jet purge) pour détecter la chaleur d'une surface ;
- **écouter** : tous les bruits suspects, craquements ou crépitements (difficile lors d'une intervention) ;
- **détecter** : toutes les traces de chaleur ou les points chauds à l'aide de la caméra thermique.

B| Les principes de sécurité à respecter

- **Protection** : porter les EPI adaptés.
- **Désenfumage** : aérer les locaux.
- **Détection** : déterminer les points chauds, y compris ceux situés sous une épaisse couche de matériaux.
- **Vigilance** : la fin de l'extinction du foyer principal ne doit pas entraîner une baisse de la vigilance.

6 Le forcement

Certaines interventions amènent les secours à pénétrer dans des locaux fermés.

Les **outils courants** pour le forcement sont les suivants : grosse pince, petite pince, pied-de-biche, hache, hachette, coupe boulon, masse, écarteur, cisaille, tronçonneuse, disqueuse, ouvre porte hydraulique, etc., à mettre en œuvre avec les EPI adaptés.

7 La désincarcération

La désincarcération a pour but de libérer, à l'aide d'outils, une victime bloquée, dans l'incapacité de se dégager.

Il existe **différents types de désincarcération** :

- accidents de la circulation routière (véhicules légers, poids lourds, caravanes, camping-cars, transports en communs) ;
- accidents ferroviaires ;
- chute d'aéronefs ;
- effondrement de bâtiments ;
- chute d'ascenseur, de grue, d'échafaudage ;
- ouvertures de portes métalliques (d'ascenseur, d'entrepôt), etc.

Les **matériels courants** pour la désincarcération sont les suivants : cisailles (découpe et prédécoupes) ; écarteurs (écarter, écraser et tirer) ; outils combinés (écarter et couper) ; vérins ; coussins de levage (pneumatiques) ; matériels de calage (coins ou blocs en bois ou polymères), étais, tire-forts, câbles élingues, manilles, sangles, etc.

Tous les outils hydrauliques sont actionnés grâce à des pompes hydrauliques manuelles ou motorisées, embarquées ou portables.

Les **techniques de désincarcération**, adaptées à la situation, suivent normalement la trame suivante : calage, étaiement, écartement, coupe. La chronologie des actions peut être adaptée à certaines situations.

Les **mesures de sécurité** à respecter sont :

- **site** : prise en compte du balisage, protection incendie, coupure des énergies, calage, éclairage ;
- **victimes** : les protéger des projections lors des découpes ;
- **intervenants** : port des EPI, communication ;
- **utilisation des matériels** : en conformité avec les notices des constructeurs et les règles de la désincarcération.

8 L'éclairage et le groupe électrogène

Le groupe électrogène est une source de confort pour les actions des sapeurs-pompiers de nuit, mais aussi de sécurité et de performance. Les groupes électrogènes fournissent l'énergie et l'autonomie pour l'éclairage. Le groupe électrogène est actionné par un moteur thermique. Il est portable et peut alimenter divers appareils électriques (projecteurs sur trépieds ou sur mat télescopique, ballon d'éclairage, projecteur sur engin, outils électriques divers, etc.).

A| La mise en œuvre

Il faut mettre le groupe à la terre, raccorder les matériels, démarrer le groupe et prévoir l'alimentation en carburant suivant la durée d'utilisation.

B| Les règles de sécurité à respecter

- Le groupe doit être mis en œuvre en extérieur exclusivement, et sur un terrain plat.
- Il faut toujours réaliser une mise à la terre.
- Le plein de carburant s'effectue moteur éteint.
- Les projecteurs étant chauds, il faut utiliser ses EPI (gants) et laisser refroidir avant de ranger le matériel (dégradation et risque d'incendie).
- De retour au centre, il faut nettoyer et vérifier les niveaux de carburants, reconditionner les appareils.

9 La détection

La détection est l'action de repérer la présence de quelque chose de caché, qui n'est pas visible à l'œil nu. Il faut donc des outils tels que les détecteurs de gaz, explosifs et/ou toxiques, mais aussi les caméras thermiques ou tout autre matériel de détection.

Le **détecteur de CO** réagit en présence de monoxyde de carbone, dont l'apparition est liée à un appareil de chauffage défectueux, une mauvaise combustion et/ou aération. C'est un **gaz toxique et explosif**, qui est **inodore, incolore et insipide**. Seul le détecteur peut indiquer sa présence. Ce détecteur assure donc le double rôle de détection et de sécurité des intervenants. Il est calé à 50 ppm (partie par million), c'est-à-dire 0,005 % de gaz dans l'air.

L'**explosimètre** détecte les gaz issus des hydrocarbures.

Les **détecteurs multigaz** couvrent le plus souvent les gaz suivants : CO, CH_4 (méthane, lié notamment aux matières en décomposition), H_2S (hydrogène sulfuré, lié notamment aux égouts), O_2 (oxygène). Cette liste n'est pas exhaustive, les départements étant libres de leurs choix techniques.

La **caméra thermique** permet de localiser une victime (au cours d'un feu ou d'un effondrement), de localiser le foyer et les points chauds, de faciliter le cheminement dans un volume enfumé, d'estimer la température ambiante pour certains modèles.

10 Le bâchage

L'utilisation des bâches est liée aux actions de protection des biens. On trouve les bâches dans les FPT, mais également dans des lots. Elles sont imperméables, latéralement percées de trous munis d'œillets permettant de les ligaturer et/ou de les clouer. Elles ont des tailles différentes, de 12 m^2 à 40 m^2 en général.

Le **matériel nécessaire** est le suivant : clous de charpentiers, marteaux, cordelettes, commandes et crochets, matériels de découpe (tenailles, ciseaux…), lot de sauvetage et de protection des chutes (LSPCC).

A| Les précautions et l'entretien des bâches

- Retirer les clous sur les charpentes avant la mise en place des bâches.
- Ne pas faire reposer les bâches sur des rebords saillants ou tranchants.
- Nettoyer les bâches à l'eau savonneuse, les rincer et les faire sécher verticalement.
- Stocker les bâches dans un endroit sec.

B| Les règles de sécurité à respecter pour bâcher un toit

- Ne jamais agir seul.
- S'assurer au moyen du LSPCC.
- Éprouver la solidité des supports avant de s'engager.
- Repérer et éviter les châssis vitrés et les plaques en fibrociment.
- Cheminer dans la mesure du possible à quatre pattes.
- Avancer en diagonale ou si possible à l'aplomb d'une cheminée pour atteindre le faîtage.
- Évacuer les matériaux.
- Commencer en découvrant le toit par le haut.

FICHE 22

LES RÈGLES DE SÉCURITÉ

Les sapeurs-pompiers réalisent près de 4,5 millions d'interventions chaque année.

1 Protection individuelle et protection collective

Quel que soit le type d'intervention, les sapeurs-pompiers doivent toujours travailler en sécurité et pour cela ils doivent :

- se protéger lors de leurs opérations de secours en revêtant une tenue correcte et en portant une attention particulière à leur condition physique, à leur aptitude médicale, à leur hygiène corporelle et à leur alimentation – c'est la **protection individuelle** ;
- assurer leur protection et celle des tiers qui travaillent avec eux pendant les opérations de secours – c'est la **protection collective**.

Ils doivent également mesurer leurs efforts et maîtriser les matériels qu'ils utilisent pour rester efficace et attentif, du début jusqu'à la fin de l'intervention.

2 Les règles de sécurité individuelle

Le sapeur-pompier se protège contre les risques encourus grâce à :

- une protection corporelle (pied, jambe, bras, face, tronc et tête) au moyen des équipements de protection individuelle (EPI) ;
- une bonne condition physique ;
- une bonne hygiène de vie et une bonne alimentation ;
- la prévention des accidents ostéoarticulaires ;
- l'application des règles de sécurité dans les véhicules de secours.

A| La protection corporelle

Elle est assurée par le port de différentes tenues d'exercice et d'intervention :
- le casque F1 pour la tête (ou F2 en feux de forêts, GRIMP, etc.) ;
- la tenue SPF1 et la tenue de feu pour le tronc et les jambes ;
- l'ARI pour la protection des voies respiratoires ;
- les bottes à lacets ou les bottes de feu pour les pieds ;
- d'autres matériels participant à la sécurité du sapeur-pompier et la renforçant, tels que : le ceinturon d'intervention (sécurité antichute), le gilet haute visibilité, les détecteurs d'immobilité et de chaleur, le lot de sauvetage et de protection contre les chutes, etc.

B| Une bonne condition physique

Elle est primordiale dans le cadre de l'accomplissement de missions parfois périlleuses. Afin de maintenir et de renforcer cette condition, le sapeur-pompier doit s'entraîner régulièrement pour devenir plus endurant, plus souple, plus puissant et plus confiant dans la réalisation de ses missions.

C| Une bonne hygiène de vie

Le rythme et les horaires de travail, le nombre d'interventions et la charge émotionnelle sont autant de facteurs qui peuvent influer très défavorablement sur la condition physique et morale du sapeur-pompier.

Aussi, pour rester efficace, rapide et endurant lors des opérations de secours, le sapeur-pompier doit respecter certaines règles pour une bonne hygiène de vie :
- veiller à faire des nuitées complètes en dehors des journées de garde ;
- avoir une alimentation complète et équilibrée ;
- s'hydrater régulièrement, surtout en intervention lorsque cela est possible ;
- entretenir sa condition physique ;
- avoir une bonne hygiène corporelle ;
- respecter des phases de repos régulières lors des gardes et lors des interventions.

D| La prévention des accidents ostéoarticulaires « Gestes et postures »

Dans le cadre de ses missions, le sapeur-pompier est amené à travailler avec des matériels souvent lourds et encombrants, à brancarder des victimes dans des endroits difficiles d'accès et ce, le plus souvent dans l'urgence, avec parfois des conditions climatiques difficiles. Il est donc fortement exposé aux accidents ostéoarticulaires, et plus particulièrement aux lombalgies.

La prévention est donc primordiale. La plupart des SDIS se sont dotés d'outils pédagogiques de prévention des lombalgies par la mise en place de techniques pour les « gestes et postures professionnels ».

E| La protection de la colonne vertébrale

Pour protéger la colonne vertébrale, qui est l'axe principal du corps, il existe **cinq principes de base** facilement applicables :

- se placer au plus près de la charge ;
- plier les jambes ;
- fixer son dos ;
- garder autant que possible les bras tendus ;
- effectuer un transfert de masse.

Les applications et les techniques sont nombreuses et peuvent être appliquées aussi bien en caserne qu'en manœuvre, comme en opération. Le but est à chaque fois d'adopter une posture statique et d'exécuter des gestes non traumatisants. Les cas le plus souvent étudiés sont :

- l'élévation, la rotation ou la translation d'une charge ;
- le ramassage, la pose ou le soulèvement d'un objet ;
- la posture lors des tâches de casernement ;
- les brancardages et la manipulation d'objets lourds ;
- la gestuelle à adopter lors de la montée et de la descente des engins de secours.

3 Les règles de sécurité dans les véhicules de secours

Le sapeur-pompier conducteur doit **se conformer au code de la route**. Toutefois, des **dérogations** sont accordées aux véhicules de secours lorsqu'ils doivent faire usage de leurs avertisseurs sonores et lumineux dans les cas justifiés par l'urgence de leurs missions, et sous réserve de ne pas mettre en danger les autres usagers de la route (article R. 432-1 du code de la route), principalement en matière de vitesse, de priorité, de non-respect des sens interdits et de franchissement de feux rouges fixes.

IMPORTANT

- Le sapeur-pompier conducteur doit s'assurer, en toutes circonstances, d'être vu par les usagers de la route.
- Lorsque le véhicule en est équipé, le sapeur-pompier est tenu de porter **sa ceinture de sécurité**, selon l'article R. 412-1 du code de la route qui précise : « En circulation, tout conducteur doit porter une ceinture de sécurité homologuée dès lors que le siège qu'il occupe en est équipé. »
- Les sapeurs-pompiers peuvent employer leurs **avertisseurs sonores et lumineux** lorsqu'ils se rendent sur une intervention à caractère urgent.

A| La priorité

« En toutes circonstances, tout conducteur est tenu de céder le passage aux véhicules d'intérêt général prioritaires annonçant leur approche par l'emploi des avertisseurs spéciaux prévus pour leur catégorie » (article R. 412-12 du code de la route). Lors des retours d'intervention, le sapeur-pompier conducteur est un usager normal et doit se conformer à toutes les règles du code de la route.

Lorsqu'un sapeur-pompier conducteur demande la priorité pour le franchissement d'un feu rouge, les feux de croisement et les gyrophares de son véhicule doivent être actionnés et il doit impérativement enclencher le signal « deux tons » suffisamment tôt afin de prévenir les autres usagers de la route de son arrivée. De plus, pour être en mesure de pouvoir stopper son véhicule à tout moment, il doit impérativement ralentir à l'approche du carrefour.

B| Les règles particulières

En cas d'accident, le conducteur doit pouvoir prouver l'usage des gyrophares et du « deux tons » bien avant le carrefour et qu'il a ralenti, pour que le tiers soit considéré comme n'ayant pas respecté son obligation de laisser passer le véhicule demandant la priorité.

ATTENTION
L'usage intempestif des signaux de priorité sans mission d'urgence est de la responsabilité exclusive du sapeur-pompier, quelles que soient les circonstances.

Croisement et dépassement : « Tout usager doit réduire sa vitesse et, au besoin, s'arrêter ou se garer pour faciliter le passage d'un véhicule d'intérêt général faisant usage des avertisseurs spéciaux autorisés pour sa catégorie » (articles R. 415-2 et R. 414-9 du code de la route).

La **vitesse** : lorsqu'ils se rendent sur les lieux d'une intervention urgente, les sapeurs-pompiers peuvent dépasser la vitesse maximum fixée par les dispositions réglementaires. Toutefois, le sapeur-pompier conducteur doit rester maître de son véhicule de secours à chaque instant afin de pouvoir le stopper à tout moment.

L'engagement d'un véhicule de secours dans une **voie en sens interdit** doit se limiter aux cas exceptionnels (sauvetage des vies humaines, dégagement d'urgence d'une voie de circulation) et être réalisé avec beaucoup de précautions. Il est important de rappeler que les sapeurs-pompiers ne sont pas exonérés du respect des règles de prudence dans le cadre de leur conduite d'urgence.

ATTENTION
Les sapeurs-pompiers ne sont pas exonérés du respect des règles de prudence dans le cadre de leur conduite d'urgence.

4 Les règles de sécurité collective

La sécurité collective concerne un groupe ou un ensemble de personnes.

Dans le cadre des activités des sapeurs-pompiers et de leurs interventions, de nombreux paramètres (tels que le contexte environnemental et sa dangerosité, les conditions climatiques) et tout autre élément qui présente un danger d'accident pour les intervenants, les victimes, les badauds et les impliqués, doivent être pris en compte.

Associée aux différentes techniques, règles, notes nationales et départementales ainsi qu'aux documents internes des SDIS, la sécurité collective vise à sécuriser au maximum les opérations de secours engagées. Elle définit la nécessité, pour chaque sapeur-pompier :

- de toujours garder le contact avec son binôme et les autres équipes ;
- d'agir en concertation ;
- de respecter les consignes ;
- de réfléchir avant d'agir ;
- de surveiller l'environnement ;
- de prévenir du danger ;
- de penser au repli ;
- de faire passer les messages ;
- de réaliser la mission et de rendre compte.

A| Les différents équipements et techniques de protection collective

Parmi les équipements de signalisation et de balisage participant à la protection collective, on distingue :

- les cônes, la rubalise et les véhicules permettant de délimiter une zone (d'accident ou de travail) pour la sécuriser et en limiter l'accès ;
- la signalisation des véhicules (gyrophares, bandes rétroréfléchissantes, feux de gabarit), les chasubles et les panneaux permettant la visualisation du véhicule, d'une personne ou d'un danger ;
- les moyens de transmission et de détection (équipements radio, balises sonores de détresse, porte-voix et téléphones ; moyens de détection tels que les explosimètres et les détecteurs de monoxyde de carbone) ;
- les moyens de ventilation (ventilateurs thermiques, électriques et hydrauliques) ;
- la protection des engins et du personnel (auto protection des engins, détecteurs de ligne haute tension et radars de recul).

B| La sécurité collective des sapeurs-pompiers en intervention

Elle vise à éviter tout accident ou sur accident sur une opération de secours par :

- le positionnement correct des engins de secours ;
- un bon balisage et un bon éclairage de la zone d'intervention ;
- la réalisation d'un périmètre de sécurité pour délimiter des zones de danger et de contrôle ;
- une tenue vestimentaire des personnels intervenants adaptée à la situation ;
- la surveillance de la zone d'intervention par un officier sécurité, un binôme ou un chef d'agrès ;
- le respect de l'engagement par binôme et jamais en personnel isolé ;
- la mise en place d'un soutien sanitaire lorsque cela est nécessaire, réalisé par les personnels du SSSM.

L'ensemble de ces consignes et règles de sécurité sont complémentaires et établies afin d'assurer la protection des sapeurs-pompiers et de l'ensemble des intervenants, impliqués et victimes.

FICHE 23

LES ACTEURS DU SECOURS À PERSONNE

Les différents acteurs du secours à personne sont les sapeurs-pompiers (civils et militaires), le service d'aide médicale urgente (SAMU) et les services médicaux d'urgence et de réanimation (SMUR), les associations de secouristes (Croix-Rouge, Protection civile, Ordre de Malte, Croix Blanche, etc.), les médecins et paramédicaux libéraux, les ambulances privées, les centres hospitaliers, la police et la gendarmerie.

1 Les sapeurs-pompiers (civils et militaires)

Les sapeurs-pompiers participent aux secours d'urgence aux personnes victimes d'accidents, de sinistres ou de catastrophes, ainsi qu'à leur évacuation.

A| Les équipes secouristes

Les sapeurs-pompiers agissent en équipe de trois personnes formées et équipées. Ils interviennent dans un **véhicule de secours aux victimes (VSAV)**. Ils prennent en charge (sans délai) les détresses vitales et pratiquent (sans délai) les gestes de secourisme adaptés. **L'intérêt de ces équipes réside dans leur caractère réflexe.**

Les missions des secouristes sont les suivantes :

- assurer la mise en sécurité des victimes, c'est-à-dire les soustraire à un danger ou à un milieu hostile, exercer un sauvetage et sécuriser le site de l'intervention ;
- pratiquer les gestes de secourisme en équipe, dont ceux du prompt secours face à une détresse ;
- demander, voire réaliser, l'envoi de renforts dès l'identification du besoin après avoir informé la régulation médicale du SAMU lorsqu'il s'agit d'une situation d'urgence nécessitant la mise en œuvre de moyens médicaux ;

- réaliser l'évacuation éventuelle de la victime vers un lieu d'accueil approprié, après une régulation réalisée par le SAMU ;
- participer à l'assistance et à la protection sanitaire des sapeurs-pompiers en intervention.

B| Le service de santé et de secours médical

Ce service exerce des missions propres au fonctionnement des sapeurs-pompiers (médecine préventive et professionnelle, aptitude médicale, etc.). Il assure :

- le soutien sanitaire des interventions des services d'incendie et de secours et les soins d'urgence aux sapeurs-pompiers ;
- l'assistance aux missions de secours d'urgence définies par l'article L. 1424-2 du CGCT et par l'article 2 de la loi n° 86-11 du 6 janvier 1986 relative à l'aide médicale urgente et aux transports sanitaires.

2 Le service d'aide médicale urgente (SAMU)

Le SAMU assure la régulation et l'intervention lors des situations d'urgences médicales et apporte une réponse médicale adaptée à tout appel d'une personne en détresse.

A| Le centre de réception et de régulation des appels (CRRA 15)

La régulation médicale du SAMU a pour objectif d'apporter une réponse médicale adaptée à tout appel venant d'une personne en détresse :

- soit en redirigeant l'appel sur une structure médicale libérale (médecins) ;
- soit en dirigeant une équipe médicale du SAMU (SMUR) sur les lieux de l'intervention ;
- soit en dirigeant une équipe de sapeurs-pompiers sur les lieux de l'intervention ;
- soit en dirigeant des moyens privés ou associatifs sur les lieux de l'intervention.

B| Le service mobile d'urgence et réanimation (SMUR)

Le SMUR assure en permanence la prise en charge d'un patient dont l'état requiert, de façon urgente, une prise en charge médicale et de réanimation et, le cas échéant, après régulation par le SAMU, le transport de ce patient vers un établissement de santé.

Une équipe SMUR se compose d'un médecin spécialiste en médecine d'urgence, d'un infirmier spécialisé en réanimation et d'un conducteur ambulancier.

Dotée d'un matériel de réanimation complet, cette unité intervient 24 heures/24, sur demande du SAMU pour assurer :

- la prise en charge ;
- le diagnostic ;
- le traitement ;
- le transport des patients en situation d'urgence médicale.

3 Les associations de secouristes

Elles sont diverses : Croix-Rouge, Croix Blanche, Ordre de Malte, Protection civile…

Leur rôle est de :

- participer ponctuellement aux secours à personne sur demande du SAMU ;
- organiser et diriger les dispositifs de premiers secours (DPS) mis en place sur des manifestations importantes (sportives, festives, etc.) ;

Ces moyens sont également utilisés par le SAMU lors du déclenchement du plan Nombreuses VIctimes (plan NOVI).

4 Les autres moyens

A| Les « privés »

Les cellules composées de médecins et de personnel paramédical libéral (structures privées des personnels de santé) sont animées et déclenchées par le SAMU.

Le SAMU utilise également des sociétés d'ambulances privées pour diriger sur un centre hospitalier une personne en détresse.

Ces moyens sont également utilisés par le SAMU lors du déclenchement du plan Nombreuses VIctimes (plan NOVI).

B| Les centres hospitaliers

Les centres hospitaliers sont composés des structures hospitalières publiques et privées : c'est le dernier maillon de la chaîne des secours.

Les capacités d'accueil de ces établissements sont centralisées par le SAMU de chaque département et permettent de diriger les patients sur un centre de soins adapté.

C'est une des composantes du plan NOmbreuses VIctimes (plan NOVI).

C| La police et la gendarmerie

Ces services sont chargés du maintien de l'ordre, de l'identification des victimes et des actions de police judiciaire.

5 Les numéros d'appel des secours

En France, il existe **trois numéros d'appels gratuits** des secours qui sont interconnectés, ainsi qu'un numéro d'appel européen :

- 15 : SAMU ;
- 17 : police ;
- 18 : pompiers ;
- 112 : numéro européen.

FICHE 24 LE MATÉRIEL DU SECOURS À PERSONNE

Les secouristes travaillent en équipe avec divers matériels qu'il convient de connaître.

1 Le matériel d'arrêt d'hémorragie

A| Le pansement compressif

Il se compose d'une compresse, d'une éponge mousse et d'une bande élastique (le tout dans un emballage stérile). Il permet d'arrêter l'hémorragie en « stoppant la fuite ».

Le pansement compressif est installé directement sur l'hémorragie ; il permet une compression locale sur la plaie hémorragique, alors que le garrot réalise une compression à distance des vaisseaux.

ATTENTION
Ne pas trop serrer la bande du pansement.

B| Le garrot

Il se compose d'un lien non élastique en toile ou en caoutchouc de 3 à 5 cm de large. Il peut être improvisé avec une cravate, un foulard ou une écharpe. Il permet d'exercer une compression circulaire autour du membre concerné et interrompt la circulation du sang en aval qui a pour effet de « stopper la fuite ».

Le garrot est posé au bras ou à la cuisse, si la compression locale est inefficace ou impossible à réaliser du fait du type de lésion, du nombre élevé de victimes, de la position de la victime et/ou lorsque l'accès au blessé est difficile.

ATTENTION
Ne pas poser le garrot au niveau d'une articulation.

C| Les pansements

Ils sont destinés à traiter les plaies simples (les plaies graves sont emballées au moyen d'écharpes). Les équipiers secouristes sont également dotés de pansements stériles pour traiter les brûlures, ce qui ne remet pas en cause le refroidissement de celles-ci.

2 Le matériel de désobstruction des voies aériennes

Les **aspirateurs de mucosités** sont des appareils électriques autonomes qui aspirent les mucosités encombrant les voies aériennes supérieures. L'aspiration doit être réalisée en douceur et avec une sonde d'aspiration. Ces appareils peuvent aussi être manuels.

La **canule oropharyngée** complète la libération des voies aériennes dans le but de faciliter la ventilation artificielle au masque, uniquement lors des arrêts cardio-respiratoires. La canule peut être de quatre tailles différentes. Avant installation, il faut prendre la mesure des incisives de la victime à l'angle de la mâchoire.

3 Le matériel d'oxygénothérapie

L'oxygène est contenu dans une bouteille (sous pression) en composite de couleur blanche de différentes capacités (2, 5 et 15 litres), sous une pression de 200 bars.

La bouteille d'oxygène est fournie avec :

- une étiquette identifiant le nom du laboratoire fournisseur ;
- une notice « produit » ;
- une étiquette indiquant le numéro du lot d'oxygène et sa date limite d'utilisation.

Elle est équipée d'un détendeur, d'un manomètre de pression, d'un débit litre (avec robinet) incorporé ainsi que de deux sorties (une en olive et l'autre de type « 3 crans ») destinées à utiliser un masque d'inhalation, un ballon réserve ou un respirateur.

Pour calculer la quantité d'oxygène restant dans la bouteille

Quantité d'oxygène (litre) = pression (bar) × volume en eau de la bouteille (litre)

Autonomie (min) = quantité d'oxygène (litre) ÷ débit (litre/min)

Le **masque haute concentration** permet d'administrer de l'oxygène à une personne (adulte ou enfant) qui respire spontanément (tout autre dispositif est à proscrire). **Débit d'O_2** : adulte 9 L/min, enfant 6 L/min et nourrisson 3 L/min.

Les **insufflateurs manuels** permettent d'administrer de l'oxygène à une personne qui ne respire pas spontanément ou qui est en arrêt cardio-respiratoire (ACR). Ils sont utilisés avec un masque facial. **Débit d'O_2** : adulte 15 L/min, enfant 8 à 9 L/min et nourrisson 3 L/min.

4 Le défibrillateur automatique externe

La défibrillation automatisée externe est le seul traitement indispensable pour un rythme cardiaque anarchique ; les chances de survie sont multipliées par deux. La mise en œuvre rapide d'un massage cardiaque externe associé (MEA) à une alerte et une médicalisation précoce rendent cet appareil encore plus efficace.

Consignes d'utilisation d'un défibrillateur :

- ne pas utiliser un défibrillateur en milieu humide, sur une structure métallique, ni en présence de matières inflammables ;
- retirer les timbres médicamenteux avant utilisation ;
- en cas de présence d'un stimulateur cardiaque, poser l'électrode 1 cm en dessous du boîtier (*idem* pour les chambres de perfusion implantables).

Cet appareil peut être utilisé sur des enfants mais, dans ce cas, il faut placer une électrode devant le thorax et l'autre dans le dos (entre les omoplates).

5 Le matériel d'immobilisation

Les **écharpes** sont destinées à immobiliser le bras, l'avant-bras, la clavicule ou l'épaule (avec un billot).

Le **collier cervical** est destiné à immobiliser le rachis cervical suite à une chute et doit être posé systématiquement en cas de douleur du rachis. Une fois posé, il n'est plus retiré et la victime est installée dans un matelas coquille. Des points de contact doivent être respectés une fois le collier cervical posé.

L'**attelle cervico-thoracique** immobilise le rachis et facilite le dégagement de la victime du lieu de l'accident.

Le **plan dur** (en résine ou en plastique) est complété par un immobilisateur de tête. Il permet de dégager ou de relever une victime en respectant l'alignement de son rachis.

Le **matelas immobilisateur** à dépression est destiné à immobiliser une victime en vue de son transport. Il est composé d'une enveloppe étanche contenant une multitude de billes en polystyrène. Lorsque le vide est réalisé à l'aide d'une pompe à dépression, les billes en polystyrène épousent les formes du corps de la victime et l'immobilisent totalement.

L'**attelle d'immobilisation** permet d'immobiliser un membre (ou une partie de membre) inférieur ou supérieur. Elle peut être modelable ou à dépression.

L'**attelle de traction permet** de mettre en traction et d'immobiliser une fracture du fémur. Elle n'est mise en place qu'avec le concours d'une équipe médicale.

Le **brancard cuillère** est un moyen de relevage qui permet de prendre en charge une victime à plat dos au sol pour la transférer sur un matelas immobilisateur à dépression.

Le **brancard type « barquette »** permet de descendre une victime au moyen d'une échelle aérienne. Il est également utilisé par certaines équipes spécialisées (GRIMP par exemple).

Le **brancard souple** est utilisé pour prendre en charge une victime non traumatisée au niveau du rachis, afin de l'acheminer sur un brancard ou un lit.

Le **brancard** permet d'acheminer la victime du lieu de l'accident (ou du malaise) vers le centre hospitalier.

La **chaise de transport** permet d'acheminer la victime, en position assise, du lieu de l'incident jusqu'au vecteur de transport.

En outre, certains SDIS sont également dotés de tensiomètres électroniques, de saturomètres, de planches à masser, etc.

FICHE 25 LA SÉCURITÉ LORS DU SECOURS À PERSONNE

La sécurité en opération de secours à personne a pour but de protéger le secouriste, la victime et les autres personnes.

1 Les équipements de protection individuelle (EPI)

Les EPI se composent des éléments suivants :

- une paire de gants à usage unique (évite toute transmission de germes dangereux) ;
- un masque de poche ou écran facial (permet de réaliser une ventilation artificielle sans risque de contamination) ;
- des bandes réfléchissantes sur les vêtements ou une chasuble (améliore la visibilité du secouriste lors des opérations) ;
- une paire de gants de manutention (évite les plaies au niveau des mains lors de manipulation d'objets tranchants) ;
- un blouson adapté avec un casque (permet de travailler en cas de conditions climatiques difficiles ainsi que sur les accidents de la circulation ou les chantiers) ;
- une lampe torche ou frontale (permet de travailler en sécurité dans l'obscurité).

2 Les mesures de protection pour éviter la transmission des infections

A| La protection contre la contamination

Le **lavage des mains** du secouriste est réalisé le plus tôt possible après un contact avec une victime avec de l'eau et du savon ou une solution hydroalcoolique.

La **protection des mains par des gants à usage unique** est indispensable lors d'un risque d'exposition au sang ou autre liquide biologique. L'absence de gants à usage unique ne doit pas retarder l'exécution d'un geste vital (arrêt d'hémorragie) et peut être remplacée temporairement par un sac plastique. Les gants à usage unique souillés ou déchirés doivent être remplacés au plus vite.

La **protection contre les projections de liquides biologiques** est réalisée par :

- un masque médical porté par la victime, qui protège le secouriste contre la salive ou les éternuements ;
- un masque imperméable avec protection oculaire, qui recouvre la bouche et les yeux du secouriste ;
- une charlotte et une sur-blouse portées par le secouriste.

ATTENTION
Les masques de protection cités ci-dessus ne protègent pas contre les agents chimiques.

La **protection contre les objets contaminés par du sang** ou d'autres liquides biologiques est assurée par :

- les conteneurs spéciaux où tous les déchets de soins tranchants ou piquants souillés (aiguilles, bistouris etc.) sont récupérés ;
- les sacs de déchets d'activités de soins où sont récupérés tous les déchets de soins non piquants et non tranchants contaminés (compresses, pansements). Les déchets souillés sont recueillis et détruits par des organismes spécialisés.

En cas d'accident (piqûre, coupure ou projection dans l'œil), il faut désinfecter la plaie et prévenir le responsable pour mettre en œuvre une procédure de prise en charge particulière.

Pour la **protection du secouriste lors de manœuvres de réanimation**, le secouriste doit éviter d'utiliser une méthode orale directe de ventilation artificielle (bouche-à-bouche) s'il dispose d'un moyen de ventilation (insufflateur manuel, masque de poche ou écran facial).

B| La vaccination

Si le secouriste est contaminé par un agent infectieux, il ne développera pas obligatoirement la maladie, notamment si son organisme est immunisé ou résistant grâce à une vaccination. Un certain nombre de vaccinations, définies par le service médical de l'autorité d'emploi, est recommandé pour le secouriste.

Il n'existe pas de vaccination pour chaque germe existant, c'est pourquoi les méthodes de protection décrites ci-dessus sont indispensables.

3 La sécurité personnelle sur intervention

Dès son arrivée, le secouriste doit rechercher les risques et dangers qui peuvent compromettre sa mission.

A| Les règles générales

Identification des dangers : approcher prudemment de la zone de l'accident, prendre des renseignements auprès des témoins, dénombrer les victimes ; évaluer le degré d'exposition éventuel au danger.

Protection : supprimer immédiatement et de façon permanente les dangers environnants pour soi-même, les témoins et la ou les victimes ; délimiter largement la zone de danger et en interdire l'accès afin d'éviter le sur-accident.

B| Les cas particuliers

La protection d'un accident de la route :
- baliser le site (150 à 200 m) ;
- interdire toute approche (témoins, fumeurs) ;
- installer une protection incendie (extincteur) ; couper le contact du véhicule (ou débrancher la batterie) ;
- serrer le frein à main ;
- stopper tout épandage de liquide inflammable.

La protection d'un accident électrique : couper l'énergie électrique pour accéder à la victime ou en interdire l'accès.

La protection d'un incendie :
- maintenir un périmètre de sécurité ;
- évacuer les personnes visibles ;
- couper les énergies du local ;
- ne pénétrer dans le local que sous protection respiratoire avec un moyen d'extinction.

Si une personne est en feu, étouffer les flammes avec une couverture en roulant la victime au sol.

La protection contre les substances dangereuses :
- rester à distance de la fuite ;
- écarter les témoins ;
- interdire de fumer ;
- rester en amont par rapport au vent pour se protéger des émanations toxiques.

ATTENTION

Dans un endroit fermé, si une ou plusieurs personnes présentent des maux de tête, des nausées ou des vomissements, suspecter une intoxication au monoxyde de carbone. Évacuer l'ensemble du bâtiment concerné et rechercher la cause de l'émanation du gaz.

La **protection contre les objets perforants** : se protéger au moyen d'une paire de gants épais de manutention et une tenue vestimentaire adaptée et épaisse, manches baissées.

Les **opérations particulières de sauvetage** concernent les sauvetages en milieu aquatique, en montagne, en milieu confiné, lors d'attentats terroristes ou d'accidents impliquant de nombreuses victimes. Le secouriste seul ou non entraîné fait appel à une équipe spécialisée et ne doit pas s'exposer.

4 Le dégagement d'urgence de la victime en toute sécurité

En règle générale, le secouriste ne déplace pas une victime en l'absence de secours.

Cependant, s'il ne peut supprimer le danger, il doit tenter d'y soustraire la victime par un dégagement d'urgence (en cas d'incendie, d'explosion, d'effondrement, de montée des eaux, de coulée de boue, de voiture en feu, de feu de local avec victime visible, etc.).

FICHE 26

L'HYGIÈNE ET L'ASEPSIE

Une infection est la conséquence de la pénétration et de la multiplication dans l'organisme de bactéries, virus, champignons ou parasites.

1 Les principes de transmission des maladies infectieuses

Les maladies infectieuses peuvent être transmises soit par l'environnement (air, instruments, aliments, mains, etc.), soit de personne à personne (victime, secouriste, tiers).

A| La transmission par contact

Un être humain est potentiellement infecté ou contaminé. Le secouriste doit donc se munir de gants pour éviter tout contact infectieux avec les mains (transmission manuportée : par la peau, le sang, les liquides biologiques, les matériels et les surfaces souillées).

B| La transmission par gouttelettes

En parlant ou en toussant, de fines gouttelettes contenant des micro-organismes présents dans les voies aériennes et digestives sont projetées dans l'air et deviennent le vecteur de nombreuses maladies (tuberculose, varicelle, rougeole, etc.).

C| La transmission par véhicules communs

Un être humain est infecté par l'absorption d'eau contaminée par des déjections humaines, par de la nourriture (toxi-infection alimentaire) ou par certains médicaments (hormone de croissance contaminée, sang contaminé), mais aussi par l'utilisation de matériel médical mal désinfecté (endoscope, par exemple).

D| La transmission par des vecteurs

Un être humain est infecté au contact des mouches, des moustiques (paludisme), des rats, des poux ou des puces ; le mode de transmission est variable selon les pays.

2 Les précautions à prendre

A| Les précautions standards à adopter

Ce sont les suivantes :
- hygiène corporelle, lavage des mains ;
- port des différentes protections :
  - gants,
  - tenue adaptée confortable et lavable,
  - masques à usage unique,
  - lunettes ou visière de protection ;
- respect des procédures de gestion des déchets d'activités de soins à risques infectieux (DASRI) ;
- respect des procédures en cas d'accident d'exposition à un risque viral (AEV) ;
- protection des plaies par un pansement ;
- utilisation de draps à usage unique ;
- entretien régulier des surfaces souillées et des couvertures.

B| Les précautions particulières

Elles sont complémentaires aux précautions standards et doivent être appliquées pour réduire la transmission de micro-organismes pathogènes, de maladies transmissibles ou de maladies liées au bioterrorisme :
- se frotter les mains avec une solution hydro-alcoolique (ne plus toucher l'environnement de la victime en l'absence de gants) ;
- porter un masque :
  - masque de protection FFP2 (usage limité à 2 ou 3 heures),
  - masque chirurgical,
  - masque respiratoire (sans soupape d'expiration) ;
- limiter le déplacement de la victime ;

- nettoyer et désinfecter le véhicule après le transport ;
- favoriser le transport individuel des victimes ;
- envelopper la victime dans un drap à usage unique ;
- porter une sur-blouse ou une protection des cheveux (charlotte) en cas de risque infectieux important.

3 Les AEV et la procédure de soins immédiats

Ces **accidents d'exposition à un risque viral (AEV)** surviennent en cas d'exposition percutanée (piqûre, coupure) et par contact sur une peau lésée ou des muqueuses (bouche, yeux).

ATTENTION
Ne pas négliger une projection de sang dans les yeux.

Les liquides biologiques tels que le sang, la salive, l'urine, le liquide amniotique, le liquide céphalo-rachidien, le sperme ou le liquide vaginal peuvent transmettre trois virus : VIH (sida), VHB (hépatite B) et VHC (hépatite C).

Il y a risque d'AEV :

- lors de coupures ou piqûres après contact avec du liquide biologique contaminé par du sang (vomissements, sécrétions, etc.) ;
- après projection de sang sur les muqueuses ou sur une peau lésée.

A| La prévention des AEV

1| Avant l'intervention

- Vaccination contre l'hépatite B.
- Port du matériel de protection et de sécurité.
- Formation à la prévention des accidents liés à l'exposition au sang.

2| Pendant l'intervention

Port des équipements de sécurité adaptés au type d'intervention :

- gants à usage unique (doublés si hémorragie importante) ;
- visière baissée et manches longues (désincarcération) ;
- vigilance accrue en présence d'objets coupants ou piquants et respect des procédures de manipulation des DASRI.

3 | Après l'intervention

La peau, la tenue, le matériel et l'ambulance doivent faire l'objet d'un nettoyage soigné.

B | Réaliser les soins immédiats en risque d'AEV

- Interrompre les gestes de secours en cours (si possible).
- Ne pas faire saigner.
- Nettoyer immédiatement la plaie à l'eau et au savon.
- Rincer puis réaliser l'antisepsie par un dérivé chloré (Dakin, eau de javel diluée à 1/5e).
- Rincer abondamment les projections sur les muqueuses avec du sérum physiologique ou de l'eau pendant 5 minutes.
- Rendre compte immédiatement à son autorité d'emploi afin de poursuivre les soins et réaliser les formalités administratives obligatoires.

4 Les déchets produits en intervention et la collecte

A | Les DAOM

Les déchets d'activités de soins non contaminés assimilés aux ordures ménagères (DAOM) sont les déchets qui ne présentent aucuns risques : ni infectieux, ni chimique, ni toxique ni radioactif (emballages, cartons, papiers, essuie-mains, gants à usage unique qui n'ont pas été utilisés pour des soins).

Ces déchets sont éliminés par la filière « ordures ménagères ».

B | LES DASRI

Les déchets particuliers résultant des soins apportés aux victimes qui sont appelés déchets d'activités de soins à risque infectieux (DASRI) présentent un risque pour les secouristes et nécessitent une prise en charge particulière (stockage, manipulation et élimination).

Ce sont :

- les dispositifs médicaux ou matériaux piquants, coupants, tranchants utilisés ;
- les flacons de produits sanguins à usage thérapeutique (tube de prélèvements, dispositif de drainage…) ;
- les dispositifs de soins ou les objets souillés par le sang ou autres liquides biologiques (sondes d'aspiration, canules, cathéter…) ;

– les draps et les gants à usage unique ;
– le petit matériel fortement évocateur d'une activité de soins (seringues, tubulures, sondes, drains).

Ces déchets sont éliminés dans des containers en matière plastique jaune, remplis à 80 %, pour les objets coupants et tranchants ainsi que des sacs plastique jaune de 110 L (contenus dans une boîte en carton) pour les déchets solides et mous. L'ensemble de ces moyens de collecte possèdent le symbole des matières infectieuses, les sacs de 110 L doivent posséder le nom du producteur de déchets. Ces déchets sont collectés par des sociétés spécialisées.

ATTENTION
Ne pas mélanger des déchets d'activités de soins avec des déchets non dangereux. Le cas échéant, l'ensemble est éliminé en tant que DASRI (surcoût financier pour le service).

C| Les autres déchets

Les autres déchets d'activités de soins à risque, mais non infectieux, sont les déchets de soins de type chimique, toxique ou radiologique, ainsi que les batteries, piles, boîtes ou plaquettes de médicaments.

Ces déchets font l'objet de collectes particulières.

5 L'utilisation des détergents et désinfectants

Il existe **deux niveaux de risque** :
– **risque moyen** : matériels au contact des muqueuses ou d'une peau lésée (insufflateur manuel, thermomètre) ;
– **risque faible** : matériels en contact avec la peau intacte (tensiomètre, matelas coquille, attelles, etc.).

A| Définitions

Un **détergent** est un produit destiné au nettoyage qui permet de détacher les salissures.

Un **désinfectant** est un produit destiné à éliminer ou tuer les micro-organismes et/ou inactiver les virus.

La **désinfection** permet d'éliminer de façon dirigée les germes et d'empêcher la transmission des micro-organismes.

B| Les principes généraux de l'entretien des véhicules sanitaires

Trois modes d'actions existent :
- dépoussiérage par essuyage humide pour limiter la suspension des poussières ;
- élimination des salissures avec un détergent ;
- désinfection par contact qui détruit la population microbienne résiduelle.

Quelques principes :
- porter des équipements de protection individuelle ;
- nettoyer du propre vers le sale, du haut vers le bas et du fond vers l'extérieur ;
- commencer par les locaux les moins contaminés ;
- ne pas mélanger les produits désinfectants entre eux ;
- respecter les dosages, les dilutions et les temps de contact prescrits ;
- utiliser du matériel propre et en bon état, réservé à cet usage ;
- éviter les éclaboussures, les traces, etc.

ATTENTION
- Le nettoyage et la désinfection du matériel doivent distinguer le matériel immergeable du matériel non immergeable.
- Les éponges sont strictement interdites, elles sont des réservoirs de micro-organismes potentiellement pathogènes.

FICHE 27

LES DÉTRESSES VITALES

Une détresse vitale est une atteinte d'une ou plusieurs des trois fonctions vitales de l'organisme. Elle menace immédiatement ou à très court terme la vie d'une victime. Le secouriste doit pouvoir identifier les signes d'une détresse vitale pour permettre la mise en œuvre des gestes de secours nécessaires, demander un avis médical immédiat et faire intervenir une équipe de secours médical sans délai.

1 Le rôle des fonctions vitales

Trois fonctions ont un rôle essentiel dans le maintien en vie d'une victime : la fonction nerveuse, la fonction respiratoire et la fonction circulatoire. Ces trois fonctions vitales sont en interaction et toute altération brutale de l'une entraîne une perturbation des autres.

La **fonction nerveuse** permet :

- le maintien de la personne en état de conscience et son aptitude aux relations ;
- les mouvements et la perception ;
- la commande des mouvements respiratoires ;
- la protection des voies aériennes grâce à des réflexes (déglutition, toux, fermeture de la glotte).

La **fonction respiratoire** permet :

- l'apport permanent de l'oxygène à l'organisme en le puisant dans l'air ambiant ;
- le transport de l'air ambiant au niveau des alvéoles pulmonaires avant qu'il soit pris en charge par la circulation ;
- l'évacuation du dioxyde de carbone contenu dans le sang vers l'extérieur de l'organisme.

La **fonction circulatoire** permet de :

- transporter l'oxygène des poumons vers les tissus ;
- transférer l'énergie extraite des aliments vers les cellules ;

– recueillir le dioxyde de carbone puis de le transporter vers les poumons pour y être éliminé ;
– recueillir les déchets des aliments et de les éliminer, entre autres, dans les urines.

2 Rechercher une détresse vitale

La recherche d'une détresse vitale se fait en **sept points**.

1. Évaluer l'orientation et rechercher la perte de connaissance.
2. Évaluer la motricité.
3. Examiner les pupilles.
4. Évaluer la respiration (fréquence, amplitude, régularité).
5. Évaluer le pouls (fréquence, amplitude, régularité).
6. Apprécier l'aspect de la peau et des muqueuses (couleur, température, humidité).
7. Mesurer le temps de recoloration cutanée.

3 Les principes de l'action des secours

Devant une victime qui présente une détresse vitale, il faut :

– arrêter immédiatement toute cause évidente de détresse vitale (obstruction brutale des voies aériennes ou hémorragie externe) ;
– réaliser le bilan complet de la victime (voir fiche 28) ;
– installer la victime dans une position d'attente adaptée : détresse neurologique donc position allongée ; détresse respiratoire donc position demi-assise ; détresse circulatoire donc position allongée ;
– administrer de l'oxygène ;
– obtenir rapidement une aide médicale ;
– surveiller attentivement la victime et adapter les gestes de secours à l'évolution de la situation.

ATTENTION
Dans tous les cas, ne jamais donner à boire à une victime qui présente une détresse vitale.

FICHE 28

LES BILANS

Le bilan est la phase de recueil d'informations permettant d'évaluer une situation et l'état d'une ou plusieurs victimes. La réalisation d'un bilan est indispensable à toute action menée par des intervenants secouristes en équipe. Le bilan débute à l'instant même de l'arrivée de l'équipe secouriste sur les lieux de l'intervention et se poursuit pendant toute la durée de l'intervention. Sa transmission doit permettre au médecin régulateur d'évaluer l'état de la victime afin d'adapter sa réponse.

1 Le bilan circonstanciel

Le bilan circonstanciel permet au secouriste de **recueillir les informations** concernant la ou les victimes et leur environnement. Il permet d'apprécier la situation, d'en évaluer les risques et de prendre les mesures adaptées, notamment en ce qui concerne la sécurité.

Le bilan circonstanciel permet de répondre aux questions suivantes :

- que s'est-il passé ?
- existe-t-il un danger ?
- les secours sont-ils suffisants pour le moment ?
- les informations en ma possession sont-elles correctes ?

2 Le bilan d'urgence vitale

Le bilan d'urgence vitale a pour but de **rechercher une détresse vitale** qui menace immédiatement et à très court terme la vie de la victime et nécessitant la mise en œuvre rapide de gestes de secours avant toute autre action.

L'équipier secouriste doit :

- observer pour se faire une idée générale de la victime (sexe, âge, environnement immédiat) ;

- recherche l'existence d'une détresse vitale évidente (obstruction totale des voies aériennes ou hémorragie) ;
- identifier la plainte principale de la victime (inconscience ou autre) ;
- rechercher la présence d'une détresse vitale potentielle (arrêt respiratoire, circulatoire, autre détresse) ;
- transmettre les informations recueillies.

A| Si la victime est inconsciente

Si la respiration est présente : placer la victime en position latérale de sécurité (PLS) et surveiller sa respiration.

Si la respiration est absente : rechercher le pouls. Si celui-ci est absent, commencer la réanimation cardio-pulmonaire (RCP) avec mise en œuvre du défibrillateur semi-automatique (DSA).

B| Si la victime est consciente

Le secouriste doit rechercher successivement les trois types de détresse.

1| La détresse neurologique

Identifier la perte de connaissance ou une désorientation de la victime : poser des questions comme « Que s'est-il passé ? », « Quel est votre nom ? », « Quel jour sommes-nous ? », « Où sommes-nous ? ».

Identifier la perte de la motricité, de la sensibilité : demander à la victime de remuer les doigts, puis les orteils. L'impossibilité de bouger une ou plusieurs extrémités (paralysie) traduit une détresse neurologique.

Identifier l'anomalie des pupilles : des pupilles inégales permettent de suspecter une détresse neurologique, liée à un traumatisme crânien ou oculaire, une maladie vasculaire cérébrale ou une intoxication.

2| La détresse respiratoire (altération de la respiration)

L'évaluation de la respiration d'une victime porte sur :

- la **fréquence de la respiration** (compter sur une minute) ;

Âge	Fréquences respiratoires normales (mvts/min)
Adulte (et adolescent)	12 à 20
Enfant (de 1 an à l'âge de la puberté)	20 à 30
Nourrisson (< 1 an)	30 à 60
Nouveau-né (< 1 semaine)	40 à 60

– son **amplitude** ;

Qualité de la respiration	Description
Normale	Respiration silencieuse
Superficielle	Mouvements du thorax et de l'abdomen à peine perceptibles (difficiles à compter)
Difficile	- Effort respiratoire - Contraction des muscles du haut du thorax et du cou - Pincement des ailes du nez (enfant et nourrisson)
Bruyante	Sifflements, ronflements, gargouillements, râles

– sa **régularité** et l'**absence de pause** de plus de 6 secondes entre les mouvements respiratoires ;

– la **saturation capillaire en oxygène** mesurée avec un oxymètre de pouls.

3 | La détresse circulatoire

Identifier l'altération du pouls : l'équipier secouriste doit déterminer la fréquence cardiaque (nombre de battements par minute), la régularité du pouls et l'absence de pause, l'amplitude ou la force du pouls, la pression artérielle mesurée avec un tensiomètre.

Identifier une modification de l'aspect de la peau et des muqueuses :

– la couleur des muqueuses est appréciée en observant la face interne des paupières, la température ;

– l'humidité de la peau s'observe en plaçant le dos ou le plat de la main sur le front de la victime ;

Les muqueuses sont normalement roses et la peau chaude et sèche. Des muqueuses pâles, une peau froide et/ou très humide et des genoux marbrés traduisent une détresse circulatoire.

3 Le bilan complémentaire

Le bilan complémentaire permet d'effectuer les gestes de secours pour une victime qui présente des signes de malaise, d'aggravation d'une maladie ou d'une ou plusieurs lésions secondaires à un traumatisme et de recueillir toutes les informations nécessaires à la demande d'un avis médical.

Le bilan de la victime

Maladie, malaise	Traumatisme
Interroger	Interroger
Analyser la plainte (PQRST) P = Provoqué par… (circonstances) Q = Qualité (brûlures, serrement…) R = Région atteinte (localisation) S = Sévérité (intensité et évolution) T = Temps de plainte **Recherher les antécédents (MHTA)** M = Maladies H = Hospitalisation T = Traitements A = Allergies	**Rechercher le mécanisme** Violence du choc Mécanisme proprement dit Analyser la plainte de la victime Qualité Localisation Sévérité **Rechercher les antécédents (MHTA)** M = Maladies H = Hospitalisation T = Traitements A = Allergies
Examiner	Examiner
Rechercher les signes visibles à l'endroit de la plainte Manifestation d'une atteinte du cerveau Asymétrie de l'expression faciale Anomalie de l'extension des membres supérieurs	Rechercher les signes de la tête Contusions Gonflements Déformation Plaies Brûlures
Réaliser les gestes de secours **Appliquer les consignes** **Surveiller le patient** **Transmettre ces données**	**Réaliser les gestes de secours** **Appliquer les consignes** **Surveiller le patient** **Transmettre ces données**

4 La surveillance

Le bilan d'urgence vitale et complémentaire aide l'équipier secouriste à déterminer l'état initial de la victime. L'état d'une victime peut toutefois s'aggraver rapidement pendant sa prise en charge ou, au contraire, s'améliorer.

L'équipier secouriste doit surveiller la victime en permanence en :

- lui parlant, lui expliquant ce qui se passe pour la réconforter ;
- appréciant son état de conscience ;
- écoutant l'évolution de sa plainte ;
- appréciant l'aspect de sa peau ;
- contrôlant régulièrement la fréquence respiratoire et cardiaque ;
- surveillant le(s) pansement(s), le(s) immobilisation(s).

FICHE 29 LES MALAISES ET LA MALADIE

La connaissance des termes anatomiques est essentielle pour un secouriste qui participe à la prise en charge d'une victime. Elle permet de nommer et de situer le lieu d'une douleur ou de toute autre manifestation visible sur le corps humain dans un langage commun.

1 Les définitions

Un **malaise** est une sensation pénible traduisant un trouble du fonctionnement de l'organisme, sans que le sujet qui l'éprouve puisse en identifier obligatoirement l'origine. Il peut être **fugace** ou **durable**, de **survenue brutale ou progressive**. Cette sensation peut être le signe d'une maladie.

Un **malaise** ou une **maladie** traduisent une **défaillance** – temporaire ou durable – d'une partie de l'organisme, sans que ce trouble entraîne initialement une inconscience, un arrêt respiratoire ou un arrêt cardiaque. Certaines personnes présentent des malaises répétitifs, souvent identiques, typiques d'une maladie (troubles cardiaques, diabète, asthme...).

2 La gravité d'un malaise ou d'une maladie

La plupart des malaises sont **bénins** et ont souvent une origine facilement identifiable (fatigue, manque de sommeil, stress, émotion, erreurs alimentaires...). Dans le cas d'un malaise bénin, l'examen de la victime ne montre pas de détresse vitale et les signes du malaise ou de la maladie disparaissent après quelques minutes de repos.

Certains malaises sont dits **graves** car ils peuvent à tout moment entraîner une détresse vitale. Ils appellent une réponse immédiate par l'intervention des secours d'urgence. Un malaise et une maladie sont considérés comme grave lorsque :

- il existe des signes de détresse vitale (voir fiche 27) ;
- les manifestations que présente la victime peuvent être caractéristiques d'une maladie potentiellement grave (douleur serrant la poitrine par exemple). Les signes ressentis par la victime sont intenses quelle que soit leur localisation.

3 La conduite à tenir

A| Devant une victime présentant un malaise ou l'aggravation d'une maladie

1. Réaliser si nécessaire les gestes de prise en charge d'une urgence vitale (victime inconsciente, détresse vitale...).
2. Mettre la victime immédiatement au repos.
3. Réaliser un bilan complet de la victime (voir fiche 28).
4. Écouter et analyser les plaintes de la victime :
   - noter ou identifier l'environnement, le sexe et l'âge approximatif de la victime ;
   - écouter les plaintes exprimées (douleur, troubles digestifs, angoisse, faiblesse extrême...). Pour chaque plainte, le secouriste doit demander à la victime : le facteur déclenchant, les caractères du trouble ressenti, la localisation, l'intensité du trouble, la durée.
5. Rechercher les antécédents, les hospitalisations, les allergies et les traitements médicaux en cours.
6. Demander un avis médical en précisant les éléments du bilan ainsi que l'analyse des plaintes.
7. Rassurer et surveiller la victime.

B| Cas particulier : prise habituelle de médicaments ou de sucre

Sur ordre du médecin du centre 15 préalablement alerté ou si une victime le demande, un secouriste doit aider la personne à prendre ce traitement en respectant les doses prescrites par son médecin.

De même, si une victime demande spontanément du sucre, le secouriste peut lui en donner.

FICHE 30

LES ACCIDENTS DE LA PEAU

La peau recouvre toute la surface du corps et se continue par les muqueuses au niveau des orifices naturels. Elle est une barrière contre les infections.

1 Les principales fonctions de la peau

La peau a **trois fonctions essentielles** :

- elle protège l'organisme contre les agressions extérieures (bactéries et virus) ;
- elle participe à la régulation de la température :
  - exposés à la chaleur, les petits vaisseaux se dilatent et transportent la chaleur à la surface de la peau pour l'échanger avec l'air. L'évaporation de la sueur participe à la déperdition de la chaleur,
  - exposés au froid, les petits vaisseaux se contractent, orientant ainsi la chaleur vers l'intérieur de l'organisme en évitant une déperdition de chaleur ;
- elle informe l'organisme sur l'environnement extérieur : le toucher, la pression, le froid, la chaleur et la douleur sont les principales informations perçues.

2 Les plaies

Une plaie est une lésion du revêtement protecteur du corps avec une atteinte possible des tissus sous la peau. Les plaies sont généralement secondaires à un traumatisme (coupure, piqûre, fracture ouverte, etc.).

A| Les risques

Pour la victime :

- hémorragie entraînant une perte du volume sanguin (exemples : fracture ouverte, objet tranchant, etc.) ;

- atteinte des structures pouvant entraîner une détresse vitale (exemples : plaie au thorax, à l'abdomen, traumatisme crânien...) ;
- infection d'une plaie mal soignée.

ATTENTION
Attention au **tétanos**, maladie qui survient sur un sujet non vacciné ou dont le rappel n'a pas été effectué (10 ans).

Pour le sauveteur : risque de contamination par le sang (virus des hépatites, VIH...).

B | L'aspect des plaies

Une **contusion** est une rupture de vaisseaux sous la peau, souvent provoquée par un choc, accompagnée d'une coloration violette et d'un gonflement : c'est l'hématome.

ATTENTION
Attention au traumatisme sous-jacent.

Une **écorchure** est une plaie simple et superficielle avec un aspect de la peau rouge et suintant.

ATTENTION
Attention aux corps étrangers qui peuvent entraîner une infection.

Une **coupure** : provoquée par un objet tranchant, elle peut être accompagnée d'un saignement ou d'une lésion importante (organe vital).

Une **plaie punctiforme** (en forme de points) : elle peut être provoquée par un objet pointu (clou, arme blanche, balle...) qui traverse un organe sous-jacent.

La **lacération** est un arrachement ou un écrasement de la peau, plaie irrégulière avec des lambeaux de peau. Les dégâts sont importants, il s'agit d'une plaie grave.

C | Les conduites à tenir en fonction de la gravité

Il existe deux types de plaies : les **plaies graves** et les **plaies simples**.

Type de plaies	Localisation	Aspect	Mécanisme
Plaies graves	Cou, œil, face, mains, thorax, abdomen et près des orifices naturels	Saignement, lacération, multiples et/ou étendue et avec un corps étranger	Par projectile, outil, morsure et objet tranchant (scie, cutter, outil électrique)
Plaies simples	Écorchure, coupure superficielle saignant peu et non située près d'un orifice naturel		

1| La conduite à tenir sur les plaies graves

Premières actions :

- identifier la gravité de la plaie ;
- arrêter le saignement (si existant) ;
- installer le blessé en position d'attente (allongé si possible) ;
- traiter la plaie avec un pansement ou des compresses stériles ;
- apporter de l'oxygène, demander un avis médical, couvrir et rassurer le blessé.

Plaie au thorax sur blessé conscient :

- mettre le blessé dans la position où il se sent le moins mal, position demi-assise, sur le dos ou sur le côté blessé ;
- protéger la plaie par des compresses non occlusives (avis médical).

Plaie à l'abdomen sur blessé conscient : mettre le blessé en position sur le dos ou sur le côté, jambes fléchies (le relâchement des muscles de l'abdomen entraîne une diminution de la douleur).

ATTENTION
S'il y a éviscération, ne pas tenter de réintégrer les organes.

Plaie à l'œil :

- mettre le blessé en position allongée à plat dos, tête calée ;
- recommander au blessé de garder les yeux fermés et de ne pas les bouger.

ATTENTION
Ne jamais retirer un corps étranger oculaire (ou de toute autre plaie).

Morsures d'animaux : plaies graves, qui peuvent être à l'origine d'une maladie grave comme la rage.

ATTENTION
Toute plaie par morsure doit être vue par un médecin.

2| La conduite à tenir sur les plaies graves simples

- Se laver les mains (savon ou solution hydro-alcoolique) + porter des gants.
- Nettoyer la plaie (eau et savon ou antiseptique).
- Protéger par un pansement adhésif et se renseigner si le blessé est vacciné contre le tétanos.
- Conseiller au blessé de consulter un médecin sans tarder si la plaie devient rouge, si elle gonfle et devient chaude.

3 Les brûlures

Les brûlures sont des lésions de la peau et/ou des voies aériennes ou digestives provoquées par la chaleur, les produits chimiques, l'électricité ou les radiations.

Les **risques** : suivant son étendue, sa profondeur et sa localisation, la brûlure peut être à l'origine d'une **défaillance circulatoire** (perte de liquide), d'une **défaillance respiratoire** (brûlure au visage, inhalation de gaz ou de fumées, vapeurs chaudes), de **douleurs intenses** et d'**infection**.

Une brûlure se caractérise par son aspect, son étendue, sa localisation et la présence de douleur. Ces critères doivent être transmis précisément aux secours médicalisés.

A| Les aspects d'une brûlure

La rougeur	Les cloques ou phlyctènes	La carbonisation
- Atteinte superficielle de la peau - Très douloureuse (couche externe atteinte)	- Uniques ou multiples - Très douloureuses (atteinte profonde de la peau)	- Peau pâle, noirâtre ou brunâtre - Peu douloureuse (terminaisons nerveuses détruites) - Toutes les couches de la peau sont atteintes et perte de liquide importante

Pour évaluer l'étendue de la brûlure, il faut utiliser la paume de la main de la victime qui représente 1 % de la surface de la peau de la personne brûlée.

La **localisation de la brûlure** est un élément important pour le bilan (à décrire avec précision), particulièrement pour les voies aériennes (traces et crachats noirs après un incendie), les mains, le visage et les orifices naturels. La présence ou non de douleur renseigne le médecin sur la gravité de la brûlure (atteinte des terminaisons nerveuses).

B| Les brûlures graves

- Cloques uniques ou multiples sur la peau, d'une surface supérieure à la moitié de la paume de la main de la victime.
- Destruction plus profonde, aspect noirâtre, blanchâtre ou brunâtre de la partie brûlée.
- Brûlures du visage, de la main, du voisinage des orifices naturels et des articulations.
- Rougeur étendue de la peau, surtout chez l'enfant ou le nourrisson.

C| Les brûlures simples

- Rougeur de la peau chez l'adulte.
- Cloque d'une surface inférieure à celle de la moitié de la paume de la main de la victime.

D| La conduite à tenir

- Retirer les vêtements (sauf s'ils sont collés à la peau).
- Refroidir le plus tôt possible la brûlure avec de l'eau (soulage la douleur, évite son extension et son aggravation) pendant 10 minutes maximum pour les brûlures graves et plus si nécessaire pour les brûlures simples.
- En l'absence de point d'eau, utiliser des compresses d'hydrogel.
- Protéger la brûlure et ne pas percer les cloques.
- Surveiller, couvrir la victime et se renseigner sur la vaccination contre le tétanos.

ATTENTION

Attention aux détresses circulatoires et respiratoires.

E| Les brûlures particulières

Lors d'une brûlure chimique : déshabiller et arroser abondamment pendant 5 minutes (dispersion du produit). Si un œil est touché par le produit chimique, rincer abondamment pendant 5 minutes (attention à préserver l'autre œil).

Lors d'une brûlure interne respiratoire par inhalation (traces de suie près du nez et de la bouche, voix rauque, voire détresse respiratoire) : mettre la victime en position assise et apporter de l'oxygène en cas de détresse respiratoire.

Lors d'une brûlure par ingestion de liquide brûlant ou de produit caustique (douleurs dans la poitrine et l'abdomen, traces blanchâtres près des lèvres) : allonger la victime sur le côté, ne pas donner à boire, ne pas faire vomir, surveiller la victime et identifier le produit en cause.

FICHE 31 LES TRAUMATISMES DES OS ET DES ARTICULATIONS

L'appareil locomoteur est composé d'un ensemble d'os unis entre eux par des articulations et mis en mouvement par des muscles. Cet appareil constitue la charpente du corps humain.

1 L'appareil locomoteur et sa fonction

L'appareil locomoteur est composé d'un ensemble d'os unis entre eux par des articulations et mis en mouvement par des muscles. Il constitue la charpente du corps humain.

A| Le squelette

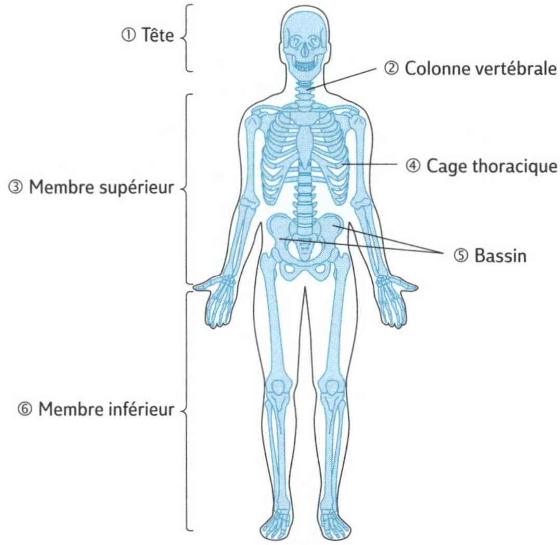

Le squelette a **trois fonctions** essentielles :

- maintenir la stabilité du corps ;
- protéger les organes vitaux (cerveau, cœur, poumon) ;
- les cellules du sang.

Il est divisé en **six parties** : tête ; colonne vertébrale ; membre supérieur ; cage thoracique ; bassin ; membre inférieur.

B| Les articulations

Une **articulation** correspond à la jonction entre deux os ; elle peut être mobile (coude, genou...) ou non (crâne, bassin).

Au sein de l'articulation, l'extrémité des deux os est recouverte de **cartilage** et enduite d'un liquide lubrifiant afin de limiter les effets des frottements. Ces deux extrémités sont maintenues l'une contre l'autre grâce à des bandes de tissu élastique, les **ligaments**.

C| Les muscles

Les muscles permettent les mouvements des différentes parties du corps. Ils sont fixés aux os par des bandelettes très solides, les **tendons**.

Les muscles sont commandés par le cerveau. Ils agissent par groupe de manière antagoniste : quand un groupe de muscles se contracte, le groupe de muscles opposé se relâche.

2 Les mécanismes d'une lésion des os et des articulations

Les atteintes des os et des articulations sont des lésions courantes. Trois types de mécanismes sont à l'origine d'une lésion des os et des articulations :

- **mécanisme direct** : la lésion siège à l'endroit d'un coup violent, de l'impact d'un objet lourd sur un membre ou une articulation, ou d'un contact brutal avec un plan dur ;
- **mécanisme indirect** : la lésion siège à distance de l'endroit du choc. Le choc est transmis le long des membres ;

Exemple

Une personne chute d'une hauteur importante sur ses pieds, la force transmise provoque une fracture par tassement d'une vertèbre ;

- **par torsion** : une torsion du membre qui entraîne une fracture de l'os ou une lésion de l'articulation sollicitée par ce mouvement forcé.

3 Les principaux traumatismes des os et des articulations

A| La fracture

L'os est brisé. La fracture peut être :

- **simple** : l'os est cassé sans lésion associée visible ;
- **complexe** : l'os est cassé et il existe des lésions des structures adjacentes (nerfs, vaisseaux, poumons…).

Si la fracture est accompagnée d'une plaie, on parle d'une **fracture ouverte**.

B| La luxation

L'articulation est déboîtée et les deux extrémités des os ne sont plus en contact l'une de l'autre.

Ce déplacement s'accompagne le plus souvent d'une lésion, voire d'une déchirure des ligaments qui entourent et maintiennent l'articulation et/ou d'une atteinte des nerfs et des vaisseaux.

C| L'entorse

Les ligaments sont distendus ou déchirés par un mouvement exagéré ou forcé de l'articulation, créant un écartement transitoire des deux extrémités osseuses.

L'entorse peut s'accompagner d'un arrachement osseux.

4 La gravité d'une lésion des os et des articulations

Pour le secouriste, certaines lésions des os et des articulations sont évidentes : déformation due à une fracture ou une luxation par exemple. D'autres apparaissent lors d'un examen médical et radiologique.

A| Les signes

Une victime souffrant d'une lésion des os et des articulations peut présenter :

- une douleur à l'endroit de la blessure ou à côté, augmentée par le mouvement ;
- une impossibilité ou une difficulté à déplacer le membre atteint ;
- une déformation et un gonflement du membre atteint.

Au moment de la survenue de la lésion, la victime peut percevoir un craquement, souvent accompagné d'une douleur vive.

B| Les lésions graves

Les lésions des os et des articulations peuvent être graves lorsqu'elles sont accompagnées de complications telles que :

- une plaie hémorragique ou non (fracture ouverte) ;
- une compression des vaisseaux (extrémité du membre froid et pâle) ;
- une atteinte des nerfs (fourmillements, perte de sensibilité...).

De plus, certaines lésions des os et des articulations peuvent donner lieu à une détresse vitale comme une détresse neurologique (lésion à la tête, au rachis ou à la colonne vertébrale), ventilatoire (lésion au thorax) ou circulatoire (lésion à la cuisse, au thorax ou au bassin, ces os étant très vascularisés).

5 Le principe de l'action des secours

Devant une lésion des os et des articulations, les secouristes doivent tout mettre en œuvre pour :

- empêcher l'aggravation en immobilisant le membre et en évitant tout déplacement de la zone blessée (collier cervical, immobilisateur de tête, attelles, matelas coquille, etc.) ;
- limiter le gonflement et soulager la douleur par l'application de froid ;
- limiter la perte de sang dans le cas des fractures ouvertes ;
- prévenir l'infection dans le cas des fractures ouvertes ;
- rechercher une complication associée en réalisant un bilan complet de la victime ;
- prendre un avis médical ;
- surveiller l'apparition d'une détresse vitale.

FICHE 32 LES RELEVAGES

Le choix et la qualité de la technique de relevage permettent d'éviter toute chute du blessé et toute aggravation de lésion, notamment au niveau de la colonne vertébrale.

1 Les principes généraux

La victime, soustraite à la cause de sa détresse et installée dans la position que nécessite son état, doit être placée sur un brancard, directement ou à l'aide d'un dispositif particulier de relevage, afin d'assurer son déplacement vers un poste de secours ou un véhicule de premiers secours. Pour ce faire, les secouristes doivent assurer :

- la stabilité de leur position et la sécurité de leurs mouvements ;
- la fermeté des prises ;
- la bonne répartition des charges ;
- la synchronisation des mouvements.

2 Le choix de la technique

Le choix du matériel et de la méthode relève du responsable d'équipe. Il repose sur les éléments d'appréciation suivants :

- l'accessibilité de la victime (par la tête, par les pieds, par un côté, par deux côtés) et la possibilité de disposer le brancard près du blessé ;
- l'état de la victime et la nature des lésions suspectées ;
- le poids de la victime et le nombre d'équipiers ;
- le matériel disponible (portoirs, dispositifs de levage...) ;
- la position d'attente de la victime (celle-ci n'influe pas sur le principe de la technique choisie, mais sur la position des mains et des avant-bras des secouristes).

3 Les techniques

A| Le relevage d'une victime à trois équipiers « porteurs »

Ces techniques sont réalisées s'il s'agit d'un malade ou d'un blessé non suspect d'une lésion de la colonne vertébrale ou si la corpulence de la victime permet un relevage à trois, selon **trois méthodes** :

- le pont simple à trois équipiers porteurs ;

- le pont néerlandais à trois équipiers porteurs ;

- la technique de la cuillère à trois équipiers, utilisée pour transférer une victime d'un lit au brancard.

B| Le relevage d'une victime à quatre équipiers « porteurs »

Ces techniques sont réalisées si la victime est suspectée d'un traumatisme de la colonne vertébrale ou si sa corpulence le nécessite, selon **deux méthodes** :

- le pont néerlandais à quatre équipiers porteurs ;

– le pont amélioré à quatre équipiers porteurs et un aide à la tête.

C| Le relevage d'une victime à l'aide d'un brancard cuillère

Le brancard cuillère facilite le relevage de toute victime à trois équipiers secouristes, notamment dans les cas suivants :

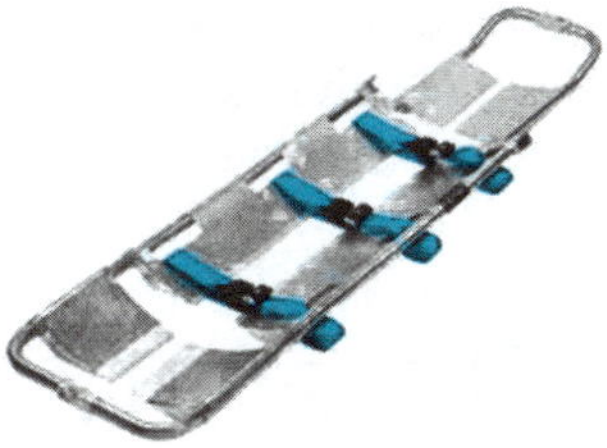

- victime traumatisée et suspectée d'un traumatisme du rachis pour l'installer sur un matelas immobilisateur à dépression ;
- impossibilité de réaliser un pont simple ou un pont amélioré (zone surbaissée : victime sous un train, un véhicule...) ;
- il permet également de relever une victime sans atteinte traumatique mais présentant des souillures ou des salissures (le matériel est non oxydable et aisément nettoyable).

D| Le relevage d'une victime en position particulière

Chaque fois qu'une victime est mise en position particulière (position latérale de sécurité – PLS –, assise, demi-assise, jambes pliées), les positions des mains des équipiers secouristes diffèrent. Ces techniques permettent toutefois de maintenir la victime dans la position particulière, si cela est nécessaire.

Points clés

- Les équipiers secouristes doivent agir de manière synchronisée et l'axe « tête-cou-tronc » doit être respecté.
- Le relevage doit être doux et sans à-coup.
- La victime doit se trouver en position correcte sur le brancard.

FICHE 33 LE BRANCARDAGE ET LE TRANSPORT

Le brancardage est l'action d'amener la victime, dans la position adaptée à son état, jusqu'au véhicule de secours et d'assistance aux victimes (VSAV) ou à l'aéronef sanitaire par des cheminements souvent accidentés.

1 Généralités

A| Les règles à suivre

Le brancardage est effectué par trois ou quatre équipiers secouristes dont les actions doivent être rigoureusement coordonnées, sous la conduite d'un chef de brancard.

Lors du brancardage, réalisé après l'installation de la victime sur le brancard par des techniques de relevage adaptées et son arrimage (voir fiche 32), **le brancard doit être maintenu le plus à l'horizontale possible**.

La position de la victime sur le brancard dépend de son état. Les différentes positions de la victime sur le brancard sont les suivantes : horizontale ; demi-assise ; jambes pliées ; demi-assise sur le côté.

B| Les 10 règles de base du brancardage

1. Les équipiers secouristes travaillent en équipe, sous la conduite d'un chef.
2. La victime doit obligatoirement être sanglée ou arrimée sur le brancard avant tout déplacement.
3. Le chef place les équipiers secouristes en fonction de leur taille et de leur force.
4. Les commandements d'exécution sont, le plus souvent, précédés de commandements préparatoires et doivent être entendus de tous les équipiers secouristes.

5. Les mouvements doivent être doux et synchronisés.

6. Le déplacement se fait en marchant.

7. La marche doit être souple, sans secousse ni balancement ; de ce fait, les équipiers secouristes ne doivent pas marcher au pas.

8. Le brancard doit rester le plus possible horizontal.

9. Le blessé est brancardé, en général, tête en avant.

10. Le chef surveille en permanence la victime et la position du brancard.

Tout brancardage en milieu difficile, dangereux pour la victime et les équipiers, nécessite l'intervention d'équipes et de matériels spécialisés (sauvetage-déblaiement, groupe de recherche et d'intervention en milieu périlleux – GRIMP –, etc.).

2 La surveillance d'une victime pendant le transport

Le VSAV – ou son équivalent dans d'autres organismes – est le vecteur de transport le plus utilisé pour amener la victime vers un poste de secours, un SMUR ou un centre hospitalier d'accueil, afin qu'elle soit prise en charge dans un délai le plus court possible.

A| L'influence du transport sur la victime

Au cours du transport, la victime – et les équipiers secouristes – sont soumis :
- aux dangers rencontrés par tout usager de la circulation ;
- aux inconvénients de variations de vitesse, de vibrations, du bruit ou d'un éclairage inadapté ;
- à l'isolement créé par le véhicule et à l'exiguïté de la cellule sanitaire.

De plus, la conduite a un ressentiment direct sur la victime lors du transport. En effet, elle peut augmenter la douleur et aggraver une détresse circulatoire.

B| Avant et pendant le transport

Lors du transport, la victime doit être mise en condition, installée et obligatoirement sanglée sur le brancard. Elle doit être surveillée en permanence.

Le matériel de secours utilisé ou susceptible d'être utilisé pendant le transport doit être correctement fixé pour ne pas chuter ou devenir un projectile dangereux en cas de décélération brutale.

Au cours des déplacements, il est indispensable que le personnel de secours soit assis et maintenu par des ceintures de sécurité. En cas d'aggravation de l'état de la victime, le véhicule sera immobilisé sur le bord de la chaussée dans un endroit sûr ; toutes les mesures de sécurité individuelles et collectives seront mises en œuvre afin de permettre aux équipiers secouristes de refaire un bilan et de réaliser les gestes de secours supplémentaires.

Au cours du transport par véhicule de secours à victime, le conducteur doit :

- respecter le code de la route, en particulier les limitations de vitesse ;
- adopter une conduite modérée (sans brutalité, ni rapidité) ;
- passer doucement ou éviter les nids de poules, les ralentisseurs, les passages à niveau, les virages trop serrés, etc. ;
- utiliser les avertisseurs lumineux en permanence pendant toute la durée du transport ;
- utiliser les avertisseurs sonores à la demande du chef du véhicule.

3 Les différentes techniques de brancardage

Le Référentiel national de premiers secours en équipe de niveau 2 décrit les techniques de brancardage à connaître par les équipiers dans ses fiches techniques 10.1 à 10.7 :

- réaliser un brancardage à trois ou quatre équipiers secouristes ;
- franchir un obstacle à trois équipiers secouristes ;
- franchir un obstacle à quatre équipiers ;
- réaliser un brancardage dans un passage étroit ;
- monter ou descendre une pente ou un escalier lors du brancardage ;
- transporter une victime sur une chaise de transport ;
- charger une victime dans un moyen de transport.

Ce référentiel est téléchargeable sur le site du ministère de l'Intérieur : www.interieur.gouv.fr.

FICHE 34

LES ATTEINTES LIÉES AUX CIRCONSTANCES

Les atteintes liées aux circonstances regroupent un ensemble de lésions survenues dans des circonstances particulières ou provoquées par un environnement hostile. Dans tous les cas, l'équipier secouriste doit appliquer la conduite à tenir générale devant une victime : bilans, gestes de secours nécessaires et surveillance. Toutefois, il doit aussi réaliser des gestes complémentaires spécifiques liés à ces circonstances.

1 Personne victime d'une morsure ou d'une piqûre

La **morsure d'animal** :

- arrêter le saignement en comprimant la plaie ou la désinfecter si elle ne saigne pas ;
- protéger la plaie par un pansement stérile.

La **piqûre d'insecte** :

- retirer le dard sans écraser la poche à venin ;
- limiter la douleur et le gonflement en appliquant du froid ;
- si la piqûre est dans la bouche ou la gorge, faire sucer de la glace à la victime.

La **morsure ou piqûre d'animal marin** :

- rassurer la victime ;
- inactiver le venin en plaçant la zone atteinte dans l'eau chaude pendant au minimum 30 minutes (ce type de venin est en général détruit par la chaleur).

La **morsure de serpent** :

- allonger la victime, lui demander de rester calme, la rassurer ;
- réaliser un pansement compressif sur la morsure pour limiter la diffusion du venin ;
- immobiliser le membre atteint.

ATTENTION
Toutes les techniques d'aspiration, qu'elles soient buccales ou à l'aide d'un appareil, sont formellement interdites car elles favorisent la diffusion du venin.

2 Personne victime d'un accident électrique

- S'assurer que la victime n'est pas en contact direct ou indirect avec un conducteur endommagé ou un câble électrique de haute tension au sol.
- Réaliser un bilan d'urgence de la victime et les gestes de réanimation nécessaires.
- Rechercher les lésions, notamment les brûlures par flash ou par arc électrique aux points d'entrée et de sortie.
- Arroser et protéger les brûlures visibles.

ATTENTION
Toute brûlure électrique doit être considérée comme une brûlure grave.

3 Personne victime d'une intoxication

Une intoxication est un trouble engendré par la pénétration dans l'organisme d'une substance appelée « poison » ou « toxique ». Selon le mode de pénétration d'un toxique, la conduite à tenir diffère.

1| Ingestion

Lors de l'ingestion, le poison est avalé et absorbé par le tube digestif.

Conduite à tenir :

- réaliser un bilan et les gestes de premiers secours nécessaires ;
- rechercher les circonstances de survenue ;
- rechercher la nature du ou des toxiques en cause ;
- rechercher la dose absorbée et l'heure l'absorption ;
- conserver les emballages et les flacons des produits en cause.

ATTENTION
Ne pas faire vomir, ne pas faire boire, sauf avis médical.

2 | Inhalation

Lors de l'inhalation, le poison pénètre par les voies respiratoires et est absorbé dans l'organisme par les poumons.

Conduite à tenir :

- suspecter la présence du toxique (détecteur de CO) ;
- se protéger en restant à distance, si nécessaire en supprimant la cause et/ou en aérant le local ;
- réaliser un dégagement d'urgence si nécessaire ;
- réaliser un bilan et les gestes de secours.

3 | Injection

Lors de l'injection, le poison pénètre dans l'organisme par une plaie.

Conduite à tenir :

- rincer la plaie avec de l'eau (identifier le poison si possible) ;
- couvrir la plaie avec un pansement stérile ;
- réaliser un bilan et demander un avis médical.

4 | Absorption

Il y a absorption lorsque le poison pénètre dans l'organisme à travers la peau saine.

Conduite à tenir :

- rincer la peau avec de l'eau (identifier le poison si possible) ;
- réaliser un bilan et demander un avis médical.

4 Personne victime d'un effet de souffle (blast)

Il s'agit d'un traumatisme engendré par une onde de choc, secondaire à une explosion (blast). Les victimes présentent souvent de multiples lésions : plaies, brûlures, fractures et lésions internes qui peuvent, au début, passer inaperçues et se révéler secondairement :

- examiner toutes les victimes et réaliser les gestes de secours qui s'imposent ;
- demander un avis médical pour toute personne exposée au souffle.

5 Personne victime d'une compression prolongée des muscles (*crush syndrom*)

La compression prolongée des masses musculaires d'une victime peut être, à plus ou moins brève échéance, mortelle. Si la compression interrompt la circulation sanguine au niveau des masses musculaires comprimées et qu'elle dure plusieurs heures, elle entraîne, progressivement, des lésions des muscles qui s'accompagnent d'une production de déchets, toxiques pour l'organisme. Au moment du dégagement de la victime, la levée de la compression rétablit la circulation sanguine. En l'absence de traitement médical préventif, ces déchets entraînés par le sang dans tout l'organisme sont de véritables poisons, notamment pour le cœur et les reins.

Conduite à tenir : les gestes de premiers secours sont limités du fait de la situation de la victime (en général peu accessible) et du risque lié aux circonstances de l'accident :

- examiner la victime autant que possible ;
- évaluer la durée de la compression par rapport à l'horaire de l'événement ;
- réaliser les gestes de secours nécessaires et possibles ;
- protéger la victime du froid et des risques liés au dégagement (projections) ;
- parler et rassurer la victime.

ATTENTION

- La levée de la compression se fait après avis médical et en présence d'un médecin.
- La pose de garrot n'est jamais effectuée par l'équipier secouriste, sauf sur demande d'un médecin.

6 Personne victime d'une exposition prolongée à la chaleur

A| Le coup de chaleur

Il survient chez les personnes qui sont exposées à la chaleur pendant plusieurs heures, voire plusieurs jours. La victime présente : des maux de tête, des sueurs importantes, des crampes musculaires, une fatigue intense, des nausées, une température normale ou peu élevée. Rapidement, une détresse circulatoire s'installe et la température de l'organisme s'élève.

Conduite à tenir :

- installer la victime à l'abri, dans un endroit frais, climatisé si possible ;
- mettre la victime au repos dans la position où elle se sent le mieux ;
- recouvrir la victime d'un linge humide ;
- utiliser un brumisateur ou un ventilateur pour la refroidir ;
- chez l'enfant ou le nourrisson, lui faire prendre un bain ;
- si la victime est consciente et ne vomit pas, lui donner de l'eau à boire par petites gorgées ;
- réaliser un bilan de la victime, lui prendre la température et effectuer les gestes de secours qui s'imposent ;
- demander un avis médical et respecter les conseils donnés ;
- surveiller attentivement la victime (détresse circulatoire) et réconforter la victime.

B| L'insolation

Elle survient chez des personnes qui sont exposées de manière directe et prolongée au soleil. La victime présente : des maux de tête, aucune sueur, une peau sèche, rouge et très chaude, des troubles du comportement et/ou de la conscience, une température très élevée. Rapidement une détresse neurologique s'installe.

Conduite à tenir :

- installer la victime à l'abri, dans un endroit frais, climatisé si possible ;
- allonger la victime, tête surélevée si elle est consciente ;
- réaliser un bilan de la victime et les gestes de secours qui s'imposent ;
- demander un avis médical ;
- retirer les vêtements de la victime en lui gardant ses sous-vêtements ;
- après avis médical, recouvrir la victime d'un drap mouillé avec de l'eau froide pour faire baisser sa température ; arroser régulièrement le drap pour le maintenir humide ; appliquer si possible un dispositif de froid sur la tête et la nuque ;
- surveiller attentivement la victime et la réconforter.

7 Personne victime d'un accident dû au froid

A| Les gelures

Ce sont des lésions dues au froid (gel) qui siègent, en règle générale, au niveau des extrémités de l'organisme : nez, oreilles, orteils et pieds, doigts et mains. Il s'agit d'une lésion provoquée par un refroidissement local.

Les **symptômes** siègent au niveau des extrémités :
- sensation de « piqûres d'aiguille » ;
- engourdissement et durcissement des extrémités ;
- pâleur locale avec une évolution vers une peau brune, accompagnée d'une insensibilité ;
- au cours du réchauffement, les extrémités deviennent douloureuses, rouges, chaudes et il apparaît des cloques.

Conduite à tenir :
- isoler la victime dans un endroit chaud ;
- lui ôter ses vêtements surtout s'ils sont mouillés ou humides ;
- examiner la victime et réaliser les gestes de secours qui s'imposent ;
- prendre la température de la victime ;
- envelopper la victime dans une couverture de survie ;
- enlever doucement gants, bagues, chaussures ;
- ne pas frotter, ni masser les régions gelées ;
- envelopper les zones atteintes dans des linges, ou les placer, lorsque cela est possible, au contact de la peau de la victime (mains sous les aisselles, etc.) pour les réchauffer.

B| L'hypothermie de l'organisme

Elle se constitue quand la température du corps, normalement aux alentours de 37 °C, devient inférieure à 35 °C. Ce refroidissement survient à la suite d'une exposition prolongée au froid, plus particulièrement humide.

Les **symptômes** sont :
- frissons ;
- peau pâle, froide et sèche ;
- troubles de la conscience (désorientation, confusion, agitation, inconscience) ;
- ralentissement de la respiration ;
- ralentissement du pouls, qui devient très difficile à percevoir ;
- dans le cas extrême, arrêt cardio-respiratoire.

Conduite à tenir :
- isoler la victime dans un endroit chaud ;
- lui ôter ses vêtements, surtout s'ils sont mouillés ou humides ;
- examiner la victime et réaliser les gestes de secours qui s'imposent ;
- prendre la température de la victime ;
- envelopper la victime dans une couverture de survie.

8 Personne victime de pendaison ou de strangulation

On appelle pendaison une suspension du corps par le cou et étranglement – ou strangulation – une constriction du cou ou une pression sur la gorge. L'afflux d'air vers les poumons et/ou la circulation du sang vers le cerveau sont interrompus.

Lors de la pendaison, sous l'effet du poids du corps (chute), la victime peut avoir une lésion vertébrale avec atteinte de la moelle épinière.

Conduite à tenir :

- desserrer et enlever rapidement toute source de constriction du cou ;
- soutenir, puis dépendre le corps en se faisant aider ;
- maintenir l'axe tête-cou-tronc dès que possible ;
- allonger la victime au sol ;
- poser un collier cervical ;
- examiner la victime et réaliser les gestes de réanimation ou de secours nécessaires.

ATTENTION

Ne pas détruire, jeter ou déplacer plus que nécessaire des objets – comme une corde nouée – qui peuvent servir d'indice ou de preuve à la police.

FICHE 35 LES AFFECTIONS SPÉCIFIQUES

Les affections spécifiques regroupent un ensemble d'affections facilement identifiables par les secouristes et nécessitant d'adapter la conduite à tenir générale.

1 Principe

Les affections spécifiques prises en charge par les sapeurs-pompiers, et décrites dans le Référentiel national de premiers secours en équipes sont :

- le malade qui présente une crise convulsive généralisée ;
- le diabétique qui présente un malaise ;
- la personne qui présente une crise d'asthme ;
- la personne victime d'une réaction allergique ;
- la femme enceinte (accouchement ou fausse couche).

2 Malade qui présente une crise convulsive généralisée

A| Qu'est-ce qu'une crise convulsive généralisée ?

La crise convulsive se caractérise par la survenue brutale d'une perte de connaissance accompagnée de mouvements de type secousses involontaires qui touchent, en règle générale, l'ensemble du corps et qui durent moins de cinq minutes. Exceptionnellement, elles peuvent se prolonger.

La crise convulsive peut être le signe d'une maladie grave (certaines maladies entraînent des lésions cérébrales).

Causes possibles :
- épilepsie ;
- traumatisme crânien ;
- manque d'oxygène au niveau du cerveau ;
- absorption de certains poisons ;
- fièvre élevée, notamment chez le nourrisson.

Conséquences possibles :
- traumatismes ;
- obstruction des voies aériennes par la langue chez une victime inconsciente.

B| La conduite à tenir lors d'une crise convulsive généralisée

L'équipier secouriste ne peut, à aucun moment, arrêter une crise convulsive qui a débuté ; il ne doit pas contraindre les mouvements de la victime.

Pendant la crise :
- dégrafer le col ou la cravate de la victime ;
- glisser, si possible, un vêtement ou une couverture sous et autour de sa tête pour la protéger ;
- écarter tout objet qui pourrait être traumatisant.

Après la crise :
- réaliser un bilan complet de la victime ;
- assurer la liberté des voies aériennes ;
- réaliser les gestes d'urgence vitale en fonction de l'état de la victime ;
- demander un avis médical dès que possible ;
- lorsque la victime redevient consciente, la garder au calme et la rassurer ;
- noter l'heure de survenue et la durée de la crise ;
- dans la mesure du possible, changer les vêtements souillés.

C| Cas particulier : la crise convulsive chez le nourrisson

Cette crise est généralement provoquée par la fièvre. Elle s'accompagne d'une révulsion oculaire, d'un tremblement des paupières, d'une pâleur ou d'une cyanose si le nourrisson arrête de respirer.

La conduite à tenir est la même que chez l'adulte. Il faut, en plus, contrôler la température de l'enfant et le refroidir à l'aide de linges humides.

3 Diabétique qui présente un malaise

Comme l'oxygène, le sucre est essentiel au fonctionnement de l'organisme et, notamment, au cerveau. Il constitue une source d'énergie. L'organisme produit une hormone appelée insuline qui intervient dans le transport et la pénétration du sucre dans les tissus. Le diabète est une maladie au cours de laquelle l'organisme, par manque de production de cette hormone, n'arrive pas à réguler le passage et l'utilisation du sucre qui est transporté par le sang vers les tissus du corps. Les diabétiques doivent surveiller attentivement la quantité de sucre présente dans leur alimentation.

Causes : chez les diabétiques, le malaise par manque de sucre, appelé **hypoglycémie**, est fréquent et facilité par :

- une alimentation inadaptée ;
- un effort physique intense ;
- un excès de traitement ;
- une exposition prolongée au soleil ;
- la fièvre, etc.

Conséquences : lorsque le taux de sucre diminue, le fonctionnement du cerveau est rapidement altéré et une détresse neurologique s'installe, pouvant aller jusqu'à l'inconscience.

Conduite à tenir :

- réaliser un bilan complet de la victime ;
- réaliser les gestes de secours d'urgence en fonction de l'état de la victime ;
- aider la victime à prendre du sucre afin de faire remonter le taux de sucre dans son sang ;
- demander un avis médical si son état ne s'améliore pas rapidement ou au moindre doute.

Cas particulier : dans certains cas, le taux de sucre dans le sang est supérieur à la normale ; l'**hyperglycémie** peut entraîner un état de « coma ». La conduite à tenir est alors la suivante :

- réaliser le bilan de la victime ;
- réaliser les gestes de secours d'urgence en fonction de l'état de la victime ;
- demander un avis médical.

4 Personne qui présente une crise d'asthme

La crise d'asthme est provoquée par la contraction brutale des muscles bronchiques. Cette manifestation aboutit à un rétrécissement des voies aériennes qui rend la respiration difficile.

Causes :

- allergie ;
- infection ;
- certains médicaments ;
- fumée, etc.

Conséquences : la crise d'asthme rend la respiration difficile et crée une détresse respiratoire.

Conduite à tenir :

- réaliser un bilan complet de la victime ;
- réaliser les gestes de secours d'urgence en fonction de l'état de la victime ;
- installer la victime dans la position où elle se sent le mieux pour respirer (assise ou demi-assise) ;
- aider la victime à utiliser son aérosol doseur si elle en possède un en respectant les doses prescrites. Ces aérosols sont des médicaments qui entraînent une dilatation des petites bronches et facilitent la respiration ;
- mettre la victime sous inhalation d'oxygène ;
- demander un avis médical.

5 Personne victime d'une réaction allergique

L'allergie est une réaction inadaptée des défenses immunitaire de l'organisme à une substance étrangère touchée, inhalée ou avalée.

Causes :

- pollens ;
- produits chimiques ;
- aliments ;
- médicaments, etc.

Conséquences :

- manifestations respiratoires ;

– apparition de plaques cutanées ;
– troubles digestifs.

Ces manifestations peuvent être graves, avec la survenue :
– d'une détresse respiratoire par crise d'asthme ou gonflement des voies aériennes ;
– d'une détresse circulatoire.

Conduite à tenir :
- réaliser un bilan complet de la victime ;
- réaliser les gestes de secours d'urgence en fonction de l'état de la victime ;
- si la victime connaît son allergie et possède une seringue auto injectable, l'aider à l'utiliser si elle le demande ;
- demander un avis médical.

6 Femme enceinte (accouchement, fausse couche)

A| L'accouchement

L'accouchement est un phénomène naturel qui permet à une femme enceinte d'expulser l'enfant hors de l'utérus au terme de la grossesse. La durée de l'accouchement est variable. Le fœtus (futur enfant) prêt à naître se trouve dans le ventre de la mère à l'intérieur d'un muscle, l'utérus. Il baigne dans un liquide naturel (liquide amniotique) et est relié à la mère par l'intermédiaire du cordon ombilical à l'intérieur duquel transitent les vaisseaux nécessaires au développement de l'enfant. Ce dernier est relié à l'utérus par le placenta. L'accouchement se déroule en trois phases : le travail, l'expulsion et la délivrance.

B| Le début du travail

À la fin de la grossesse, l'utérus commence à se contracter de plus en plus régulièrement et de plus en plus fort. Puis, il commence à s'ouvrir pour laisser passer l'enfant. L'ouverture se traduit par la sortie de glaires sanguinolentes et parfois d'un liquide clair : c'est la perte des eaux.

Conduite à tenir :
– réconforter la mère ;
– installer la mère dans la position la plus confortable pour elle ;
– réaliser un bilan complet en précisant :
  – s'il s'agit du premier accouchement,
  – la date et le lieu prévus de l'accouchement,

  - si la mère a perdu les eaux, depuis quand et leur couleur,
  - si la grossesse a été normale et suivie par un médecin,
  - les antécédents médicaux de la mère ;
- noter la fréquence des contractions ;
- administrer de l'oxygène ;
- demander un avis médical et surveiller.

C | L'expulsion

Le col de l'utérus s'ouvre de plus en plus sous l'effet des contractions. Le fœtus descend vers le vagin, en général la tête en bas. Le nouveau-né apparaît et sort progressivement du corps de la mère. Une fois expulsé, le nouveau-né se met à crier mais est toujours relié à la mère par le cordon ombilical. Le nouveau-né peut alors, après section du cordon ombilical, être pris en charge. L'expulsion peut durer plusieurs minutes.

Conduite à tenir :

- réduire le nombre de personnes présentes au minimum, mais conserver une personne que la mère désire voir rester ;
- se protéger contre les projections liquides (gants, masque, lunettes) ;
- installer la future maman confortablement sur un lit en position demi-assise, cuisses fléchies, jambes écartées ;
- recouvrir la mère d'un drap ;
- dès que la tête de l'enfant est sortie, dire à la mère de ne plus pousser sauf au moment du passage des épaules et laisser l'expulsion se faire naturellement ;
- si le cordon ombilical entoure le cou du nouveau-né, le faire glisser, si possible, délicatement par-dessus sa tête ;
- maintenir l'enfant avec les mains (protégées par des gants à usage unique) placées sous son corps pendant la sortie ;
- noter l'heure de la naissance ;
- une fois expulsé, le nouveau-né se met à crier ;
- allonger l'enfant sur le ventre de sa mère, au contact direct avec sa peau ;
- clamper le cordon ombilical à environ 10 cm du nouveau-né en utilisant un clamp prévu à cet effet.

ATTENTION
Ne jamais tirer sur le cordon ombilical.

- sécher le nouveau-né avec une serviette éponge ;
- recouvrir le nouveau-né et la mère d'une couverture isotherme ;
- surveiller la mère et l'enfant dans l'attente d'un relais ;

- si l'enfant ne crie pas, rechercher une détresse vitale et pratiquer les gestes qui s'imposent.

D| La délivrance

Il s'agit de la sortie hors de l'utérus du placenta et du reste du cordon ombilical. Elle survient 20 à 30 minutes après la sortie du nouveau-né. Lors de cette phase, il est rare qu'une aide médicale ne soit pas présente.

Conduite à tenir :

- rassurer la mère lors des nouvelles contractions ;
- ne pas tirer sur le cordon, laisser la mère pousser seule ;
- surveiller la mère. En cas de saignement abondant ou de signes de détresse circulatoire, réaliser les gestes qui s'imposent ;
- conserver le placenta, y compris les morceaux, dans un sac plastique. Le médecin doit vérifier l'intégralité du placenta (risque hémorragique, risque infectieux).

E| La fausse couche

La fausse couche est la perte d'un embryon ou d'un fœtus avant la 22e semaine de grossesse. La fausse couche fait courir à la femme un risque d'hémorragie grave et de détresse circulatoire.

La femme enceinte victime d'une fausse couche se plaint généralement d'une douleur du ventre accompagnée d'un saignement vaginal inattendu.

Conduite à tenir :

- allonger la victime dans une position confortable pour elle ;
- la couvrir si nécessaire ;
- lui demander la date du début de sa grossesse et si elle est suivie médicalement pour cette grossesse. Si la femme n'avait pas connaissance de sa grossesse, lui demander la date de ses dernières règles ;
- proposer à la victime de placer entre ses cuisses des serviettes ou des pansements absorbants pour assurer une protection ;
- demander un avis médical (médecin traitant, médecin du centre 15) ;
- si la fausse couche survient, conserver l'embryon et les morceaux qui seront utilisés par le médecin pour en vérifier l'intégralité et pour les analyser ;
- sur avis médical, ou si la victime présente des signes de détresse circulatoire, réaliser les gestes de secours qui s'imposent ;
- surveiller la victime sans lui donner à boire.

FICHE 36

LES SOUFFRANCES PSYCHIQUES

La souffrance psychique se caractérise par une douleur morale. Cette douleur est une réaction normale à un événement inhabituel. La souffrance psychique peut parfois se manifester par des comportements inhabituels.

1 Les principales causes des comportements inhabituels

A| Les causes physiques

Parmi les causes physiques, on peut distinguer :

- les **maladies**, particulièrement celles qui entraînent :
  - une baisse du taux de sucre dans le sang (malaise hypoglycémique du diabétique),
  - un manque d'oxygénation du cerveau (par exemple une détresse respiratoire),
  - une fièvre élevée,
  - une baisse excessive de la température corporelle de la victime (hypothermie),
  - une tumeur cérébrale ;
- les **traumatismes**, par exemple :
  - traumatisme crânien,
  - hémorragies graves,
  - douleurs intenses ;
- la **prise de toxiques** (volontaire ou involontaire) :
  - l'alcool (intoxication aiguë ou sevrage),
  - les stupéfiants,
  - les médicaments.

B| Les causes psychiques

Parmi les causes psychiques, on distingue :

- les **troubles psychiques** comme la panique, les états dépressifs ou d'autres affections psychiatriques plus graves ;
- le **stress dépassé**.

2 Les différents types de comportements inhabituels

A| La victime est agitée

Cette agitation se traduit par une hyperactivité de la victime. Un des risques de cet état est que, par ses actions non coordonnées, irréfléchies et incontrôlables, la personne mette en danger autrui et elle-même.

La présence de l'équipier secouriste ne doit pas être oppressante mais vigilante afin de ne pas se mettre en danger, prévenir tout péril pour la victime et, au besoin, faire appel aux forces de l'ordre.

B| La victime présente un état de stupeur

La stupeur est l'opposé de l'agitation.

La victime se réfugie dans son silence. Elle n'a pas envie ou pas la possibilité de parler, ni de bouger. Elle s'exprime alors avec son regard et par son mutisme.

C| La victime est anxieuse

Elle présente un fort sentiment d'insécurité, de danger immédiat ; elle est le plus souvent agitée ou, à l'inverse, présente une stupeur.

L'équipier secouriste doit favoriser l'expression verbale. Son écoute doit être attentive et authentique, ce qui facilite la confiance et la prise en charge de la victime.

D| Le stress

Le stress est une réaction physiologique et psychologique d'alarme, de mobilisation et de défense de l'individu face à une agression, une menace ou une situation inopinée.

E| Les réactions

Quatre types de réactions face à un événement traumatique montrent qu'une personne ne parvient pas à gérer la situation :

- la **sidération** : la personne est paralysée dans ses capacités et dans sa volonté ;
- l'**agitation désordonnée** : la personne est dans un état d'excitation, de gesticulation non coordonnée, avec une incapacité à prendre une décision ;
- la **fuite panique** : la personne réagit par une fuite éperdue, en n'écoutant personne. Ses capacités de jugement et de raisonnement sont inhibées ;
- les **actions automatiques** : la personne semble avoir un comportement normal mais peut présenter des gestes mécaniques, répétitifs, parfois inutiles.

Ces quatre types de réactions doivent être identifiés, en vue d'adresser la personne à une structure de soins médico-psychologiques.

3 La conduite à tenir face à un comportement inhabituel

- Parler calmement et se présenter.
- Évaluer les effets de la présence de l'entourage sur la personne (aggravant ou apaisant) et, en fonction, isoler ou non la personne en détresse.
- Ne pas répondre à la violence par la violence.
- Ne pas prendre « au pied de la lettre » les propos incohérents, les menaces et les injures.
- Dans certaines situations dangereuses où l'intensité émotionnelle est grande, éviter tout contact direct, notamment le regard dans les yeux, qui peut être vécu comme une agression et entraîner des réactions violentes.
- Ne pas rester seul(e) avec la personne.
- Ne pas laisser la personne seule.
- Se mettre à la portée du malade, à sa hauteur pour parler.
- Éloigner les objets dangereux.
- Se mettre entre la personne et les issues (portes et fenêtres).

4 Les conduites à tenir particulières

L'équipier secouriste peut se trouver confronté à différentes situations nécessitant la mise en œuvre de conduites particulières à tenir.

A| Un attroupement de personnes, une foule

Si l'équipier secouriste constate un début d'attroupement qui peut gêner l'organisation des secours ou la prise en charge de la victime, il demande courtoisement à toutes les personnes présentes de s'écarter.

De même, il peut être préférable de confier des tâches à accomplir (téléphoner, porter du matériel, etc.) aux victimes en état de le faire, aux impliqués ou aux témoins les plus agités.

Si malgré tout, l'attroupement émet des signes d'hostilité, il est souhaitable de prévenir immédiatement la police afin d'obtenir un renfort et ne pas se retrouver en position d'insécurité.

Le personnel qui ne participe pas directement à l'intervention doit quitter les lieux ou s'écarter afin de respecter un minimum d'intimité pour la victime. Seuls les personnels de secours qui participent aux soins et, éventuellement, un proche de la victime peuvent rester à son chevet.

B| Un comportement violent

Devant une victime violente ou qui présente des signes d'agressivité :

- rester calme et essayer d'entrer en contact verbal d'abord, puis visuel et, éventuellement, physique avec la victime ;
- en équipe, il est préférable qu'un seul et même équipier secouriste parle à la victime et, si possible, celui qui a le contact le plus facile avec elle ;
- préciser à la victime que les intervenants secouristes sont uniquement là pour apporter de l'aide et de l'assistance ;
- éviter tout propos et geste menaçant ou toute attitude laissant à penser à la victime qu'elle est « piégée » ;
- interroger les personnes de l'entourage, leur demander si la victime est coutumière du fait et si elle a absorbé de l'alcool ou d'autres substances toxiques ;
- si la victime ne présente aucun signe d'apaisement, demander le renfort des forces de l'ordre.

ATTENTION

La prise en charge ou la neutralisation d'une personne en possession d'une arme (fusil, revolver, couteau ou autre objet dangereux...) n'est pas du rôle des équipiers secouristes mais de la force publique. Dans ce cas, il faut rester très vigilant et demander immédiatement un renfort des forces de l'ordre. En attendant, il convient de se mettre à l'abri.

C| Un refus de soins et de transport

Seule une personne majeure, juridiquement capable, saine d'esprit et clairement informée des risques qu'elle encourt est en droit de refuser son transport vers une structure hospitalière.

Dans cette situation, l'équipier secouriste doit en informer immédiatement le médecin régulateur pour mettre en œuvre les mesures administratives nécessaires à décharger la responsabilité des secours.

Si une victime présente un comportement inadapté, on ne peut pas considérer qu'elle est suffisamment saine d'esprit pour refuser les soins et le transport. Les secouristes ne doivent en aucun cas laisser la victime sur place.

Le transport d'une victime vers un hôpital sous la contrainte ne peut se faire qu'après intervention d'un médecin ou en présence d'un officier de police judiciaire.

D| Une tentative de suicide

La personne en état de souffrance est dans un état de rupture de son équilibre relationnel avec elle-même et son environnement. La tentative de suicide est, pour elle, une des sorties possibles de la crise.

S'il s'agit d'une tentative de suicide médicamenteuse ou toxique, prendre les boîtes, y compris vides, ou les flacons des produits absorbés et les remettre au personnel des urgences.

Parler et entrer en relation avec la victime peut parfois stopper son geste.

ATTENTION

Une tentative de suicide n'est jamais un acte anodin. La victime doit toujours être accompagnée à l'hôpital pour un avis psychiatrique, après bilan au médecin régulateur.

E| Une agression sexuelle

Une agression sexuelle induit toujours une souffrance psychique importante. Il peut parfois être difficile pour la victime de communiquer avec une personne du même sexe que son agresseur. Il est alors préférable, quand cela est possible, que l'équipier secouriste chargé de la victime soit du même sexe que celle-ci.

Lors de la prise en charge de la victime ou de son transport, éviter d'allonger la victime et de se rassembler autour d'elle. Préférer la position semi-assise, beaucoup moins angoissante.

Pour maintenir l'intimité de la victime, la recouvrir par un drap ou une couverture et ne jamais la laisser seule.

Dans tous les cas, éviter de questionner intensivement la victime sur ce qui s'est passé mais assurer, même lors de la réalisation des gestes de secours – s'ils sont indispensables – un réconfort moral en attendant le relais médical.

Comme l'agression sexuelle est un crime, veiller à ne pas déshabiller la victime sauf si les gestes de secours l'imposent et à ne pas déplacer les objets aux alentours. Si la victime désire se laver, lui demander d'attendre l'avis du médecin dans l'intérêt de ses droits.

F| La mort

La mort d'une personne peut survenir avant l'intervention des secours, soudainement ou à la suite de gestes de réanimation inefficaces. Dans tous les cas, l'équipe de secours adopte une attitude respectueuse vis-à-vis du mort.

Après avoir réalisé tout ce qui était possible pour réanimer la victime et lorsque la décision d'arrêter la réanimation est prise, l'équipier secouriste peut participer au réconfort moral de la famille et des proches.

C'est un médecin qui constate le décès et l'annonce aux proches.

Après l'annonce du décès par le médecin, l'équipier secouriste peut notamment assurer le déplacement et l'installation du défunt dans un lit.

G| Les réactions immédiates lors d'un événement « traumatisant »

Les personnes peuvent subir des situations potentiellement traumatiques présentant les caractéristiques suivantes :

- événement soudain et inattendu ;
- qui génère des sentiments d'impuissance et/ou une peur intense ;
- qui confronte les personnes de façon directe ou indirecte avec la réalité de la mort.

Cet événement est susceptible d'engendrer une souffrance psychique ainsi qu'une véritable maladie connue sous le nom de « **syndrome psycho-traumatique** ».

Les **différentes phases** de ce syndrome sont les suivantes :

- perte de connaissance ;
- refus de la vérité ;
- incompréhension ;
- colère ;
- culpabilité ;
- tristesse ;
- acceptation ;
- transformation.

FICHE 37 LES SITUATIONS AVEC DE MULTIPLES VICTIMES

La situation à multiples victimes (SMV) se définit comme un accident ou une situation avec un nombre de victimes plus élevé que celui pouvant être pris en charge par la première équipe de secours sur place.

Une SMV est un événement particulier qui nécessite une méthode de travail différente de celle des autres interventions. On parle également « d'accident catastrophique à effet limité » (ACEL).

1 Les définitions

L'**ACEL** est une SMV particulière qui se définit comme :

- un **accident** ou une **situation unique** (explosion, accident de bus, épidémie, etc.) entraînant un afflux brutal mais relativement limité de victimes (10 à 100), plus ou moins gravement atteintes – sur le plan physique et/ou psychique – auquel les secours ne peuvent faire face immédiatement du fait de l'inadéquation entre les besoins et les moyens immédiatement disponibles ou de l'inhibition de ces moyens par l'accident ;
- une **situation évolutive** (feu de maison de retraite par exemple) susceptible d'entraîner un nombre potentiellement élevé de victimes (moins de 100) et qui nécessite rapidement l'envoi de moyens de secours suffisants.

Causes possibles d'une SMV :

- accident de trafic de différentes natures ;
- incendie de grande intensité ;
- effondrement d'immeuble ;
- accident social (manifestation, agression collective, etc.) ;
- catastrophe naturelle ;
- catastrophe technologique ;
- accident infectieux (intoxication alimentaire par exemple), etc.

Conséquences possibles d'une SMV :

- présence de nombreuses victimes réelles ou potentielles dont le nombre est difficilement appréciable ;
- dégâts matériels ;
- inadéquation initiale et temporaire entre les besoins, les ressources humaines et les moyens disponibles.

2 Le rôle de la première équipe de secours lors d'une SMV

La première équipe de secours peut, par la qualité des actions mises en œuvre :

- déclencher l'arrivée de renforts adaptés ;
- réaliser les gestes de secours prioritaires ;
- permettre le déclenchement du dispositif ORSEC nombreuses victimes, appelé de manière commune « plan rouge ».

A| Réaliser la reconnaissance et assurer la sécurité

Effectuer une reconnaissance visuelle du sinistre. Cette reconnaissance succincte permet de :

- rechercher et évaluer l'existence de dangers particuliers qui menacent les victimes ou les équipes de secours et d'agir en conséquence (protection, dégagements d'urgence...) ;
- donner une idée générale de la nature du sinistre (feu, explosion...), notamment le nombre apparent de victimes et parfois même la nature de leurs lésions ;
- limiter les éventuels phénomènes de panique et les évacuations, en regroupant les personnes impliquées.

B| Rendre compte

Dès les premières minutes, envoyer un message d'ambiance – type de sinistre et évolutivité – qui sera complété :

- rester calme, utiliser un langage clair et concis ;
- donner à l'interlocuteur une image précise de la situation. En règle générale, c'est le responsable de l'équipe sur les lieux qui transmet ces informations ;
- annoncer qu'il s'agit d'une « situation avec de multiples victimes » ;
- donner les informations concernant :
  - la nature du sinistre,
  - le lieu de l'accident,

- les risques particuliers présents ou suspectés (incendie, fumée, odeur, épandage de liquide, etc.),
- les mesures de sécurité à prendre (arrêt de la circulation, coupure de gaz ou d'électricité, etc.),
- les victimes (indiquer le nombre approximatif de victimes décédées, valides ou invalides),
- l'accessibilité du sinistre (préciser les voies d'accès au sinistre qui permettent l'intervention des renforts au plus vite et sans encombre ; indiquer les points de rendez-vous ou de transit),
- les secours déjà sur place.

C| Repérer les victimes qui nécessitent des gestes de secours en priorité

1| Le repérage secouriste

Dans le cadre d'une SMV, il est indispensable de réaliser un repérage des victimes : c'est le « **repérage secouriste** ». Son but est de localiser et d'identifier l'ordre dans lequel les victimes doivent recevoir les gestes de secours indispensables.

Le repérage secouriste passe par un bilan succinct (1 à 2 minutes maximum) des victimes, à savoir l'examen de la conscience, de la respiration et de la circulation. Il faut séparer rapidement les victimes en fonction de la présence ou non d'une détresse vitale et de l'urgence des gestes de secours à réaliser.

2| Le schéma logique

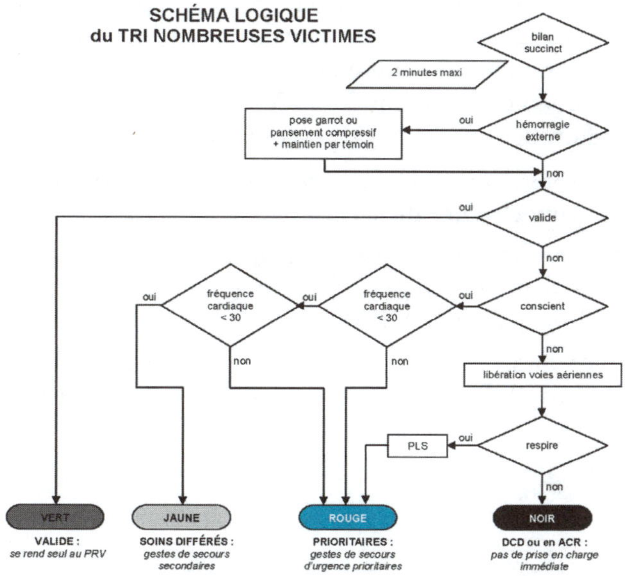

Pour éviter des examens successifs, il est possible de repérer les victimes à l'aide d'un **code couleur** sous la forme d'un bracelet, d'un ruban de toile ou d'un ruban adhésif, etc. Il se compose de quatre couleurs en fonction de l'état de gravité de la victime :

- noir : décédé ou arrêt cardio-respiratoire ;
- rouge : prise en charge prioritaire ;
- jaune : prise en charge différée ;
- vert : valide.

3 | Le bilan

Dès que l'équipier a terminé le repérage du secteur confié, il rend compte à son chef en indiquant le nombre de personnes triées et leur gravité. Ce bilan permet au chef d'équipe :

- de réaliser et transmettre un bilan global et initial des victimes présentes sur les lieux du sinistre ;
- d'attribuer une mission à chaque équipier secouriste en priorisant les victimes les plus graves.

3 L'intégration dans le dispositif ORSEC

A | Le principe

Le plan ORSEC nombreuses victimes (anciennement appelé « Plan rouge ») est un plan d'organisation des secours destiné à lutter contre les conséquences d'un ACEL et assurer une prise en charge rapide et correcte des nombreuses victimes, tout en évitant un engorgement des hôpitaux. Ce plan est déclenché à la demande du premier commandant des opérations de secours (COS).

Sous l'autorité du préfet, qui assure la direction des opérations de secours (DOS), le COS met en place **deux chaînes de secours** :

- « **Sauvetage incendie** » : lutte contre le sinistre et ses effets immédiats et sauvetages et dégagements des victimes, commandé par les directeurs des services d'incendie et de sauvetage (DSIS) ;
- « **Secours médicaux** » : prise en charge des victimes avant leur évacuation vers une structure hospitalière, commandés par le directeur des secours médicaux (DSM).

B| Les différents services participants

Les **sapeurs-pompiers** fournissent les spécialistes et le matériel pour les recherches, la désincarcération, le déblaiement ou les soins aux victimes, ainsi que du personnel médical et paramédical.

Le **service d'aide médicale urgente (SAMU)** participe à la médicalisation des victimes. Son rôle consiste également à rechercher des places hospitalières en fonction de la nature et de la gravité des lésions des victimes et de fournir les éléments de la cellule d'urgence médico-psychologique.

Les **associations agréées de sécurité civile**, aux ordres du COS, peuvent apporter leur concours dans toutes les phases du dispositif.

Les **ambulanciers publics ou privés**, aux ordres du DSM, participent essentiellement aux norias d'évacuation.

Les **forces de police et de gendarmerie** assurent le balisage et la sécurisation du site, l'accompagnement éventuel des ambulances, la mission d'identification des victimes et d'investigation pour déterminer, si nécessaire, les causes de la catastrophe.

C| L'organisation

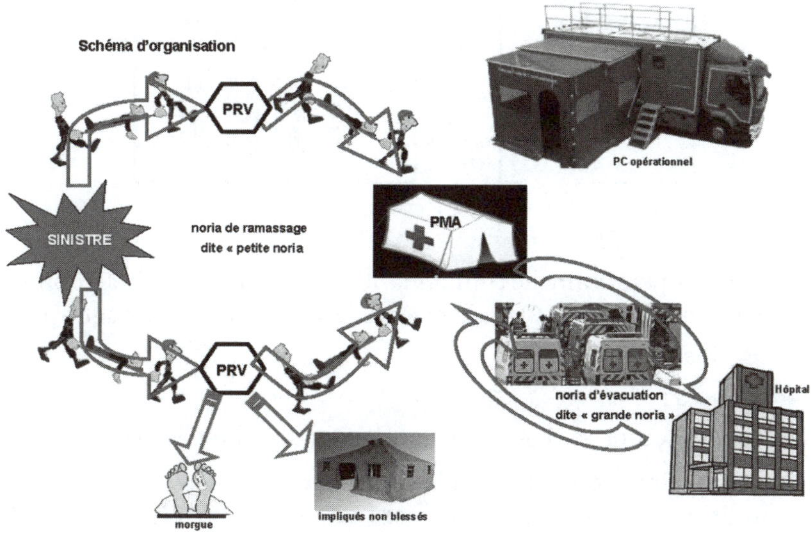

La zone de l'avant ou chantier. On opère :

- les reconnaissances ;
- le balisage afin de limiter une zone d'accès réglementé ;
- le repérage secouriste ;
- le ramassage des victimes.

La zone est placée sous l'autorité d'un officier ramassage désigné par le COS.

Le **point de rassemblement des victimes (PRV)** : cette zone temporaire permet de rassembler en lieu sûr, proche du sinistre et accessible, les victimes valides ou invalides dégagées du chantier.

La **noria de ramassage ou petite noria** : il s'agit du transport des blessés recueillis sur le site de la catastrophe ou le PRV vers le poste médical avancé (PMA).

Le **poste médical avancé (PMA)** : cette structure de regroupement, de catégorisation, d'identification et de soins des victimes avant leur évacuation vers un hôpital est installée dans une structure existante (gymnase, hall, etc.) ou dans une structure mobile type tente.

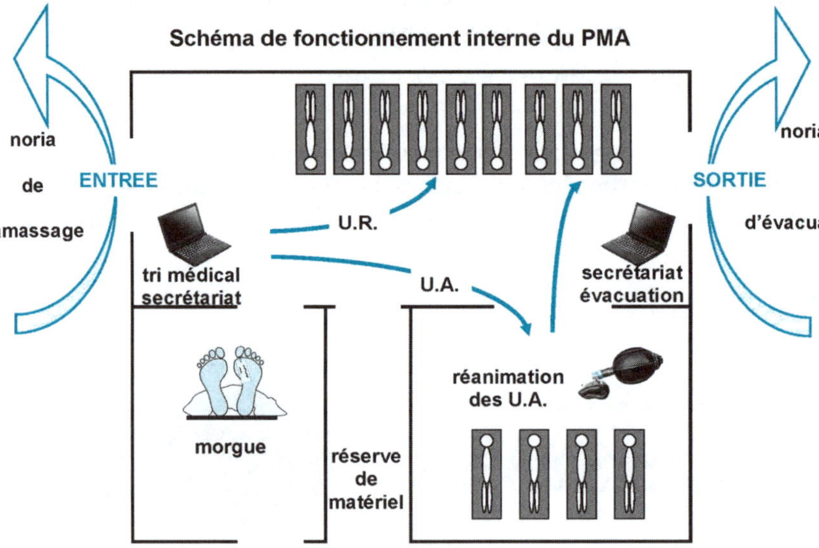

Le fonctionnement du PMA est assuré par :

- une direction opérationnelle comprenant un officier de sapeurs-pompiers « officier PMA » désigné par le COS et un « médecin chef PMA » désigné par le DSM ;
- des médecins ;
- des infirmiers ;
- des équipiers secouristes qui assistent le personnel médical et paramédical.

La **noria d'évacuation** a pour objectif le transport de blessés, ayant bénéficié d'une mise en condition préalable au PMA, vers une structure hospitalière d'accueil. Chaque victime doit recevoir, avant son évacuation, une fiche d'évacuation.

La **cellule d'urgence médico-psychologique** – normalement distincte du PMA, sous la responsabilité du DSM – est constituée de psychologues et de psychiatres chargés de la prise en charge immédiate des victimes valides traumatisées.

Le **poste de commandement** assure la coordination des moyens sur le site et les liaisons avec les PC arrière (CODIS, CCRA, COD de la préfecture, etc.).

D| L'identification des personnels du plan ORSEC nombreuses victimes

Fonctions des personnes	Moyen de reconnaissance	Couleur
Commandant des opérations de secours	Chasuble « COS »	Jaune
Directeur des services d'incendie et de sauvetage	Chasuble « DSIS »	Jaune
Directeur des secours médicaux	Chasuble « DSM »	Jaune
Officier ramassage	Chasuble « Officier ramassage »	Rouge
Personnel de ramassage	Brassard	Rouge
Officier PMA	Chasuble « Officier PMA »	Blanc
Médecin chef du PMA	Chasuble « Médecin chef PMA »	Blanc
Personnel du PMA	Brassard	Blanc
Officier évacuation	Chasuble « Officier évacuation »	Bleu
Personnel évacuation	Brassard	Bleu

FICHE 38 LES SECOURS SUR ACCIDENT DE LA ROUTE

Les opérations des secours routiers nécessitent couramment l'intervention de plusieurs services : les sapeurs-pompiers, le SAMU, la police ou la gendarmerie. L'organisation du « chantier » secours routiers s'effectue en huit phases.

1 La mise en sécurité du site

Cette phase permet d'assurer la sécurité des impliqués, des sauveteurs, des témoins et des autres usagers de la route.

Elle est réalisée en fonction de la nature de la chaussée, de la configuration du terrain, des conditions météorologiques et de l'heure du jour (éclairage).

2 La reconnaissance et l'abordage des victimes

A| La reconnaissance

La reconnaissance est réalisée par le chef d'agrès du fourgon de secours routiers, elle a pour but :

- de recenser le nombre d'impliqués ainsi que le nombre de blessés ;
- d'identifier le nombre et la nature des véhicules impliqués ;
- de définir et palier le risque de sur-accident (balisage du chantier) ;
- de prendre en compte les risques liés à la sécurité passive du véhicule ;
- de demander des renforts si nécessaire.

B| L'abordage de la ou des victimes

Si aucun risque n'est apparent, un sapeur-pompier pénètre le plus tôt possible dans le véhicule. Ce sapeur-pompier, surnommé l'« écureuil » :

- pénètre seul et à tout prix dans le véhicule (attention au déclenchement intempestif des dispositifs airbag) ;
- ouvre les portes et les vitres du véhicule ;
- réalise un bilan rapide de la victime ;
- réalise les gestes nécessaires ;
- maintient l'axe tête-cou-tronc ;
- reste près de la tête de la victime durant toute l'opération (il représente le lien humain avec la victime).

3 Le calage du ou des véhicules

Il s'agit d'assurer la stabilité des véhicules impliqués dans l'accident, dans le but de faciliter la qualité des soins apportés aux victimes. On stabilise les véhicules sans les bouger. Ils peuvent être sur les roues, sur le côté, sur le toit, dans un fossé, etc.

4 Le traitement des victimes

Il s'agit d'assurer la prise en charge de toutes les personnes impliquées dans l'accident. Pour cela, il faut :

- effectuer un bilan complet ainsi que les gestes de soins adaptés ;
- transmettre un message d'ambiance (point de la situation, demande de renforts, etc.) ;
- une fois les bilans réalisés, transmettre ceux-ci au CRRA 15 ;
- mettre en condition la victime pour la dégager (désincarcération) ;
- effectuer des bilans de surveillance ;
- conditionner et transporter.

5 La désincarcération

Il s'agit de rendre la victime accessible pour les équipes VSAV et SMUR. Cette manœuvre est dirigée et prise en compte par le chef d'agrès du fourgon de secours routiers (FSR).

Elle ne doit pas être dangereuse et traumatisante pour les blessés. Elle doit être précédée d'une phase de reconnaissance qui prend en compte la localisation des blessés, l'ordre de priorité d'extraction et ce que transportent les véhicules.

Elle est précédée de la mise en sécurité du véhicule (batterie, airbag, GPL, etc.).

Après avoir libéré un maximum d'ouvrants, plusieurs possibilités s'offrent :

- forcement des portes au moyen d'un écarteur ;
- dépavillonnage, qui consiste à déposer le toit du véhicule avec la cisaille et l'écarteur ;
- césarisation latérale, qui consiste à ouvrir un ou plusieurs côtés du véhicule avec l'écarteur et/ou la cisaille ;
- méthode de la charnière, qui consiste à abaisser le pavillon du véhicule alors que celui-ci est couché sur le côté (avec la cisaille, l'écarteur, les cales et les vérins) ;
- bascule du compartiment moteur, dans le but de remonter la colonne de direction (avec les vérins, l'écarteur et la cisaille). Cette méthode peut être remplacée par le relevage de la colonne de direction avec les chaînes et l'écarteur ;
- inclinaison du dossier d'un siège qui ne s'abaisse pas suffisamment pour extraire la victime, au moyen de la cisaille et en coupant les montants du dossier du siège.

6 Le dégagement de la victime

Le dégagement de la victime est réalisé sous le commandement unique du chef d'agrès du FSR (sauf délégation de sa part).

Le dégagement peut se faire soit par l'arrière, soit en latéral, soit en oblique. Le choix de la technique est à la charge du chef d'agrès du FSR, en concertation avec son équipe et le médecin en charge de la victime.

Il s'effectue en fonction :

- du type d'accident ;
- de l'état du blessé ;
- de la déformation du véhicule.

Principes et techniques :

- respect de l'axe tête-cou-tronc et bassin ;
- sortie privilégiée dans l'axe longitudinal ;
- mise en condition de la victime avant toute action de dégagement ;
- surveillance accrue de la victime et du matériel, lors de la mobilisation de la victime.

7 La mise en condition après dégagement de la victime

Une fois que la victime est dégagée, son conditionnement est vérifié (pose de collier cervical, état des perfusions...) et un bilan de surveillance est réalisé.

8 Le transport de la victime

Le transport de la victime est assuré après régulation médicale et information du COS qui se concerte avec les autres services sur place.

Conception nouvelle maquette intérieure : Anne-Danielle Naname/Hung Ho Thanh
Mise en page : STDI

01-AF-CN/SM

PAPIER À BASE DE FIBRES CERTIFIÉES

FOUCHER s'engage pour l'environnement en réduisant l'empreinte carbone de ses livres. Celle de cet exemplaire est de :
1.6 kg éq. CO_2
Rendez-vous sur www.editions-foucher-durable.fr

Achevé d'imprimer en France par JOUVE - 1, rue du Docteur Sauvé, 53100 MAYENNE
N° d'impression : 2699200J - Dépôt légal n°14996-4/02 - janvier 2018

Les concours de la fonction publique

Concours EXTERNES
(non-fonctionnaires)

Concours INTERNES
(fonctionnaires déjà en poste)
et 3e VOIE

Catégorie A

Niveau :
Bac + 3, au moins

Exceptions :
- maîtrise (magistrats)
- master (enseignants, commissaires de police nationale)
- BTS-DUT, diplômes d'ingénieur, etc., pour certains concours

- Postes de direction, de conception, d'encadrement
- Cadres supérieurs, ingénieurs, médecins, administrateurs

24 000 postes offerts par an aux concours

Catégorie B

Niveau :
Bac ou équivalent

Exceptions :
- diplômes professionnels (infirmiers, etc.)
- Reconnaissance des acquis de l'expérience professionnel (RAEP)

Fonctions d'application et de maîtrise : cadres intermédiaires, techniciens…

5 400 postes offerts par an aux concours

Catégorie C

Niveau :
Brevet ou équivalent – aucune condition de diplôme

L'accès au premier grade s'effectue sans concours (recrutement sur dossier)

Emplois d'exécution : employés administratifs, agents d'entretien, ouvriers…

3 200 postes offerts par an aux concours

La répartition par catégorie de concours dans les trois fonctions publiques

Fonction publique d'État

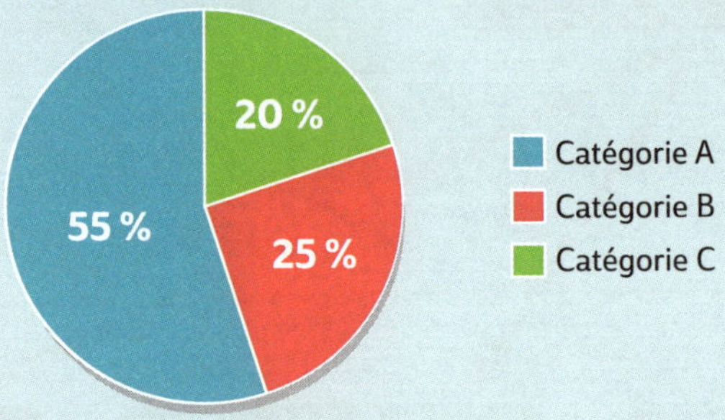

Fonction publique territoriale

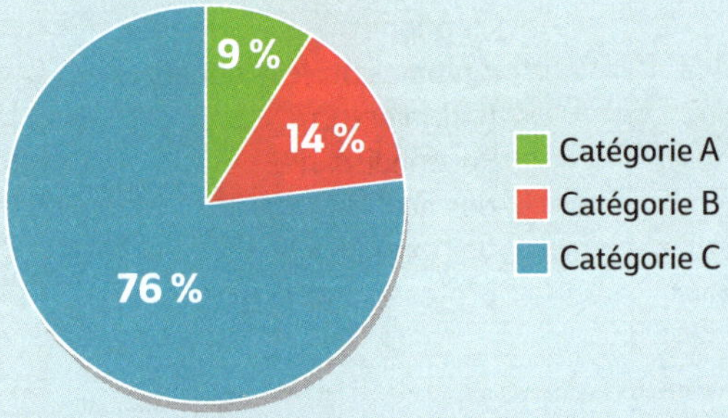

Fonction publique hospitalière

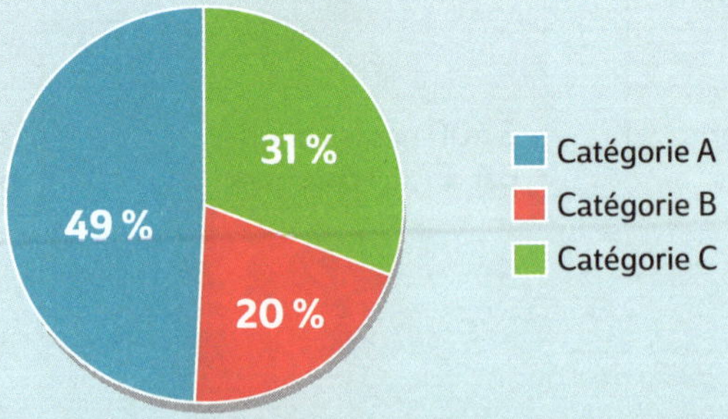

Les filières de la fonction publique territoriale

Filière administrative 23,3 %
- administrateur
- attaché
- rédacteur
- adjoint administratif…

Filière technique 46,7 %
- ingénieur
- technicien
- agent de maîtrise

Filière médico-sociale 14,4 %
- médecin
- psychologue
- infirmier
- puériculteur
- rééducateur…

Filière culturelle 4,4 %
- conservateur du patrimoine
- bibliothécaire
- professeur d'enseignement artistique

Filière incendie et secours 2,2 %
- sapeur-pompier professionnel

Filière police municipale 1,2 %
- agent de la police municipale
- garde champêtre…

Filière animation 5,7 %
- animateur
- adjoint d'animation

Filière sportive 1,1 %
- conseiller
- éducateur des activités physiques et sportives

Hors filière 1 %
- fonctionnaire ou non-titulaire non classables dans une filière
- agent sur contrat emploi d'avenir

Le déroulement de carrière dans les trois fonctions publiques

Catégories hiérarchiques →

- Les corps d'emplois – cadres d'emplois pour la fonction publique territoriale - sont classés en 3 catégories désignées dans l'ordre hiérarchique par les lettres A, B et C.
- Le passage d'une catégorie à une autre est possible par la promotion interne.

Grades →

- Le grade permet à son titulaire d'occuper un certain nombre d'emplois.
- Les corps d'emplois ou cadres d'emplois ont 1 ou plusieurs grades selon leur statut particulier. Lorsqu'il y a plusieurs grades, ils sont hiérarchisés.
- Sauf exception, l'accès à un corps d'emplois ou cadre d'emplois se fait sur le grade le moins élevé ou grade de début de carrière.
- Au cours de la carrière, il est possible d'accéder aux grades supérieurs par avancement de grade.
- Les conditions d'avancement de grade sont fixées, pour chaque corps d'emplois ou cadre d'emplois, par le statut particulier.
- L'avancement de grade n'est pas un droit.

Échelons →

- Chaque grade comprend plusieurs échelons qui forment la grille indiciaire.
- Le nombre d'échelons de chaque grade est fixé par le statut particulier.
- Chaque échelon est assorti d'une durée pour le passage à l'échelon supérieur.
- Il détermine la rémunération du fonctionnaire. À chaque échelon correspond un indice brut (dit **indice de carrière**) auquel correspond un indice majoré (dit **indice de rémunération**) auquel correspond un traitement de base.
- En principe, l'accès au grade s'effectue sur le 1er échelon.
  Au cours de la carrière, le fonctionnaire accède aux échelons plus élevés par **avancement d'échelon**.
- Les conditions d'avancement d'échelon sont fixées par le statut particulier.
- L'avancement d'échelon est un droit.

Un exemple dans la fonction publique territoriale

La filière administrative comporte 5 cadres d'emplois :
- Administrateurs (A)
- Attachés (A)
- Secrétaires de mairies (A) (en voie d'extinction)
- Rédacteurs (B)
- Adjoints administratifs (C)

→ Le cadre d'emplois des rédacteurs comporte 3 grades :
- Rédacteurs principal de 1re classe
- Rédacteurs principal de 2e classe
- Rédacteur

→ Le grade de rédacteur compte 13 échelons

Le recrutement dans la fonction publique d'État

1re étape Collecter les informations sur les concours ouverts ou sur les prévisions de concours	▪ Sur le portail SCORE http://www.fonction-publique.gouv.fr/score ▪ Sur les sites internet des ministères et des établissements.
2e étape S'inscrire selon les modalités propres à chaque ministère	▪ Sur le site internet du ministère qui recrute : - par télé inscription (par voie télématique) ; - par téléchargement du dossier d'inscription et envoi par voie postale. ▪ En effectuant une demande par téléphone ou par courrier. ▪ En retirant un dossier auprès du ministère en vous rendant à l'adresse indiquée.
3e étape Réception de la convocation	Envoyé par courrier ou par mail, ce document vous permet de vous rendre sur le lieu d'examen. Durant les épreuves, vous devrez le présenter ainsi qu'une pièce d'identité.
4e étape Les épreuves du concours	Tous les concours ne se déroulent pas selon les mêmes modalités. D'une manière générale, ils comportent une ou des épreuves(s) écrite(s) et une ou des épreuves(s) orale(s). Certains commencent par une épreuve de pré-sélection, d'autres directement par une épreuve d'admissibilité.
5e étape Les résultats	Ils sont disponibles, selon les modalités propres à chaque ministère : - par affichage à une adresse préalablement communiquée ; - sur le site internet du ministère ; - et systématiquement par voie postale.
6e étape L'affectation	L'administration organisatrice vous informera de votre lieu d'affectation ainsi que de la date de celle-ci.
7e étape La titularisation	Si le stage se déroule correctement, le fonctionnaire stagiaire est titularisé.

Le recrutement dans la fonction publique territoriale

1re étape Accéder à la pré-inscription	▪ L'organisation des concours et examens est confiée aux centres de gestion de la fonction publique territoriale. Il en existe un par département. ▪ Pour vous pré-inscrire sur le site du centre de gestion, vous devez disposer du logiciel gratuit Adobe Acrobat Reader et d'une imprimante connectée à votre ordinateur.
2e étape Renseigner le formulaire et vérifier la validité des informations saisies	Vous devez indiquer vos noms, prénoms, diplômes, situation, etc.
3e étape Valider la pré-inscription et imprimer le dossier	Attention : la pré-inscription ne constitue pas une inscription définitive. Le centre de gestion organisateur du concours ne validera l'inscription qu'à réception du dossier imprimé et de l'ensemble des pièces justificatives.
4e étape Transmettre le dossier dans les délais de rigueur	▪ Il doit être transmis par voie postale ou en le déposant sur place. ▪ Il doit être daté et signé. ▪ Il doit comporter les pièces justificatives. ▪ Le dépôt du dossier doit intervenir au plus tard à la date de clôture des inscriptions fixée par l'arrêté d'ouverture du concours ou de l'examen.
5e étape Les résultats	▪ Ils sont accessibles sur le site Internet du centre de gestion. ▪ Ils sont envoyés par voie postale au candidat.
6e étape L'inscription sur une liste d'aptitude	▪ Cette inscription est valable 2 ans. ▪ La liste d'aptitude a une valeur nationale. Le candidat peut être recruté sur tout le territoire national.
7e étape L'entretien de recrutement	Dès inscription sur la liste d'aptitude, le candidat peut : - s'inscrire à la bourse de l'emploi du centre de gestion du département dans lequel il souhaiterait être nommé ; - adresser des candidatures spontanées aux collectivités territoriales : régions, départements, EPCI, communes, autres établissements publics comme les CCAS, etc. ; - consulter les offres d'emploi sur les sites internet et revues spécialisées.
8e étape Le recrutement	Le lauréat recruté devient stagiaire, généralement pour une durée d'un an. Cette période peut être prolongée sous certaines conditions. Si le stage n'est pas satisfaisant, le fonctionnaire peut être licencié ou réintégré dans son précédent emploi s'il était fonctionnaire auparavant.
9e étape La titularisation	Si le stage se déroule correctement, le fonctionnaire stagiaire est titularisé.

Les droits et obligations des fonctionnaires

Loi n° 83-634 du 13 juillet 1983 portant droits et obligations des fonctionnaires

Droits

- Principe de non-discrimination (liberté d'opinion)
- Droit de grève dans les conditions définies par la loi
- Droit à la formation
- Droit syndical
- Droit à la rémunération après services faits
- Droit à la protection juridique dite fonctionnelle de l'administration
- Droits sociaux
- Droit à la participation
- Droit de retrait en cas de menace grave et imminente

Obligations

- Obligation d'exercice
- Obligation d'obéissance hiérarchique
- Obligation de secret professionnel
- Obligation de discrétion professionnelle
- Obligation de réserve
- Obligation de désintéressement
- Obligation de communiquer les documents administratifs aux citoyens

Les sanctions disciplinaires (de la moins grave à la plus grave)

	Fonction publique d'État	Fonction publique territoriale	Fonction publique hospitalière
1er groupe	▪ Avertissement ▪ Blâme	▪ Avertissement ▪ Blâme ▪ Exclusion temporaire de fonctions pour une durée maximale de 3 jours	▪ Avertissement ▪ Blâme
2e groupe	▪ Radiation du tableau d'avancement ▪ Abaissement d'échelon ▪ Exclusion temporaire de fonctions pour une durée maximale de 15 jours	▪ Abaissement d'échelon ▪ Exclusion temporaire de fonctions de 4 à 15 jours	▪ Radiation du tableau d'avancement ▪ Abaissement d'échelon ▪ Exclusion temporaire de fonctions pour une durée maximale de 15 jours
3e groupe	▪ Rétrogradation ▪ Exclusion temporaire de fonctions de 3 mois à 2 ans	▪ Rétrogradation ▪ Exclusion temporaire de fonctions de 16 jours à 2 ans	▪ Rétrogradation ▪ Exclusion temporaire de fonctions de 3 mois à 2 ans
4e groupe	▪ Mise à la retraite d'office ▪ Révocation	▪ Mise à la retraite d'office ▪ Révocation	▪ Mise à la retraite d'office ▪ Révocation

Les principes du service public

3 PRINCIPES

La continuité du service public

Le service doit être assuré régulièrement, sans interruption gênante pour l'usager (ce principe ne doit pas empêcher le droit de grève)

L'égalité devant le service public

S'applique aux agents des services publics et aux usagers

L'adaptabilité du service public

Les services publics doivent s'adapter aux évolutions des besoins des usagers et à l'évolution des techniques

Les institutions européennes

Conseil européen
Pouvoir exécutif

- 28 chefs d'État ou de gouvernement
- Siège à Bruxelles
- Fixe les orientations générales et les priorités
- Gère les questions complexes et délicates

Commission européenne
Pouvoir exécutif

- 28 commissaires
- Siège à Bruxelles
- Gère le budget
- Représente l'Union européenne à l'international

Parlement européen
Pouvoir législatif

- 751 députés élus pour 5 ans
- Siège à Strasbourg
- Contrôle les activités des autres institutions de l'UE

Conseil de l'Union européenne
Pouvoir législatif

- 28 ministres des États membres
- Définit la politique étrangère de l'UE
- Coordonne les politiques des États membres (économie, justice, police)

Cour des comptes européenne

- Siège à Luxembourg
- Contrôle la gestion financière

Cour de justice de l'Union européenne
Pouvoir judiciaire

- Siège à Luxembourg
- Veille à l'application du droit européen

Banque centrale européenne

- Siège à Francfort
- Gère l'euro et la politique économique et monétaire
- Veille à la stabilité des prix et du système financier

Les institutions françaises

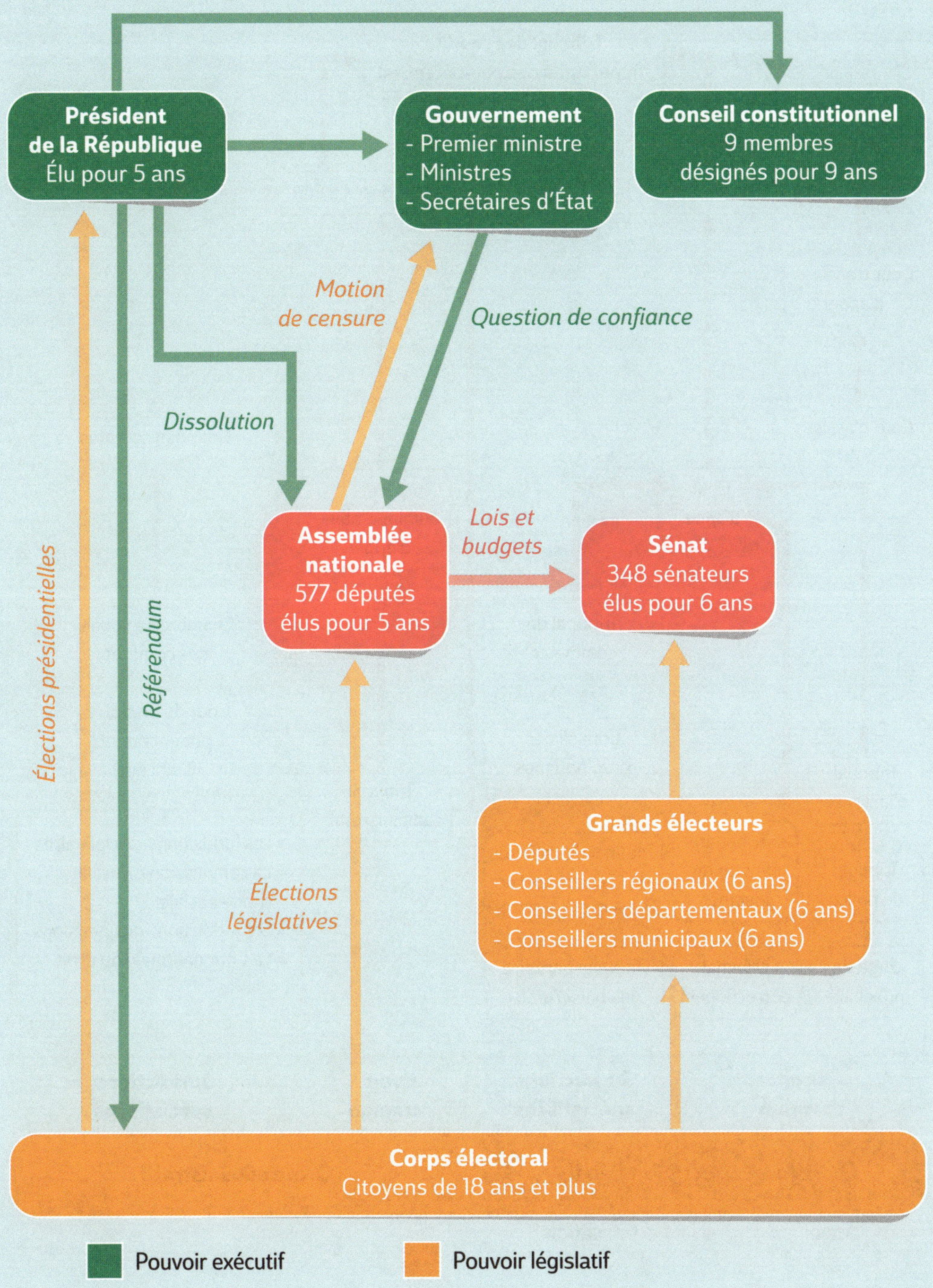

L'organisation juridictionnelle

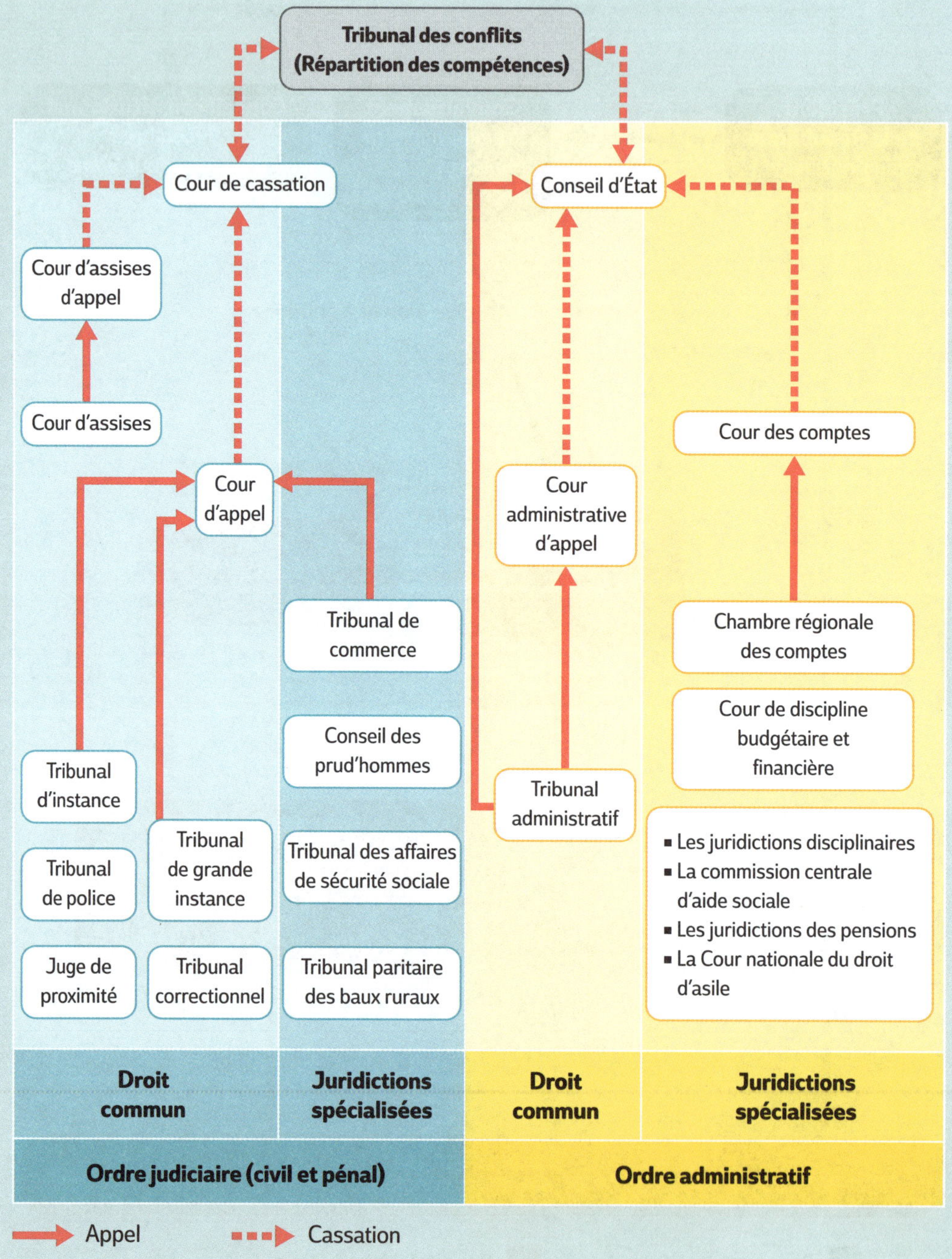

La hiérarchie des normes juridiques

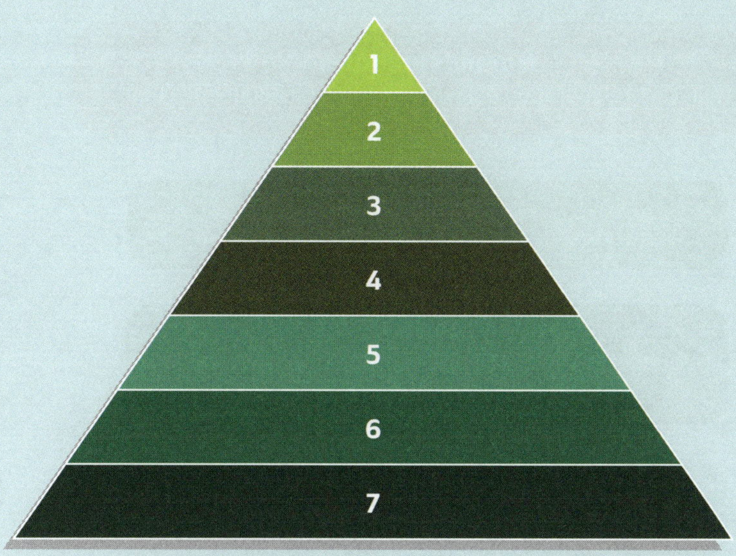

1. Bloc de constitutionnalité
- Constitution 1958
- Déclaration des droits de l'homme et du citoyen 1789
- Charte de l'environnement 2004

2. Bloc de conventionalité
- Traités internationaux
- Droit communautaire

3. Lois organiques

4. Bloc de légalité
- Lois ordinaires

5. Principes généraux du droit/ jurisprudence

6. Règlements
- Décrets
- Décrets simples
- Décrets en Conseil d'État
- Arrêtés ministériels
- Arrêtés préfectoraux
- Arrêtés municipaux

7. Actes administratifs non décisoires sous réserve des dispositions réglementaires
- Circulaires
- Directives

L'élaboration et la présentation du budget de l'État

6 grands principes
régissent l'élaboration et la présentation du budget de l'État

Annualité
Le budget de l'État doit être voté chaque année

Unité
Le budget de l'État est retracé dans un document unique, la loi de finances

Universalité
Sauf exceptions, recettes et dépenses ne peuvent pas être liées. La totalité doit apparaître, pas de contraction des dépenses et des recettes

Spécialité
Chaque autorisation de dépense doit être précisée

Équilibre
Il doit y avoir égalité parfaite entre recettes et dépenses

Sincérité
Implique l'exhaustivité, la cohérence et l'exactitude des informations financières fournies

Documents accompagnant le projet de loi de finances

- **Bleus budgétaires :** Annexes explicatives
- **Jaunes budgétaires :** Annexes générales
- **Documents orange :** Documents de politique transversale

La réforme territoriale : la répartition des compétences

Région

- Planification économique
- Aménagement du territoire
- Éducation (lycée)
- Formation professionnelle
- Organisation des transports…

Compétences partagées entre communes, départements et régions

- Culture
- Tourisme
- Sport
- Éducation populaire
- Promotion des langues régionales

Département

- Action sanitaire et sociale
- Développement économique
- Éducation (collège)…

Commune

- Logement
- Voirie
- Urbanisme
- Éducation (école primaire)
- Sport…

La réforme territoriale : les nouvelles régions métropolitaines

Avant la réforme territoriale
22 régions

- Alsace
- Aquitaine
- Auvergne
- Basse Normandie
- Bourgogne
- Bretagne
- Centre
- Champagne-Ardenne
- Corse
- Franche-Comté
- Haute Normandie
- Île-de-France
- Languedoc-Roussillon
- Limousin
- Lorraine
- Midi-Pyrénées
- Nord-Pas-de-Calais
- Pays de la Loire
- Picardie
- Poitou-Charentes
- Provence-Alpes-Côte-d'Azur
- Rhône-Alpes

Après la réforme territoriale
13 régions

- Auvergne-Rhône-Alpes
- Bourgogne-Franche-Comté
- Bretagne
- Centre-Val de Loire
- Corse
- Grand-Est
- Hauts-de-France
- Île-de-France
- Normandie
- Nouvelle Aquitaine
- Occitanie
- Pays de la Loire
- Provence-Alpes-Côte-d'Azur